Hauptsache Bildung

AF281906

Waxmann Verlag GmbH
Steinfurter Straße 555, 48159 Münster
info@waxmann.com

Klaus Klemm, Jutta Roitsch (Hrsg.)

# Hauptsache Bildung

Wissenschaft, Politik, Medien und

Gewerkschaften nach PISA

Festschrift für

Karl-Heinz Reith

Waxmann 2015

Münster • New York

Diese Publikation wurde durch die Hans-Böckler-Stiftung ermöglicht.

**Bibliografische Informationen der Deutschen Nationalbibliothek**
Die Deutsche Nationalbibliothek verzeichnet diese Publikation in
der Deutschen Nationalbibliografie; detaillierte bibliografische
Daten sind im Internet über http://dnb.d-nb.de abrufbar.

Print-ISBN 978-3-8309-3210-9
E-Book-ISBN 978-3-8309-8210-4

© Waxmann Verlag GmbH, Münster 2015
www.waxmann.com
info@waxmann.com

Umschlaggestaltung: Inna Ponomareva, Münster
Umschlagbild: Folded newspapers, © mitrija – fotolia.com
Satz: Sven Solterbeck, Münster

Gedruckt auf alterungsbeständigem Papier,
säurefrei gemäß ISO 9706

# Inhalt

# Zur Einleitung

Waren das aufregende Jahre für diejenigen, die in der Politik, in den Gewerkschaften, in der Wissenschaft und im Journalismus mit Bildungsfragen umzugehen hatten: Zum ersten Mal seit Jahrzehnten stellten sich Schülerinnen und Schüler einem internationalen Leistungsvergleich. Mit der Vorstellung der Ergebnisse der ersten PISA-Studie wurde Ende 2001 ein bildungspolitisches Jahrzehnt eingeleitet, das in der jüngeren deutschen Bildungsgeschichte seines Gleichen sucht.

Nach Jahren des ermüdeten Debattierens wurden wieder große Themen verhandelt. Wenn auch immer noch widerwillig, wurde Deutschland als ein Einwanderungsland zur Kenntnis genommen. Angestoßen durch das Erschrecken über die Mittelmäßigkeit der Leistungen der Schülerinnen und Schüler erregte das durch die Leistungsstudien belegte skandalöse Ausmaß der sozialen und ethnischen Chancenungleichheit im deutschen Bildungssystem Aufsehen. Fast schon aus der Vergessenheit tauchte die Frage nach dem Sinn und Unsinn des gegliederten Schulwesens wieder auf. Schon tot gesagte Reformvorschläge aus den sechziger und siebziger Jahren wie das längere gemeinsame Lernen, die Einrichtung von Ganztagsschulen oder die Verstärkung der Selbstständigkeit der einzelnen Schule erlebten eine Renaissance. Der frühen Förderung von Kindern schon vor Eintritt in die Schule wurde eine hohe Priorität eingeräumt. Die Friktionen bei den Übergängen von einem Bildungssystem in das nächste, von der Grundschule in die weiterführenden Schulen, von dort in die verschiedenen beruflichen Ausbildungen und ein Hochschulstudium wurden in umfangreichen Studien offen gelegt. Ein Programm löste das andere ab. Evaluationen wurden nicht abgewartet. Die Chancen der Kinder aus Arbeiterfamilien, häufig aus der Türkei oder arabischen Ländern eingewandert, verbesserten sich bis heute kaum. Ihre Wege in stabile Bildungs- und Berufskarrieren sind nach wie vor steinig.

Es waren aber nicht nur die schulpolitischen Themen, die zumindest im öffentlichen Diskurs eine neue Bedeutung erhielten. Verbunden mit deren Bedeutungszuwachs wurde neu und wieder darüber nachgedacht, wie Schulen denn zu verbessern seien: durch mehr oder weniger Föderalismus, durch mehr oder weniger Kooperation zwischen dem Bund und den Ländern, durch ein breit angelegtes testbasiertes Messen der Ergebnisse schulischen Arbeitens oder durch Schulentwicklungsarbeit, die sich auf die Verbesserung der Arbeit in den einzelnen Schulen konzentriert. Dreißig Jahre nach der Auflösung des deutschen Bildungsrats sollten erneut Nationale Bildungsberichte in regelmäßigen Abständen Aufschluss über die Zustände in Deutschland geben.

Bei alle dem erfuhren Gruppen, die immer schon am bildungspolitischen Geschäft teilhatten, einen Bedeutungszuwachs: Der Bildungsforschung wurde Steuerungswissen abverlangt, Wissen, das der Politik richtige Wege weisen sollte. Den Gewerkschaften als Interessenvertreter der Beschäftigten im Bildungswesen und zugleich als Anwalt derer, denen im Bildungssystem und in der Gesellschaft insgesamt Chancen vorenthalten wurden, eröffneten sich weite Aufgabenfelder. Die Bildungsjournalisten waren neu gefordert, die schwer überschaubaren Debatten zu vermitteln und im Dickicht neu entbrannter Kontroversen aufklärend zu wirken.

Die in diesem Band zusammengetragenen Beiträge wollen einen Eindruck dieser bildungspolitischen Jahre vermitteln. In einem ersten Block von vier Beiträgen behandeln Wissenschaftler Aspekte, die in dieser Zeit hohe Aufmerksamkeit gewonnen haben. Daran schließen jeweils zwei Beiträge aus der Perspektive handelnder Politikerinnen und Politiker sowie aus der von Bildungsjournalistinnen und -journalisten an. Schließlich richten vier Vertreterinnen und Vertreter aus den Gewerkschaften ihren Blick auf den Verlauf der bildungspolitischen Ereignisse der Jahre seit der ersten PISA-Studie.

Abgerundet wird dieser Band durch zwei Beiträge, die aus der Sicht von langjährigen Weggefährtinnen und -gefährten den Kollegen und Freund würdigen, zu dessen Ehrung sich alle Autorinnen und Autoren dieses Bandes mit ihren Texten versammelt haben: Gewidmet ist dieser Band dem Journalisten Karl-Heinz Reith, der sich über dreißig Jahre lang mit Bildungs-, Gewerkschafts- und Medienpolitik beschäftigt und Ende 2014 seine Tätigkeit bei der dpa beendet hat.

# Der ‚PISA-Schock' im Spiegel der Presse

## Eine empirische Analyse regionaler und überregionaler Printmedien

*Klaus-Jürgen Tillmann*

‚PISA-Schock' ist die meistbenutzte Bezeichnung für die öffentlichen Reaktionen, die 2001/2002 in Deutschland auf die Ergebnisse der ersten PISA-Studie (2000) erfolgten. Die schlechten Leistungs- und Auslesewerte des deutschen Schulsystems und die unteren Ränge im Vergleich der Nationen beschäftigten nicht nur die Bildungsexperten, sondern führten auch zu einer lang andauernden öffentlichen Erregung, die erhebliche bildungspolitische Konsequenzen hatte (vgl. Tillmann et al., 2008). Ein internationaler Vergleich zeigt, dass in keinem anderen der beteiligten Länder die PISA-Studie ein solch hohes öffentliches Interesse erzeugte und so intensiv die politische Diskussion beeinflusst hat (Gruber, 2006).

## 1.    Fragestellung und methodisches Vorgehen

Nun wird in demokratischen Gesellschaften eine öffentliche Diskussion immer auch in den Medien geführt – als veröffentlichte Diskussion. In dem an der Universität Bielefeld mit Förderung durch die DFG durchgeführtem Forschungsprojekt (vgl. Tillmann et al., 2008) wird die PISA-Studie 2000 und der nachfolgende ‚PISA-Schock' zum Anlass genommen, diese bildungspolitische Mediendiskussion genauer zu betrachten und mit sozialwissenschaftlichen Methoden zu analysieren. Dabei konzentriert sich die Untersuchung auf die Printmedien (ausgewählte Tageszeitungen, überregionale Presse) und arbeitet heraus, wie sich die PISA-Diskussion dort abgebildet hat. Das bedeutet, dass u. a die folgenden Fragen bearbeitet werden:

1.  Wie häufig, wie intensiv, wie lang andauernd hat die Presse über PISA 2000 (und die Folgen) berichtet?
2.  Welche thematischen Schwerpunkte (Probleme, Handlungsvorschläge) lassen sich dabei feststellen? Gibt es Schwerpunkte bei der zeitlichen und der der regionalen Platzierung von Artikeln?

3. In welchem Maße hat die Presse die politischen Diskussionen gespiegelt und referiert, und in welchem Maße hat sie durch eigene Positionen selber eingegriffen?

Durch eine solche Analyse soll ermittelt werden, welche Rolle und Bedeutung die Presse in der bildungspolitischen Debatte um PISA eingenommen hat und welchen Anteil sie am ‚PISA-Schock‘ hatte. Und es soll betrachtet werden, in welchem Verhältnis zur Presse dabei die verschiedenen bildungspolitischen Akteure, insbesondere die Kultusminister/innen, agiert haben. Diese Fragen werden auf der Basis einer umfassenden empirischen Analyse beantwortet: Im Rahmen des universitären Forschungsprojekts wurde eine Presseanalyse durchgeführt, die sich auf einen Zeitraum von 18 Monaten (August 2001 bis Dezember 2002) bezieht. Sie beginnt vier Monate vor der ersten PISA-Veröffentlichung (am 4.12.2001) und endet sechs Monate nach der Veröffentlichung der Bundesländerergebnisse (am 25.6.2002). Damit umfasst sie einen Zeitraum, in dem die Debatte um PISA besonders intensiv geführt wurde.

Zur Vorgehensweise: In vier Bundesländern (Brandenburg, Bremen, Rheinland-Pfalz, Thüringen) wurden jeweils zwei Regionalzeitungen in die Analyse einbezogen, hinzu kamen vier Leitmedien der überregionalen Presse (*Der Focus, Der Spiegel, Die Zeit, Süddeutsche Zeitung*). Für den genannten Zeitraum wurden aus diesen Presseorganen alle Artikel herausgesucht, die sich mit bildungspolitischen Fragen im Kontext von PISA beschäftigten. Auf diese Weise entstand ein Korpus von 2.769 Artikeln, davon 2.047 aus der regionalen und 722 aus der überregionalen Presse. Die Artikel wurden verschlagwortet und so für eine computergestützte Analyse zubereitet. Diese Texte stehen nun als erschlossene Quellen für weitergehende *qualitative* Analysen zur Verfügung (eine ausführliche Darstellung des methodischen Vorgehens findet sich bei Tillmann et al. 2008, S. 56–64). Sie können aber auch als ein eigener *quantitativer* Korpus betrachtet werden: Indem aufgezeigt wird, wie sich die Artikel auf die einzelnen Länder, auf bestimmte Zeitphasen, auf bestimmte Themen verteilen, lassen sich bereits erste Rückschlüsse über Intensität und Verlauf des Pressediskurses ziehen. Genau ein solcher quantitativer Überblick soll in diesem Beitrag in den Kapiteln 2 und 3 gegeben werden. In Kapitel 4 folgt eine eher qualitativ akzentuierte Analyse, die sich mit den Leitmedien und der dortigen Themenbehandlung befasst.

## 2.    Länder und Themen

Ob PISA und seine Folgen in den vier Bundesländern eher intensiv oder eher zurückhaltend diskutiert wurden, lässt sich in einem ersten Zugriff an der Zahl der Presseartikel ablesen. Abbildung 1 zeigt die Zahl der Presseartikel in den jeweiligen Ländern (und in den überregionalen Organen) und ihre prozentuale Verteilung im Gesamtkorpus.

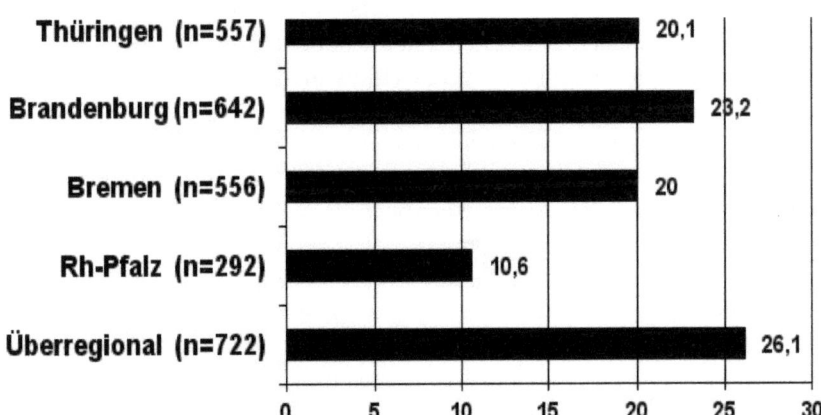

Abb. 1:  Verteilung der Presseartikel (01.08.2001–31.12.2002), Angaben in Prozent,
         N = 2769

Auffällig ist zunächst die immens große Zahl der Artikel, die als journalistische Reaktion auf eine empirisch-pädagogische Studie einmalig sein dürfte. Wenn man sich klar macht, dass unser Erhebungszeitraum 518 Tage (oder 74 Wochen) umfasst, dann bedeutet das: In Brandenburg, Bremen und Thüringen ist in dieser Zeit etwa jeden Tag ein Artikel in einer der Regionalzeitungen erschienen, in Rheinland-Pfalz etwa jeden zweiten Tag. Und die Leserinnen und Leser der überregionalen Presse fanden in den genannten Organen jede Woche fast zehn Artikel vor. Damit weist bereits diese einfache Auszählung darauf hin, in welch intensiver Weise hier die Ergebnisse einer empirisch-pädagogischen Studie zum Gegenstand des öffentlichen Interesses wurde.

Betrachtet man die Verteilung, so fallen zwei Aspekte ins Auge: Die große Zahl der Artikel in der überregionalen Presse verweist darauf, dass die eher von einer gehobenen Bildungsschicht gelesenen Blätter die PISA-Studie und deren Folge ganz besonders intensiv diskutiert haben. Dies gilt in extremer Weise für die Wochenzeitung *Die Zeit*. Hier haben wir in 18 Monaten (= 78 Ausgaben) insgesamt 125 Artikel gezählt, unter ihnen etliche sehr umfangreiche. Betrachtet man die Länderdaten, so ist der Unterschied zwischen

Rheinland-Pfalz und den anderen drei Ländern auffällig. Während wir in Brandenburg, Bremen und Thüringen jeweils zwischen 550 und 650 Artikel in den Regionalzeitungen gefunden haben, sind es in Rheinland-Pfalz mit 293 nur etwa halb so viele. Dies lässt darauf schließen, dass die veröffentlichte Debatte in Rheinland-Pfalz weniger intensiv und weniger heftig verlaufen ist.

Als zweites stellt sich die Frage, welche Themen und Themenaspekte des Gesamtfeldes in den Artikeln verhandelt wurden. Hier lag das Schwergewicht zunächst einmal auf der Darstellung der PISA-Ergebnisse: Es wird ausführlich über die schwachen Leistungen und die hohe soziale Selektivität berichtet, die sich im internationalen Vergleich als massiver Nachteil darstellen. Verbunden ist diese Problembeschreibung häufig mit einer Schuldzuweisung vor allem an die Kultusminister; von ihnen werden schnelle und entschlossene Maßnahmen zur Behebung der Misere gefordert. So gesehen können die Veröffentlichungen in den Printmedien auch als Ausdruck und als Spiegelung des ‚PISA-Schocks' verstanden werden.

Neben der Präsentation der ‚schlechten' PISA-Ergebnisse mit ihren unterschiedlichen Aspekten (z.B. Lesekompetenz, soziale Ungleichheit) wurde vor allem diskutiert, in welchen Bereichen des Bildungswesens sich Versäumnisse zeigen – und welche Maßnahmen nun angegangen werden müssen. In einer weitgehend induktiven Weise (von den Stichworten zu den Themen) haben wir hier zunächst acht Themenfelder identifiziert, die in der Presse in einer gewissen Breite diskutiert wurden – von der verbesserten Förderung im Elementarbereich bis zur Reform der Lehrerbildung. Diese acht Themengebiete (vgl. Abb. 2) stimmen weitgehend mit den ‚Handlungsfeldern' überein, die die Kultusministerkonferenz am 04.12.2001 veröffentlicht hat. In diesem Konsensbeschluss ziehen die Kultusminister/innen der Länder ihre Konsequenzen aus den gleichzeitig veröffentlichten PISA-Ergebnissen und teilen mit, dass sie in allen 16 Bundesländern die Schulen in den folgenden sieben Bereichen massiv verbessern wollen:

Tab. 1:   KMK-Handlungskatalog vom 4.12.2001

1. Verbesserung der Sprach- und Lesekompetenz
2. Bessere Verzahnung von Vor- und Grundschule, frühzeitige Einschulung
3. Verbesserung der Grundschulbildung (Lesekompetenz, mathematisch-naturwissenschaftliche Kompetenz)
4. Bessere Förderung bildungsbenachteiligter Kinder
5. Qualitätssicherung durch verbindliche Standards und Evaluation
6. Stärkung der diagnostischen und methodischen Kompetenz der Lehrkräfte
7. Ausbau schulischer und außerschulischer Ganztagsangebote(vgl. KMK 2001)

Abbildung 2 zeigt, wie stark die thematischen Felder in der Presse diskutiert wurden, die auch von der KMK als Entwicklungsbereiche benannt wurden. Dabei sind in den folgenden Darstellungen nur noch die Artikel enthalten, die in den vier Ländern erschienen sind. Bei der Interpretation ist zu beachten, dass in einem Artikel häufig mehrere Themenaspekte angesprochen werden, so dass Mehrfachzuordnungen in großer Zahl erfolgt sind.

Die Daten zeigen, dass in der Presse insbesondere die Verbesserungen im Elementar- und Primarbereich und die Formen der Leistungsüberprüfung (z. B. Zentralabitur) diskutiert wurden. Der Bereich der Lehrerbildung stieß hingegen auf geringere Resonanz.

Zu zusätzlichen Einblicken führt es, wenn man diese thematischen Besetzungen im Vergleich der vier Länder betrachtet. Hier finden sich in einigen Themenfeldern höchst unterschiedliche Besetzungen. So werden das Migrationsproblem und die Sprachförderung in Bremen besonders häufig thematisiert, in Thüringen hingegen relativ selten. Dafür spielt in Thüringen (und in Brandenburg) die Diskussion um Standards, Tests und Vergleichsarbeiten eine hervorgehobene Rolle. Es zeigen sich also deutlich unterschiedliche Diskussionsschwerpunkte in den einzelnen Bundesländern. Dabei ist es gut verständlich, dass die Förderung von Migranten in Bremen besonders heftig, in Thüringen hingegen kaum diskutiert wird. Warum aber die Standard- und Prüfungsdiskussion sowohl in Bremen als auch in Rheinland-Pfalz deutlich weniger Raum eingenommen hat als in Brandenburg, erschließt sich nicht sofort.

Nun wurden in der Presse nicht nur Themen aufgenommen, die auch im KMK-Handlungskatalog enthalten sind. Vielmehr sind auch einige Themen im PISA-Kontext diskutiert worden, die die KMK für nicht so bedeutsam gehalten hat. Hier konnten insgesamt sechs Themenkomplexe identifiziert werden (vgl. Abb. 3).

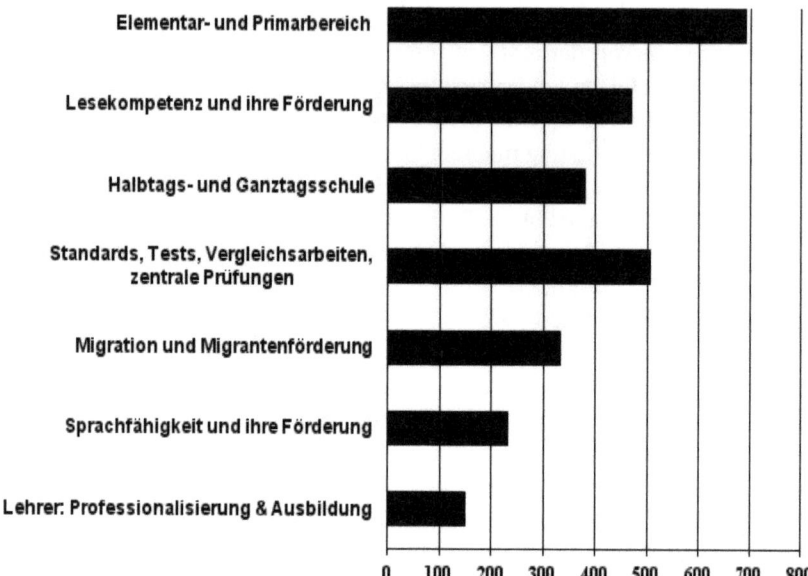

Abb. 2: Verteilung der Presseartikel auf die Themengebiete des KMK-Handlungskatalogs absolute Zahlen, N = 2047

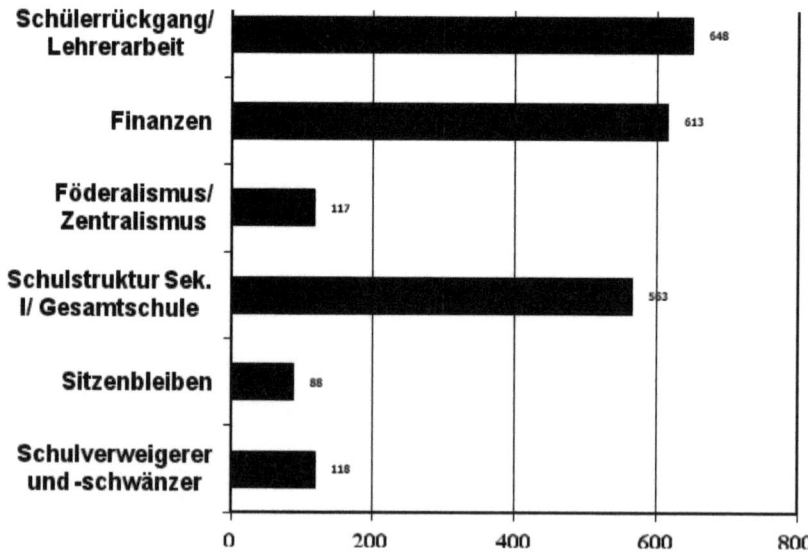

Abb. 3: Verteilung der Presseartikel auf Themengebiete jenseits des KMK-Handlungskatalogs absolute Zahlen, N = 2047

Es ist interessant zu sehen, welche Themen in der Presse aufgegriffen wurden, ohne dass sie von den Kultusministern angestoßen wurden: Die Finanzausstattung, die Schulstruktur in der Sekundarstufe und die Lehrerbeschäftigung werden besonders häufig angesprochen. Die Zahl der Artikel in diesen Themenfeldern übersteigt in den meisten Fällen die zuvor genannten Themenfelder der Abb. 2. Daraus lässt sich schließen, dass sich die Printmedien die Themen nicht von der KMK haben vorgeben lassen, sondern auch darüber hinausgehende Problemaspekte erörtert haben. Dabei haben sich insbesondere die Themen „Finanzen" und „Schulstruktur Sek. I" als Felder für kritische Rückfragen an die Kultusminister erwiesen.

## 3.  Zeitverläufe

Weiter vorn wurde festgestellt, dass – auf die gesamte Erhebungszeit verteilt – in jedem Bundesland täglich ein bis zwei Artikel zu PISA und den Folgen in der regionalen Presse erschienen sind. Dies ist ein Mittelwert, der die Realität aber nur unzulänglich beschreibt. Denn die Presseartikel folgen tagesaktuellen Ereignissen, deshalb konzentrieren sie sich zu bestimmten Zeiten, während sie in anderen Phasen eher seltener erscheinen. Diese Verläufe sollen nun dargestellt werden, wobei das folgende Phasenschema zur PISA-Forschung zugrunde gelegt wird (vgl. dazu auch Abb. 4):

Phase 1:  Vor der Veröffentlichung der internationalen PISA-Ergebnisse (PISA-I) (8/2001–11/2001)

Phase 2:  Zwischen der Veröffentlichung der PISA-I und der PISA-E-Ergebnisse (12/2001–7/2002)

Phase 3:  Nach der Veröffentlichung der Bundesländer-Ergebnisse (PISA-E) (8/2002–12/2002)

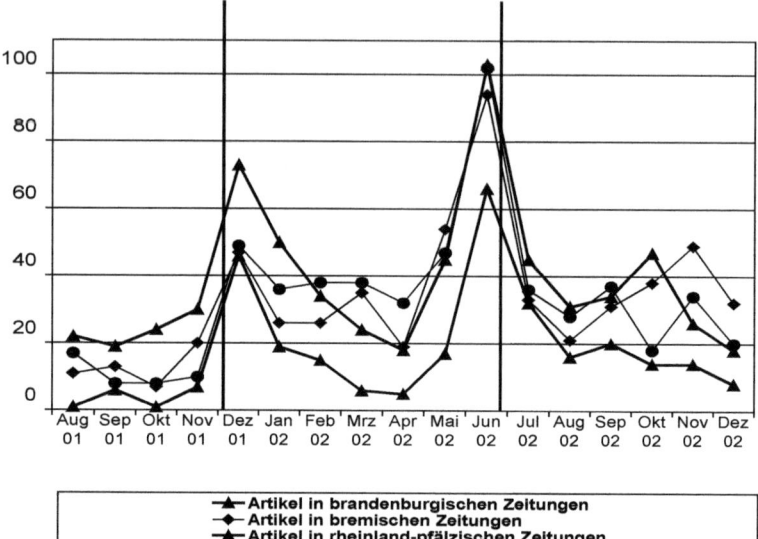

Abb. 4: Verteilung der Presseartikel in den vier Ländern im Zeitverlauf, absolute Zahlen,
N = 2047

Dabei wird dargestellt, wie viele Artikel in den verschiedenen Monaten in den
vier Bundesländern erschienen sind. Dies ergibt für jedes Bundesland eine
Verlaufskurve, die alle zueinander parallel verlaufen: die Rheinland-pfälzische
auf einem eher niedrigen, die Brandenburgische und die Bremische auf einem
höheren Niveau. Deutliche Berichtsspitzen hat es jeweils zur Veröffentlichung
der PISA-Ergebnisse gegeben. Bemerkenswert ist, dass in allen Bundesländern die Presseresonanz beim Bundesländervergleich (PISA-E) deutlich
größer war als bei dem internationalen Vergleich (PISA-I). Das spricht dafür,
dass die Ergebnisse des eigenen Bundeslandes (im Vergleich mit den anderen Ländern) als besonders interessant und brisant angesehen wurden. Nach
diesen beiden PISA-Berichtszeitpunkten geht die Zahl der Presseartikel (von
in der Spitze 100 pro Monat und Land) jeweils deutlich zurück, eine gewisse
Grundthematisierung bleibt aber erhalten: So erschienen im April 2002 – also
genau in der Mitte zwischen den beiden PISA-Veröffentlichungen – in den
meisten Bundesländern zwischen 20 und 40 Artikel im Monat. Und auch fünf
Monate nach der PISA-E-Veröffentlichung (also im November 2002) lag die
Zahl noch zwischen 18 (in Rheinland-Pfalz) und 44 (in Bremen).
    Die quantitative Analyse der Presseartikel in den Kapiteln 2 und 3 hat
zunächst einmal bestätigt, dass in der Folge von PISA in Deutschland eine

öffentliche (und veröffentlichte) Diskussion stattgefunden hat, die in Umfang und Intensität wohl als historisch einmalig bezeichnet werden kann. Zugleich wurde gezeigt, dass sich eine solch intensive Diskussion in der regionalen Presse aller vier Bundesländer wiederfindet – allerdings mit deutlichen Unterschieden: Sie wird besonders ausgeprägt in Brandenburg und Bremen und eher zurückhaltend in Rheinland-Pfalz geführt. Die Themen, die dabei angesprochen werden, weisen zunächst einmal eine klare Parallelität zu den sieben Handlungsfeldern der KMK auf. Dabei wird über den Elementar- und Primarbereich, aber auch über Standards und zentrale Prüfungen besonders intensiv berichtet. Nicht weniger häufig werden in der Presse aber auch Themen angesprochen, die von der KMK nicht auf die Agenda gesetzt wurden: Die (mangelnde) Finanzausstattung des Bildungssystems, die (fehlende) Strukturreform in der Sekundarstufe I, die (unbewältigten) Probleme der Lehrerarbeit und der Lehrerbeschäftigung. Die Berichterstattung hierzu ist häufig mit kritischen Anfragen an die Kultusminister/innen verknüpft.

## 4. Die PISA-Berichterstattung in den Leitmedien: Argumente zu ausgewählten Themenfeldern

Die bildungspolitische Debatte nach PISA – das haben die bisher präsentieren Daten gezeigt – erweist sich als äußerst umfassend und zugleich thematisch stark differenziert. Die folgende Analyse konzentriert sich auf die vier überregionalen Leitmedien (*Der Focus, Der Spiegel, Die Zeit, Süddeutsche Zeitung* – wobei bei der Interpretation der Ergebnisse berücksichtigt werden muss, dass die *Süddeutsche Zeitung* täglich, die anderen drei Organe hingegen wöchentlich erscheinen) und wählen dazu zwei Themen beispielhaft aus: zum einen die (auch von der KMK erhobene) Forderung nach mehr Ganztagsschulen, zum anderen die (von der KMK als irrelevant bezeichnete) Diskussion um die Veränderung der Schulstrukturen in der Sekundarstufe. Dabei wird eine Kombination von quantitativer und qualitativer Analyse präsentiert.

### 4.1 Die Ganztagsschule – ein Konsensthema?

In dem 18-monatigen Untersuchungszeitraum finden sich in den vier Leitmedien insgesamt 155 Artikel zum Thema Ganztagsschule. Das Thema wurde somit breit diskutiert; zu einem zentralen bildungspolitischen Thema avanciert es aber erst nach der Veröffentlichung der ersten PISA-Ergebnisse im Dezember 2001 (vgl. Tab. 2).

Tabelle 2: Zahl der Presseartikel zu Ganztagsschulen in den überregionalen Leitmedien

| Zeitschrift/ Zeitung | Phase I (vor PISA-I) 8/01–11/01 | Phase II (nach PISA-I) 12/01–7/02 | Phase III (nach PISA-E) 8/02–12/02 | Gesamt |
|---|---|---|---|---|
| Der Focus | 1 | 18 | 5 | 24 |
| Der Spiegel | 1 | 22 | 14 | 37 |
| Süddeutsche Zeitung | 3 | 45 | 21 | 69 |
| Die Zeit | 3 | 4 | 7 | 14 |
| Gesamt | 8 | 89 | 47 | 144 |

In der ersten Jahreshälfte 2002 geht es besonders intensiv und häufig um die Ganztagsschule, in der 2. Jahreshälfte (nach Veröffentlichung der PISA-E-Ergebnisse) nimmt diese Intensität leicht ab. Im Folgenden soll in Orientierung an diesen drei Phasen knapp dargestellt werden, welche Aspekte des Themas in der überregionalen Presse wie behandelt wurden.

a) In den vier Monaten vor dem Erscheinen der PISA-I-2000-Ergebnisse (8/01–11/01) spielt das Thema Ganztagsschule in der überregionalen Presse nur eine marginale Rolle: In den vier Publikationsorganen finden sich in dieser Zeit nur acht Artikel; dabei nimmt der Pressediskurs nur auf sehr wenige Akteure Bezug. Im Fokus dieser knappen Berichterstattung stehen die bildungspolitischen Aktivitäten in den Ländern Bayern und Rheinland-Pfalz. Die hierzu zitierten Akteure – die Ministerinnen Hohlmeier (CSU) und Ahnen (SPD) – sprechen sich für den Ausbau von Ganztagsschulen in ihren Ländern aus (vgl. SZ, 14.11.2001). Insgesamt erfährt das Thema Ganztagsschule auch bei dieser knappen Berichterstattung vor der PISA-Veröffentlichung überwiegend positive Konnotationen.

b) In der zweiten Untersuchungsphase, die mit dem Erscheinen der PISA-I-Ergebnisse beginnt, gewinnt das Thema Ganztagsschule in der überregionalen Presse erheblich an Bedeutung. Dies drückt sich in der Zahl von 89 Artikeln aus, die sich in diesen acht Monaten mit dem Thema Ganztagsschule beschäftigen. Im Vergleich zur ersten Untersuchungsphase nimmt aber nicht nur die Zahl der Artikel, sondern auch die Zahl der Akteure zu, die sich zu verschiedenen Aspekten des Themas öffentlich äußern. Unter ihnen finden sich neben Bildungspolitikern von SPD und CDU (auf Bundes- und Landesebene) auch Verbandsvertreter und Wissenschaftler/innen. So fordert z. B. auch der Bundesverband der Deutschen Arbeitgeberverbände (BDA) einen Ausbau des Ganztagsschulbereichs (vgl. SZ

05.02.2002). Eine positive Berichterstattung entsteht vor allem dadurch, dass fast ausnahmslos politische und wissenschaftliche Akteure zitiert werden, die die Ganztagsschulforderungen unterstützen. Damit spiegelt sich in der Presse ein breiter Konsens in dieser Frage: Mehr Ganztagsschulen sind erforderlich, um die mit PISA festgestellten Probleme zu lösen. Nicht nur die politischen Akteure, die zitiert werden, sondern auch die kommentierenden Journalisten in den vier Medien sprechen sich dafür aus, den Ganztagsschulsektor auszubauen. Sie liegen damit auf der Linie, die die Kultusminister in ihrem Handlungskatalog formuliert hat.

c) Nach der Veröffentlichung der Bundesländer-Ergebnisse (PISA-E) findet sich in den überregionalen Medien immer noch ein bedeutender, wenngleich auch nicht mehr ganz so umfangreicher Pressediskurs: Insgesamt wird in 58 Artikeln über Ganztagsschulen berichtet. Weil etliche SPD-geführte Bundesländer (z. B. Nordrhein-Westfalen) im Leistungsvergleich schlecht abgeschnitten haben, geraten die Ganztagsschule noch einmal unter konservativen Beschuss (vgl. SZ 23.05.2002). Solche kritischen Wortmeldungen (z. B. von der CSU-Kultusministerin Holmeier – vgl. SZ, 25.05.2002) erfolgen verstärkt vor der Bundestagswahl (22.09.2002) und sind dann Ende des Jahres kaum noch festzustellen. Von den Kommentaren aller vier Leitmedien werden diese kritischen Anmerkungen zur Ganztagsschulde nicht übernommen.

Somit kann auch in der dritten Phase die überregionale Berichterstattung insgesamt als überaus positiv interpretiert werden. Damit wird über alle drei Phasen hinweg der Ausbau von Ganztagsschulen als notwendige bildungspolitische Aktivität herausgestellt; entsprechende Aussagen finden man nicht nur von den Politiker/innen aller Parteien und der meisten Verbände, sondern auch in den Darstellungen und Kommentaren der Journalisten. In der öffentlichen und der veröffentlichten Meinung wird somit weitgehend konsenshaft gefordert, weiterer Ganztagsschulen einzurichten, um eine angemessene Antwort auf die problematischen PISA-Ergebnisse zu geben.

Aus erziehungswissenschaftlicher Sicht sind gegenüber diesem Medienkonsens einige kritische Anmerkungen erforderlich: Weder von den Politikern (über die berichtet wird) noch von den Journalisten (in ihren Einordnungen und Kommentaren) wird darauf hingewiesen, dass die PISA-Studie selbst keinerlei empirische Belege für die Forderung nach mehr Ganztagsschulen liefert. Es bleibt auch unerwähnt, dass 2001/2002 auch keine andere empirische Ergebnisse vorlagen, die die Wirkungshoffnung auf mehr Leistung und weniger Ungleichheit durch Ganztagsschulen hätten unterstützen konnten (vgl. Radisch & Klieme, 2004). Anders formuliert: Die Präferenz für mehr Ganztagsschulen hatte damals zwar eine gewisse programmatische Plausibilität, doch die empirische Basis für eine „evidenzbasierte Bildungspolitik" (BMBF, 2008) fehlte. Damit lässt sich rückblickend für den überregionalen Pressediskurs sagen, dass die PISA-Ergebnisse in ihrer Aussagekraft überschätzt und der Ganztagsschul-Vorschlag in seiner erwarteten Wirkung unkritisch behandelt wurde. Die Presse hat hier erheblich dazu beigetragen, einen gesellschaftlichen Konsens abzusichern, der den Kultusministern sehr zu Gute kam, der aber in einer wissenschaftlichen Perspektive als zweifelhaft gelten musste (zum aktuellen Stand der Ganztagsschulforschung vgl. Fischer, Holtappels, Klieme, Rauschenbach, Stechler & Züchner, 2011). Allerdings: Es sind damals auch keine Erziehungswissenschaftler/innen aufgetreten, die auf diesen Widerspruch aufmerksam gemacht haben.

## 4.2    Die Schulstruktur – ein Konfliktthema?

Weil das Thema Ganztagsschule zwischen den großen Parteien seit 2001 konsenshaft behandelt wurde, konnte ein entsprechender Maßnahmevorschlag auch in den KMK-Handlungskatalog aufgenommen werden. Demgegenüber ist die Frage nach den Schulstrukturen in der Sekundarstufe (gegliedert oder integriert?) zwischen CDU und SPD ein scharfer Streitpunkt seit den 1960er Jahren, der auch 2001/02 nicht beigelegt werden konnte (vgl. Kneuper 2000, S. 134–139). Die KMK verständigte sich jedoch – unterstützt durch die PISA-Forscher – auf die Sprachregelung, dass die Schulstrukturen für die pädagogischen Effekte nicht von zentraler Bedeutung seien. Deshalb wurden auch keine Vorschläge zur Veränderung der Schulstruktur in den KMK-Katalog aufgenommen. Beide politischen Seiten versuchten somit, dieses Thema als nebensächlich darzustellen, um den Konsenauftritt der 16 Kultusminister nicht zu stören. Vor diesem Hintergrund fragen wir: Wie wurde im Zeitraum unserer Untersuchung das Thema ‚Schulstrukturen' in der überregionalen Presse behandelt? Schon ein ersten Blick zeigt, dass das Bestreben der KMK, dieses Thema an den Rand zu drängen, nicht gegriffen hat: In unserem Untersuchungszeitraum (8/2001–12/2002) finden sich in den vier Leitmedien 444 Artikel zu den oben genannten Themenbereichen – also 25 pro Monat. Das sind mehr als doppelt so viele wie zum Thema Ganztagsschule. Tabelle 3 zeigt, wie sich die Artikel auf die drei Phasen des Untersuchungszeitraums verteilen.

Tabelle 3: Zahl der Presseartikel zur Schulstruktur in den überregionalen Leitmedien

| Zeitung | Phase I (vor PISA-I) 8/01–11/01 | Phase II (nach PISA-I) 12/01–7/02 | Phase III (nach PISA-E) 8/02–12/02 | Gesamt |
|---|---|---|---|---|
| Der Focus | 6 | 34 | 7 | 47 |
| Der Spiegel | 6 | 22 | 9 | 37 |
| Süddeutsche Zeitung | 5 | 148 | 105 | 258 |
| Die Zeit | 5 | 53 | 44 | 102 |
| Gesamt | 22 | 257 | 165 | 444 |

Zu einem zentralen bildungspolitischen Thema avanciert die Schulstruktur erst nach der Veröffentlichung der PISA-Ergebnisse im Dezember 2001. Vorher erschienen dazu zwar auch immerhin 22 Artikel – das sind etwa fünf pro Monat. In den nachfolgenden beiden Phasen waren es insgesamt jedoch 422 – und damit im Durchschnitt 32 pro Monat. Anders gerechnet: In der *Süddeutschen Zeitung* erschienen im Jahr 2002 jede Woche vier bis fünf Artikel zum Thema, in der *Zeit* etwa jede Woche zwei, im *Focus* einer in 14 Tagen. Dies ist für ein bildungspolitisches Thema in solchen Publikumszeitschriften eine außerordentlich hohe Frequenz. Die Berichterstattung in den einzelnen Phasen lässt sich wie folgt beschreiben:

a) Vor der Veröffentlichung der PISA-I-Ergebnisse wird über die Schulstruktur der Sekundarstufe in der überregionalen Presse kaum diskutiert. Allerdings weist wenige Tage vorher der PISA-Forscher Baumert sowohl in der *Zeit* wie in der *Süddeutschen Zeitung* darauf hin, „dass weder die Schulform noch die Klassenstärke für die Leistung von Schülern ausschlaggebend seien." (SZ 03.12.2001). *Die Zeit* spitzt das gar zu der Aussage zu, Baumert könne nachweisen, dass der Leistungsstand von Schüler/innen nicht von der Systemfrage „Gesamtschule oder Gymnasium" abhänge (*Die Zeit*, 29.11.2001).

b) Nach der Veröffentlichung der PISA-I-Ergebnisse gewinnt das Thema Schulstruktur in der Presse erheblich an Bedeutung. Die Zahl der Presseartikel, die dieses Thema erwähnen oder als Nebenthema aufnehmen, nimmt stark zu. Dabei werden immer wieder dies Ergebnisunterschiede zwischen dem selektiven deutschen Schulsystem und den integrierten Schulformen in Kanada, Skandinavien etc. angesprochen. Die Berichterstattung ist zunächst geprägt durch Kommentare und Interpretationen der PISA-Autoren, die sich überwiegend für interne Reformen innerhalb des gegliederten Systems aussprechen (z. B. SZ, 10.12.2001). Entgegengesetzte Schlussfolgerungen zieht hingegen die Vorsitzende der GEW, Eva-Maria Stange, wenn sie feststellt, dass „das dreigliedrige Schulsystem seine Daseinsberechtigung verloren" habe (SZ, 11.12.2001). Auch der PISA-Koordinator der OECD, Andreas Schleicher, ergreift in dieser Debatte deutliche Position für ein integriertes Schulsystem (z. B. SZ, 15.04.2002). Die Akteure aus der SPD (so etwa Sigmar Gabriel) sind in ihren Äußerungen hingegen eher zurückhaltend. Sie plädieren keineswegs für die Abschaffung der Dreigliedrigkeit, sondern für eine verstärkte individuelle Förderung der Schüler/innen (SZ, 24.12.2001; *Der Focus*, 14.01.2002).

c) Die PISA-Ergebnisse zu den Bundesländern (PISA-E) wurden am 26.06.2002 offiziell veröffentlicht. Weil sie jedoch bereits vorher durchgesickert waren (Artikel im *Der Focus*), wurden sie schon vom 18.06. an öffentlich diskutiert. Weil im Vergleich der Bundesländer Bayern und Baden-Württemberg am besten abschnitten, wird daraus im Bundestags-Vorwahlkampf ein Argument für das gegliederte Schulwesen abgeleitet (vgl. SZ, 18.6.2002). Damit werden in der Diskussion zwei unterschiedliche Argumentationslinien vertreten: Während die einen auf der Basis der PISA-I-Ergebnisse die integrativen Schulsysteme anderer Staaten positiv hervorheben, verweisen die anderen unter Bezug auf PISA-E auf den Erfolg der Bundesländer mit einer traditionell-dreigliedrigen Struktur.

d) In der Phase III findet die Schulstrukturdebatte hauptsächlich in der *Zeit* und in der Süddeutschen Zeitung statt. Dabei werden allerdings keine neuen Argumentationen angeführt, vielmehr finden sich weitgehend die gleichen Standpunkte wie in den vorangegangenen Phasen. Während konservative Politiker/innen die Vorteile des gegliederten Schulsystems herausstellen, formulieren sozialdemokratische Politiker/innen eher ‚abgewogene' Urteile (z. B. SZ, 01.06.2002; *Die Zeit*, 05.12.2002). Parallel dazu wird in der überregionalen Presse über Schulstrukturdiskussionen und -entwicklungen in einzelnen Bundesländern berichtet: Dies gilt für die anstehenden Strukturveränderungen in Brandenburg (Einstieg in die Zweigliedrigkeit) und Bremen (Abschaffung der Orientierungsstufe) (SZ, 10.09.2002) genauso wie für die Auseinandersetzung über das Ausmaß der sozialen Selektivität in Bayern (z. B. SZ, 25.06.2002). Insgesamt sind sich die Vertreter der beiden großen Parteien mit den meisten Bildungsforschern/-innen aber darin einig, dass sich aus den PISA-Ergebnissen die Notwendigkeit einer neuen Schulstrukturdebatte nicht ableiten lasse (z. B. SZ, 02.06.2002; *Die Zeit*, 04.06.2002). Gestört wird dieser Konsens allerdings von Vertretern der GEW, der PDS – und von einzelnen Bildungsexperten (Schleicher, Edelstein) (z. B. SZ, 02.06.2002).

Insgesamt zeigt sich damit: Obwohl die KMK das Thema ‚Schulstruktur in der Sekundarstufe' nicht in ihren Handlungskatalog aufgenommen hat, obwohl auch die führenden PISA-Forscher hier kein Interventionsfeld sehen, wird das Thema dennoch in der überregionalen Presse eingehend diskutiert. Dass die PISA-Ergebnisse diese Diskussion ausgelöst haben, ist offensichtlich; denn bis zum November 2001 kam es in den deutschen Leitmedien praktisch nicht vor, seitdem steht es (neben anderen Themen) wieder auf der Tagesordnung. Dabei ist auffällig, dass in der Diskussion immer wieder das Argument verwendet wird, genau diese Diskussion müsse gar nicht geführt werden: Weil die Schulstruktur (angeblich) kein relevanter, kein verursachender Faktor für die bei PISA aufgedeckten Probleme sei, solle man doch besser über andere Problembereiche (z. B. über die Qualität des Unterrichts) reden. Dieses Argument wird von den Vertretern der beiden großen Parteien genauso verwandt wie von einigen PISA-Forschern. Angesichts dieser dominierenden Meinung, eine neue Strukturdiskussion sei nicht notwendig, wird das Thema aber erstaunlich ausführlich verhandelt. Das liegt zum einen daran, dass sich hinreichend viele Akteure zu Wort meldeten, die in diesen Konsens nicht einstimmten, sondern die dahinter eher den Versuch einer Tabuisierung vermuteten. Und es liegt wohl auch daran, dass angesichts der bevorstehenden Bundestagswahl (September 2002) die Vertreter/innen der verschiedenen Parteien nicht darauf verzichten wollten, auch mit diesem Thema ‚Punkte zu machen'. Die überregionale Presse bildet diesen Diskurs und die dabei vertretenen Positionen relativ unparteiisch ab und macht damit aber implizit auch deutlich, dass sie dies sehr wohl für ein relevantes Thema hält. Während somit die Politiker/innen mehr oder weniger zugespitzt ihre jeweiligen Positionen vertreten, bleiben die Journalisten ganz überwiegend in einer eher abwägenden Haltung. Denn anders als bei der Ganztagsschule gibt es hier keinen Konsens über das ‚richtige' Konzept, und entschiedene Forderungen nach bestimmten Strukturveränderungen werden deshalb nur vereinzelt vorgetragen.

## 5.    Fazit

Die Presseanalyse der Jahre 2001/2002 zeigt zunächst, dass sich die heftige öffentliche Reaktion auf PISA auch deutlich in den Print-Medien niederschlägt. Sowohl die regionale Tagespresse als auch die überregionalen Leitmedien schreiben in einem Umfang und in einer Häufigkeit, die alle bisherigen Berichterstattungen über Ergebnisse der Bildungsforschung weit in den Schatten stellt. Dies hält (mit gewissen Schwankungen) mindestens bis Ende 2012 an und weist damit auch eine gewisse Nachhaltigkeit auf. Auch die immer wieder angeführte Beschreibung der öffentlichen Reaktion als ‚PISA-Schock‘ findet in dieser umfänglichen Berichterstattung ihre Bestätigung. Die Intensität, mit der über mehr als ein Jahr über die PISA-Studie und ihre Folgen berichtet wird, lässt erkennen, dass in dieser Zeit das öffentliche Interesse an den aufgedeckten Defiziten des Schulsystems keineswegs nachgelassen hat.

Die qualitative Analyse der Berichterstattung in den Leitmedien zeigt, dass dort sehr unterschiedliche Aspekte der Bildungsproblematik angesprochen werden. Dabei übernimmt die Presse in einigen Feldern die Forderungen der KMK (z. B. nach mehr Ganztagsschulen, nach zentralen Prüfungen) und verschafft den ‚angeschlagenen‘ Kultusministern auf diese Weise eine legitimatorische Entlastung. Zugleich ist aber zu sehen, dass in den überregionalen Leitmedien sehr stark auch Probleme thematisiert werden, die den Kultusministern weniger angenehm sind. Die Frage nach den Bildungsfinanzen gehört genauso dazu wie die nach Strukturveränderungen in der Sekundarstufe. Diese (und andere) Themen werden über das ganze Jahr 2002 ausführlich verhandelt und sind sehr stark mit kritischen Anfragen an die Kultusminister/innen verknüpft. Hier nimmt die Presse ihre kritische Funktion deutlich wahr und schont die Bildungspolitik nicht. Eine solche Berichterstattung verstärkt die Zweifel an der Kompetenz der Kultusminister/innen und setzt diese unter zusätzlichen Handlungsdruck.

Spätestens an dieser Stelle ist daran zu erinnern, dass das PISA-Konzept eigentlich ‚expertokratisch‘ ausgerichtet war: Die Ergebnisse sollen in den verschiedenen Ländern jeweils einem kleinen Kreis von leitenden Experten zur Verfügung gestellt werden, damit sie dort als ‚Steuerungswissen‘ zu besseren bildungspolitischen Entscheidungen führen (vgl. OECD-PISA 2000). Ein solches Konzept, das auf das informierte Handeln der ‚Steuerleute‘ setzt, ist bei PISA 2000 durch die Dynamik der öffentlichen Diskussion völlig überrannt worden. Was sich bei der öffentlichen Diskussion der TIMSS-Ergebnisse Ende der 90er-Jahre schon andeutete, wuchs sich hier zu einem erstaunlichen Phänomen aus: Die Ergebnisse der PISA-Studie wurden in Deutschland zu einem zentralen politischen Ereignis, das nicht nur im gesamten Jahr 2002, sondern viel länger die bildungspolitische Diskussion in der Bundesrepublik bestimmte. Die hier vorgestellte Analyse hat gezeigt, dass die PISA-Studie keinesfalls bevorzugt die ‚Steuerleute‘ beliefert hat, sondern dass sie vor allem eine hochaktive Medienöffentlichkeit bedient hat. Dort erfolgt dann eine – von Politikern und Bildungsplanern nicht mehr kontrollierbare – Verbreitung und Verarbeitung von Ergebnissen, die für den nachfolgenden politischen Prozesse von hoher Bedeutung sind: Denn die Minister/innen stehen aufgrund der ‚schlechten‘ Ergebnisse in der Kritik und müssen versuchen, ihre politische Handlungsfähigkeit öffentlich zu beweisen. Im Kern geht es bei ihrem Vorgehen dann nicht mehr so sehr um die ‚richtige' Steuerungsmaßnahme, sondern viel stärker um die eigene politische Absicherung durch Loyalitätsgewinne. Freilich: Ob durch die Berichterstattung in den Medien diese öffentliche Akzeptanz verstärkt oder ob sie sie weiter demontiert wird, liegt nicht in der Hand der Politiker, sondern im Aufgabenfeld von (hoffentlich kritischen) Journalisten.

## 6. Literatur

BMBF: Bundesministerium für Bildung und Forschung (Hrsg.)(2008): Wissen für Handeln. Forschungsstrategien für eine evidenzbasierte Bildungspolitik. Berlin: BMBF.

Fischer, N., Holtappels, H.G., Klieme, E., Rauschenbach, T., Stecher L. & Züchner, I. (Hrsg.) (2011). Ganztagsschule: Entwicklung, Qualität, Wirkungen. Weinheim: Juventa.

Gruber, K.-H. (2006): The German ‚PISA-shock': some aspects of the extraordinary impact PISA study on the German educational system. In: Oxford Studies in comparative Education, Vol. 16, Nr. 1, S. 195–208.

KMK (2001): PISA-Handlungskatalog. Pressemitteilung vom 6.12.2001. Berlin.

Kneuper, D. (2000): PISA und die Bildungsadministration. Bildungspolitische Verarbeitungs- und Entscheidungsprozesse zur Schulstrukturfrage nach PISA 2000. Lübeck: Der andere Verlag.

OECD-PISA (2000): Schülerleistungen im internationalen Vergleich. Eine neue Rahmenkonzeption für die Erfassung von Wissen und Fähigkeiten. Berlin: Max-Planck-Institut für Bildungsforschung.

Radisch, F. & Klieme, E. (2004): Wirkungen ganztägiger Schulorganisation. In: Die Deutsche Schule, 96. Jg., Heft 2, S. 153–169.

Tillmann, K.J., Dedering, K., Kneuper, D., Kuhlnann C., & Nessel, I. (2008): PISA als bildungspolitisches Ereignis. Fallstudien in vier Bundesländern. Wiesbaden: VS-Verlag für Sozialwissenschaften.

# Bildungsjournalismus – unverzichtbarer Begleiter eines demokratischen Bildungsmonitoring

*Martin Baethge*

## I. Die Ambivalenz schneller Vorabinformation durch Presseagenturen

Bei aller Bewunderung für seinen journalistischen Spürsinn haben wir uns oft genug auch über ihn geärgert – immer dann nämlich, wenn Karl-Heinz Reith ohne den offiziellen Veröffentlichungstermin des nationalen Bildungsberichts abzuwarten, mit einer Vorabmeldung jede Sperrfrist durchbrach und über dpa das eine oder andere zentrale Ergebnis des Berichts in die Presse lancierte. Dieser Coup gelang ihm, wenn ich mich richtig erinnere, bei allen bisherigen fünf Bildungsberichten. Das Ärgernis über diese für Agenturmeldungen verständliche und nicht untypische Schnellinformation stellte für die Autorengruppe Bildungsberichterstattung ein doppeltes, durchaus auch ambivalentes Problem dar:

- Zum einen entstand Unsicherheit und Misstrauen darüber, wo die undichte Stelle bei den handelnden Personen, die sich zur vertraulichen Behandlung des Berichts bis zu seiner öffentlichen Übergabe an die Kulturministerkonferenz (KMK) und das Bundesministerium für Bildung und Forschung (BMBF) verpflichtet hatten, lag. Als Autorengruppe waren wir uns einig, dass das Leck nicht im kleinen Kreis der Autorinnen und Autoren liegen könnte; es musste also in dem großen Kreis der Ministerien zu finden sein, denen als Zuwendungsgebern und politischen Erstadressaten der Bericht einige Zeit vor der öffentlichen Übergabe zuging, damit sich die verantwortlichen Ministerinnen und Minister auf die Pressekonferenz vorbereiten könnten. Vielleicht war es von vornherein eine weltfremde Vorstellung, man könne bei einer so großen Erstadressatengruppe ein politisches Dokument längere Zeit unter Verschluss halten, wenn ein findiger und gut vernetzter Journalist, für den ja keine Sperrfrist gilt, seine Fühler ausfährt. Das Leck bleibt bis heute ein – auf den Fluren der politischen Bildungsadministrationen offen getuscheltes – Geheimnis.
- Zum anderen (und m. E. wichtiger) geht es um die inhaltliche Seite dieser Art Vorveröffentlichung, die ausgesprochen ambivalent aus Sicht der Bildungsberichterstattung zu beurteilen ist. Positiv erscheint, dass mit ihr

überhaupt eine breite Aufmerksamkeit auf das Erscheinen des Berichts angestoßen und damit die erste Funktion des Tagesjournalismus erfüllt wird, auf neue Ereignisse hinzuweisen. Die Art und Weise aber dieser Ankündigung von Neuem ist für die öffentliche Wahrnehmung des Bildungsberichts nicht ohne Probleme. Konzentriert sie sich doch in der Regel auf einen oder zwei besonders spektakuläre Sachverhalte und ist eher auf einzelne Fakten als auf die komplexe Analyse des Bildungswesens, auf die die Bildungsberichterstattung von ihrer Widmung her verpflichtet ist (vgl. Konsortium Bildungsberichterstattung, 2006, S. 1), ausgerichtet. Auch wenn es keine gesicherten Daten über die Wirksamkeit derartiger Nachrichten gibt, scheinen zwei für die öffentliche Diskussion des Bildungsberichts mögliche Effekte problematisch: Einerseits wird die Aufmerksamkeit nur auf einen begrenzten – eventuell durchaus wichtigen – Ausschnitt des Bildungsberichts gelenkt. Im Falle des Berichts 2014 war es das Verhältnis von Fachkräfteengpässen und Berufsausbildung (vgl. dpa-Meldung „Bildungsbericht: Fachkräftemangel ist hausgemacht" vom 9. Juni), wobei das Schwerpunktthema (Menschen mit Behinderungen) und die kritische Systemperspektive („Zwischen Bewegung und Stillstand") unter den Tisch fielen. Andererseits ist für einen Teil der Tageszeitungen die dpa-Vorabmeldung die einzige Nachricht zur Bildungsberichterstattung geblieben, wie eine eigene Stichprobenanalyse ergab. Dies trifft vor allem auf Provinzzeitungen, nicht auf die großen überregionalen Tageszeitungen zu, die eigene Korrespondenten und auf Bildungsfragen spezialisierte Redakteurinnen und Redakteure beschäftigen. Das aber bedeutet, dass die Mehrheit der Zeitungsleser nur sehr eingeschränkt über die Bildungsberichterstattung informiert wird.

Das kurze Beispiel der dpa-Vorabmeldung zum Bildungsbericht mag als Aufhänger für eine etwas grundsätzliche Erörterung des Verhältnisses von wissenschaftlicher Bildungsberichterstattung und seiner öffentlichen Wahrnehmung, die wesentlich durch Bildungsjournalismus kanalisiert wird, dienen. Ein Aspekt dieses Verhältnisses ist mit dem Gegensatz von Fakten-Report und Analyse bereits angedeutet: Je mehr Bildungspolitik sich komplexerer wissenschaftlicher Expertisen bedient, desto mehr muss auch im Bildungsjournalismus die weiterhin unverzichtbare Wiedergabe von Fakten mit analytischen Perspektiven verbunden sein.

## II.   Neue Politik-Konzepte als Hintergrund von Bildungsmonitoring

Der Boom, den die unterschiedlichen Formen von Bildungsexpertise und wissenschaftlich fundierter Bildungsberichterstattung auf beinahe allen Ebenen der Bildungspolitik im letzten Jahrzehnt erfahren haben – von international vergleichenden Berichten wie ‚Education at a Glance' der OECD, über den nationalen Bildungsbericht ‚Bildung in Deutschland' bis hin zu Länder- und kommunalen Bildungsberichten –, ist vor dem Hintergrund eines säkularen Wandels des staatlichen Politikkonzepts von einem ‚top-down' zu einem kooperativ steuernden Staat (vgl. Mayntz, 2006) zu sehen. Der Wandel lässt sich vor allem auf die bis in die 1970er und 1980er Jahre zurückreichenden Erfahrungen mit vielen Misserfolgen mit von oben geplanten und verordneten staatlichen Interventionen zurückführen. Sie setzten in Politik und Wissenschaft zunehmend die Einsicht durch, dass sich politische Interventionen erfolgreicher implementieren lassen, wenn man private korporative Akteure an der Formulierung und Implementation von Politik mitwirken lässt.

Wie weit sich der Wandel zu einem kooperativen Stil politischer Steuerung im Alltag der Administration tatsächlich durchgesetzt hat, kann dabei vorerst offen bleiben. Wichtig erscheint zunächst, dass damit eine Legitimationsgrundlage für Politik formuliert ist, die immer schwerer bei politischen Entscheidungsprozessen ausgeblendet werden kann. Bildungspolitik erscheint als ein besonders signifikanter Fall für den „kooperativen Koordinierungs- und Steuerungsmodus von Politik" (vgl. Autorengruppe Bildungsberichterstattung, 2013), droht sie doch ins Leere zu laufen, wenn die unterschiedlichen Akteurs- und Adressaten-Gruppen durch ihre Repräsentanten nicht an politischer Entscheidungsfindung beteiligt sind und auch die Individuen Entscheidungen nicht nachvollziehen können und mitzutragen bereit sind.

Kooperative oder partizipative politische Steuerung setzt eine für alle Beteiligte transparente und verständliche Informationsbasis voraus. Bei dieser geht es nicht um irgendeine Art von Information. Dem Stand der Durchdringung aller gesellschaftlichen Bereiche mit wissenschaftlichem Wissen entsprechend, kann es primär nur um wissenschaftliche Informationsgrundlagen gehen. Hier kommt der zweite Entwicklungsstrang neuer politischer Steuerungskonzepte, der unter dem Stichwort ‚evidence based policy' längst auch in der Bildungspolitik angekommen ist, ins Spiel. Durch ihn vor allem lässt sich das starke Bedürfnis der Politik nach validen Daten begründen, die in allen möglichen Politikbereichen mehr oder weniger umfangreiche Berichtssysteme hat aus dem Boden sprießen lassen.

Man kann evidence based policy (ebp) in einer ersten Annäherung vielleicht als ein Konzept begreifen, Politik auf Basis des für einen Gegenstandsbereich besten verfügbaren Wissens zu betreiben. Was das beste verfügbare Wissen ist, darüber würde man sich angesichts der Heterogenität methodischer Ansätze und Pluralität wissenschaftlicher Einrichtungen in den Human- und Sozialwissenschaften wahrscheinlich noch intensiver streiten als in den Natur- und Technikwissenschaften. Was das Konzept heißen und wie man dafür eine konsensfähige Kategorie gewinnen kann, ist mit Rekurs auf den begrifflichen Ausgangspunkt der Debatte über ebp in der Medizin sichtbar zu machen. Evidenzbasierte Medizin lässt sich nach C. Baethge als „patientenzentrierte Wissenschaftlichkeit" verstehen, als „Bemühen sich um wirkliche Probleme von Patienten zu kümmern (…), und zwar mit den Mitteln … bestimmter wissenschaftlicher Studien", zu denen erstens „systematische Übersichtsarbeiten" und zweitens „randomisierte kontrollierte Studie(n)" zählen (Baethge, C., 2014, vgl. auch Jornitz, 2009).

Auf ebp in der Bildungspolitik übertragen, bedeutet der Maßstab der evidenzbasierten Medizin, nicht jedwede wissenschaftliche Studien als Grundlage politischer Auseinandersetzung, sondern nur solche Forschungsergebnisse und Daten heranzuziehen, die den strengen Kriterien der Validität, Reliabilität und Repräsentativität für den jeweiligen Gegenstandbereich entsprechen. Für die Geistes- und Sozialwissenschaften, die die zentralen Bezugswissenschaften für Bildungspolitik abgeben, sind die genannten Methodenstandards schwer zu realisieren, da sie von ihren Forschungsfeldern her meistens nicht nach dem Paradigma experimenteller und quasi-experimenteller Forschungsdesigns verfahren können. Insofern ist es nicht erstaunlich, dass die Diskussion über edp in der Bildungspolitik erst nach PISA starken Aufwind erhielt, da die PISA-Studien zum einen mit einem expliziten steuerungspolitischen Anspruch auftraten (Baumert, Stanat & Demmrich, 2001, S. 15), und zum anderen „mit der in PISA eingesetzten psychometrisch verfahrenden Kompetenzdiagnostik ein quasi-naturwissenschaftliches Methodenensemble von hoher Objektivität, Validität und Reliabilität Einzug in die Bildungswissenschaften erhalten zu haben (schien)" (Baethge, M., 2014, S. 71). Es muss hier nicht lange erörtert werden, ob ebp in der Bildungspolitik tatsächlich zu einem verbindlichen Orientierungs- oder gar Handlungskonzept avanciert oder doch eher noch ein deklamatorisches Leitbild geblieben ist, das besonders in internationalen Publikationen hoch gehalten wird (vgl. European Commission, 2010; Cedefop, 2009), während die reale Bildungspolitik weiter vorrangig „nach gefühlten Einschätzungen" (Meyer-Hesemann, 2008, S. 9) und etablierten Wertorientierungen verfährt. In unserem Zusammenhang des Verhältnisses von Bildungsmonitoring und Bildungsjournalismus genügt es, auf ebp als Bedingung für die starke Expansion von wissenschaftlicher bzw. wissenschaftlich fundierter Berichterstattung in Bildungs-, Jugend- und Sozialpolitik (vgl. Krüger, Rauschenbach & Sander, 2006, S. 5) zu verweisen und ihrer Bedeutung für die Bildungsberichterstattung nachzugehen.

## III.  Evidence based policy, kooperative politische Steuerung und Bildungsberichterstattung

Beide Entwicklungsmerkmale des staatlichen Politikkonzepts – Trend zu partizipativer/kooperativer Governance und evidence based policy – haben beim Start des nationalen Bildungsberichts eine Rolle gespielt und sind – mehr als implizite Hintergrundtheorie denn als explizite Planungsgrundlage – in seine Konzeptualisierung eingegangen. Den ebp-Standards entspricht die Vereinbarung zwischen Autorengruppe und Zuwendungsgebern (KMK und BMBF), dass für den Hauptteil des Bildungsberichts nur indikatorisierte oder ihnen, was die Validität angeht, gleichgestellte Daten herangezogen werden sollten. Indikatoren definiert die Autorengruppe Bildungsberichterstattung entsprechend dem international üblichen Sprachgebrauch als „statistisch gesicherte Kennziffern, die für bestimmte Qualitätsaspekte stehen" (Konsortium Bildungsberichterstattung, 2006, S. 3). Somit bilden bis heute die amtlichen Statistiken die zentrale Datenbasis des Bildungsberichts. Ihnen gleichgestellt sind die Befunde der Large-Scale-Asessments in der Kompetenzdiagnostik und große Bildungs-Surveys wie der Adult Education Survey (AES). Allen diesen Datenquellen ist gemeinsam, dass sie in regelmäßigen Abständen erhoben werden und eine kontinuierliche Datenbasis für die Berichterstattung bereitstellen und den Methodenstandards von ebp genügen.

Die Spezifik der Datenbasis des Bildungsberichts ist für seine politische Funktion und öffentliche Wahrnehmung wichtig: Zum einen führt sie zu einem gewissen Aktualisierungsdefizit, da statistische und Survey-Daten nur mit zeitlicher Verzögerung gegenüber ihrem Erhebungszeitpunkt verfügbar sind (vgl. Konsortium Bildungsberichterstattung, 2006, S. 3). Deswegen sind bisweilen für spezielle bildungspolitische Fragen andere Informationen zeitnäher.

Der partizipativen politischen Governance trägt der Bildungsbericht dadurch Rechnung, dass die Autorengruppe ihn von Anbeginn so konzipiert hatte, dass er als wichtige Informations- und auch als konzeptionelle Diskussionsgrundlage für den gesellschaftlichen Bildungsdiskurs fungieren kann. Er soll zwar auch Steuerungswissen für die Bildungsadministration zur

Behebung von Mängeln, Problemen und Missständen im Bildungswesen bereitstellen. Als „Problemanalyse des Bildungswesens in systemischer Perspektive" – so die gemeinsame Aufgabenformulierung von Autorengruppe und Zuwendungsgeber (KMK, BMBF) – „geht es der Bildungsberichterstattung um Transparenz gegenüber einer breiten, bildungspolitisch interessierten Öffentlichkeit" (Klieme, Avenarius, Baethge, Döbert, Hetmeier, Meister-Scheufelen, Rauschenbach, & Wolter, 2006, S. 132). In dem Doppelaspekt der Bereitstellung von Steuerungswissen für die politischen Administrationen und von Orientierungswissen für die breite Öffentlichkeit weist der Bildungsbericht einen prinzipiell anderen Charakter auf als wissenschaftliche Gutachten und Expertisen für Administrationen in der Vergangenheit. Er kann als Informations- und Reflexionsgrundlage für eine demokratische Auseinandersetzung über Bildungsfragen dienen.

## IV.    Bildungsjournalismus als unverzichtbarer Begleiter demokratischen Bildungsmonitorings

Beide Funktionen, die des Steuerungs- und die des Orientierungswissens kann der Bildungsbericht – völlig unabhängig von seiner Qualität – nicht allein erfüllen. Er kann nur die Daten und mögliche Interpretationsgrundlagen dafür liefern. Um zu lebendigen bildungspolitischen Debatten und reformerischen politischen Interventionen ins Bildungswesen zu führen, bedarf es der Übersetzungs- und politischen Verstärkungs- und Kontrollleistungen eines konsequent wachsamen Bildungsjournalismus. Die Angewiesenheit des Bildungsberichts für seine Wirksamkeit auf den Journalismus hat mehrere Gründe.

Im Fall des Beitrags zur öffentlichen Diskussion sind wohl zwei Gründe ausschlaggebend: Zum einen kann sich öffentliche Diskussion nur medial artikulieren. Außer einer in der Regel zeitlich eng begrenzten Bundestagsdebatte gibt es wenig organisierte öffentliche Auseinandersetzung über den alle zwei Jahre erscheinenden nationalen Bildungsbericht, die Bundesländer sind zu einer Stellungnahme nicht verpflichtet. Nach meinen eigenen Erfahrungen wird der Bericht noch am ehesten in den politischen Parteien und ihnen nahe stehenden Stiftungen erörtert. Demgegenüber nutzen ihn die korporatistischen Kräfte der Lehrer- und Arbeitgeberverbände sowie Kammern in der

Regel zur Bestätigung der jeweils eigenen Beschlusslagen oder üben auf deren Hintergrund Kritik (was aber bisher selten geschehen ist[1]).

Für öffentliche Wirksamkeit und Auseinandersetzung bleiben also die Print- und audio-visuellen Medien. Ihnen kommt die doppelte Aufgabe zu, einen sehr umfangreichen, alle Bildungsstufen von frühkindlicher Erziehung bis zur Erwachsenenbildung einbeziehenden Bericht für eine breite Öffentlichkeit handhabbar zu machen und politische Akzente zu setzen. Sicherlich existieren dafür im Bildungsbericht hinreichend viele Ansatzpunkte. Aber der triviale Sachverhalt von 214 Seiten Text und 128 Seiten Tabellen-Anhang (Bildungsbericht 2014) lässt ohne politische Zuspitzung den Bildungsbericht für eine öffentliche Debatte wenig handlich erscheinen. Hinzu kommt ein inhaltliches Argument, das wahrscheinlich ein noch größeres Gewicht als Hindernis für öffentliche Debatten hat als der Umfang. Obwohl die Autorengruppe Bildungsberichterstattung nicht einen Datenreport, sondern eine datengestützte Problemanalyse für das deutsche Bildungssystem präsentiert, bedürfen Daten und ihre wissenschaftliche Deutung zumeist einer weiteren Übersetzung für das Alltagsverständnis der Individuen.

Ohne eine solche Übersetzung und Zuspitzung droht der Bildungsbericht seines demokratischen Potentials als bildungspolitische Aufklärung der Bevölkerung verlustig zu gehen und auf seine Funktion, administrativ verwertbares Steuerungswissen bereitzustellen, verkürzt zu werden. Aber selbst für den Beitrag des Bildungsberichts zur politisch-administrativen Steuerung erscheint ein kritischer Bildungsjournalismus unerlässlich.

Die verstärkte Politisierungsbedürftigkeit des Bildungsberichts durch die Medien hängt nicht zuletzt mit seiner besonderen Konstruktion zusammen: Er soll eine Problemanalyse des Bildungssystems als ganzes unter Einschluss von bildungspolitischen Handlungserfordernissen vorlegen, aber keine politischen Empfehlungen abgeben. In diesem Punkt unterscheidet sich die Aufgabe der Autorengruppe Bildungsberichterstattung von beispielsweise dem Sachverständigenrat für die gesamtwirtschaftliche Entwicklung, dessen Analysen in wirtschaftspolitischen Empfehlungen münden. Zwar lässt sich argumentieren, dass der Weg von der Formulierung von Handlungserfordernissen zu politischen Empfehlungen nicht sehr weit sei. Bei einem institutionell derart zersplitterten politischen Zuständigkeitsgeflechts wie in der deutschen Bildungspolitik, wo für die frühkindliche Erziehung andere

---

1   Ein Beispiel dafür bildet beim jüngsten Bildungsbericht (erstmals) eine Internet-Publikation des DIHK „DIHK-Faktencheck zum Bericht" ‚Bildung in Deutschland 2014', in dem einzelne Aussagen des Berichts begrüßt, andere mit Rückgriff vor allem auf Verbandsdaten kritisiert werden.

Instanzen zuständig sind als für die allgemeinbildenden Schulen und für die Berufsausbildung noch einmal andere Institutionen das Sagen haben, ist die Distanz von Handlungserfordernissen zu politischen Forderungen und Empfehlungen doch beträchtlich. Dies eröffnet dem Bildungsjournalismus Möglichkeiten zu stärkerer politischer Reflexion und Forderung, als sie der Bildungsbericht selbst hat, stellt allerdings auch eine nicht einfach zu bewältigende Herausforderung dar.

## V.    Wissenschaftliche Datenanalyse, Bildungsberichterstattung und Bildungsjournalismus

Um die Herausforderung zu erfüllen, lassen sich einige Bedingungen benennen, die mitten hineinführen in das Dickicht wissenschaftlicher Datenanalyse und -präsentation in Politik und Medien. Dass der Bildungsbericht mit einem Datenkonzept arbeitet, das den wissenschaftlichen Standards der Validität, Rehabilität und Repräsentativität verpflichtet ist, besagt für seine Wahrnehmung im öffentlichen Raum zunächst wenig, ist vielen seiner Leser, einschließlich möglicherweise auch etlichen Journalisten, vermutlich nicht einmal bewusst. In der Medienlandschaft stehen seine Daten neben anderen zum gleichen Gegenstandsbereich, für die ebenfalls der Anspruch auf Wissenschaftlichkeit reklamiert wird.

Aber Wissenschaft ist nicht gleich Wissenschaft. M. Gibbons u. a. (1994) haben schon früh auf diesen Sachverhalt aufmerksam gemacht und die starke Diffusion von Wissenschaft und Wissensproduktion in der zweiten Hälfte des 20. Jahrhunderts in zwei Wissenschaftstypen zu systematisieren versucht: Mode 1-Wissenschaft umfasst die traditionelle Universitätsforschung und ihre Ableger und Ausgründungen in den großen außeruniversitären non-profit Forschungseinrichtungen (wie in Deutschland z. B. Max-Planck-Instituten), die alle den klassischen Standards von Wissenschaftlichkeit folgen und deren Ausweitung und Ausdifferenzierung vor allem einer innerszientifischen Dynamik folgen. Neben ihr hat sich ein großer Bereich von Wissenschaft und Forschung außerhalb von Universitäten herausgebildet, deren Dynamik praktischen Problemstellungen folgt und sich in Praxiskontexten auch ausdifferenziert (z. B. in Unternehmensberatungen und nicht universitären, u. U. verbandsgebundenen ökonomischen Instituten wie in Deutschland das Institut der Deutschen Wirtschaft [IW]). Diesen Typ Wissenschaft subsummieren Gibbons u. a. unter der Kategorie Mode 2. Man kann nicht sagen, dass im einen Wissenstyp ,gute', im anderen ,weniger gute' Forschung betrieben und in einen valide, im anderen nicht valide Daten produziert würden (vgl.

Baethge, M., 2014). Nur das bei Mode 2-Daten die Genese und Validität von Ergebnissen und Daten eventuell schwerer zu kontrollieren ist.

Der etwas grundsätzliche Exkurs auf die neuere Wissenschaftsdynamik hat in unserem Argumentationszusammenhang nur den Sinn, die Aufmerksamkeit für methodische Sensibilität im publizistischen Umgang mit Daten als wichtige Bedingung politischer Aufklärung zu stärken. Wie wichtig sie für die Gestaltungsperspektiven des Bildungswesens werden kann, sei am Beispiel des Schwerpunktthemas des Bildungsberichts 2010 „Perspektiven des Bildungswesens im demografischen Wandel" erläutert: Wir hatten in Kooperation mit BIBB und IAB eine Arbeitskräftebedarfsprojektion bis 2025 vorgelegt, die zeigte, dass der Hauptfachkräfteengpass nicht bei den MINT- und nur begrenzt bei den Hochqualifizierten-Berufen, sondern vor allem bei den Gesundheitsdienst-, Pflege- und Sozialberufen liegen würde (Autorengruppe Bildungsberichterstattung, 2010, S. 159 ff.). Diese Projektion stand in einem krassen Gegensatz zu einer seinerzeit landauf-landab hoch gehandelten Prognos-Projektion, die für 2030 eine Lücke von 5,5 Millionen vor allem hochqualifizierter Arbeitskräfte prognostizierte und den radikalen Ausbau des Hochqualifiziertenbereichs, insbesondere in den MINT-Fächern proklamierte (Prognos, 2008). Obwohl die methodischen Mängel der Prognos-Projektion unübersehbar waren, wurde diese von den Arbeits- bzw. Wirtschaftsministerien in der Hälfte der Bundesländer weiter verfolgt. Für die Bildungspolitik wäre eine Orientierung daran mit eklatanten Fehlsteuerungen verbunden.

Ein zweites aktuelles Beispiel kann zeigen, wie sehr datenbezogene Methoden-Sensibilität ein Dauererfordernis ist: Kein Bereich ist in der Bundesrepublik so sehr in der öffentlichen Aufmerksamkeit wie die frühkindliche Bildung und Erziehung. Das hat sowohl etwas mit dem seit dem 1. August 2013 bestehenden Rechtsanspruch auf Betreuung für die unter-3-Jährigen als auch mit der starken erziehungswissenschaftlichen und bildungsökonomischen Orientierung auf die frühkindliche Erziehung zu tun. Anders als noch im Bildungsbericht 2012 wird im Bildungsbericht 2014 kein stärkerer Personalbedarf mehr für Kindertageseinrichtungen reklamiert, weil es zwischenzeitlich zu einer starken Ausweitung bei den Erziehungsfachkräften gekommen ist. Sechs Wochen nach Veröffentlichung des Bildungsberichts schockiert die Bertelsmann-Stiftung die Öffentlichkeit mit der Mitteilung, es fehlten in Deutschland 120.000 Erzieherinnen und Erzieher und jährlich 5 Mrd. Euro (vgl. *Süddeutsche Zeitung* 26./27.7.2014). Was soll der Leser nun für richtig halten – ausgeglichene Personalsituation oder extremer Personalmangel? Die Diskrepanz lässt sich eventuell dadurch erklären, dass der Bildungsbericht vom Status-quo ausgeht, die Bertelsmann-Stiftung aber eine Normierung der

Gruppengröße von einer Erzieherin für drei Kinder unter drei Jahren vornimmt. Aber das muss man als Leser ebenso wissen. Auch müsste Der Leser wissen, ob die Relation begründet ist.

Sensibilität für Datenqualität als Bereitschaft, sich kritisch mit den analytischen Konzepten, die hinter den unterschiedlichen Varianten des Bildungsmonitoring (Bildungsbericht, Large-Scale Assessments, Standards) stehen, auseinanderzusetzen, ist eine Bedingung dafür, dass Bildungsjournalismus den wichtigen Part der Übersetzung und Politisierung von Bildungsberichten übernehmen kann. Eine kleine Stickprobe von Pressereaktionen auf die letzten beiden Bildungsberichte deutet an, dass immer mehr (vor allem überregionale) Publikationsorgane die übergreifenden analytischen Perspektiven (im aktuellen Bildungsbericht ‚Bewegung und Stillstand‘, ‚Inklusion‘, ‚Migration‘ und ‚Bildungsungleichheit‘) aufgreifen und diskutieren. Das kann einen Mitautor des Bildungsberichts optimistisch stimmen.

## Literatur

Autorengruppe Bildungsberichterstattung (2004–2012). Bildung in Deutschland (zweijährig). Bielefeld: W. Bertelsmann Verlag.

Autorengruppe Bildungsberichterstattung (2013): Überlegungen zur Steuerungsrelevanz der Bildungsberichterstattung, Berlin, Ms.

Baethge, C. (2014). Ist die evidenzbasierte Medizin in der Versorgung in Deutschland angekommen? In: Deutsches Ärzteblatt 37/2014.

Baethge, M. (2014). Welche wissenschaftlichen Daten für welche Berufsbildungspolitik. In: Esser, F.H. (Hrsg.). Politikberatung und Praxisgestaltung als Aufgabe der Wissenschaft? (S. 69–84). Bielefeld: W. Bertelsmann Verlag.

Baumert, J., Stanat, P. & Demmrich, A. (2001). PISA 2000: Untersuchungsgegenstand, theoretische Grundlagen und Durchführung der Studie. In: Deutsches PISA-Konsortium (Hrsg.). PISA 2000. (15–68). Opladen: Leske + Budrich.

Cedefop (2009). Continuity, consolidation and change, Towards a European era of vocational education and Training. Luxembourg: o.V.

European Commission (2010). Communicating research for evidence-based policy making. Brüssel (Directorate – General for Research, Socio-economic Sciences and Humanities).

Gibbons, M., Limoges, C., Nowotny, H., Schwartzman, S., Scott, P. & Trow, M. (1994). The new production of knowledge: the dynamics of science and research in contemporary societies. London: Sage.

Jornitz, S. (2009). Evidenzbasierte Bildungsforschung. Pädagogische Korrespondenz 40, 68–75.

Klieme, E., Avenarius, H., Baethge, M., Döbert, H., Hetmeier, H.-W., Meister-Scheufelen, G., Rauschenbach, Th., Wolter, A. (2006). Grundkonzeption der Bildungsberichterstattung für Deutschland. In: Krüger, H.-H., Rauschenbach, T. & Sander, U.. Bildungs- und Sozialberichterstattung. Zeitschrift für Erziehungswissenschaft. 10. Jg., Beiheft 6/2006, 129–145.

Konsortium Bildungsberichterstattung (2006): Bildung in Deutschland, Bielefeld. Gütersloh: W. Bertelsmann Verlag.

Krüger, H.H., Rauschenbach, T. & Sander, U. (2006). Editorial. In: Dies. (Hrsg.). Bildungs- und Sozialberichterstattung. Zeitschrift für Erziehungswissenschaft. Beiheft 6-06. 5–8.

Mayntz, R. (2008). Von der Steuerungstheorie zu Global Governance. In: Schuppert, G.F./Zürn, M. (Hrsg.). Governance in einer sich wandelnden Welt. Polit. Vjschr., Sonderheft 41. 43–61.

Meyer-Hesemann, W. (2008). Wissen für Handeln – Forschungsstrategien für eine evidenz basierte Bildungspolitik. In: BMBF (Hrsg.). Wissen für Handeln. Bildungsforschung, Bd. 25. Berlin: o.V. 9–14.

Prognos AG (2008). Arbeitslandschaft 2030, Basel/München: o.V.

# Bildungsforschung und Bildungspolitik: Eine schwierige Beziehung

*Klaus Klemm*

In ihrem Beitrag ‚Verdichtung und Wahrheit – Über das Verhältnis von Politik und Wissenschaft' schrieb Jeanne Rubner in der *Süddeutschen Zeitung*: „Wissenschaft und Politik sind schwierige Bettgenossen. Erstere muss mit Unsicherheit und Unschärfe leben, letztere braucht klare Ansagen, um Entscheidungen treffen zu können. Wissenschaftler denken zudem in Dekaden – so lange dauern Forschungsprojekte oft – Politiker in Vierjahresrhythmen. Dazu kommt: Wissenschaft ist von der Politik als Geldgeber abhängig. Das Dilemma dieser verschiedenen Logiken lässt sich nicht auflösen, wohl muss man aber damit umgehen können, was wiederum gegenseitiges Verständnis voraussetzt." (4.2.2010)

Ob diese allgemeine Beschreibung Rubners aus den Erfahrungen, die sie während ihrer Jahre als Bildungsjournalistin der *Süddeutschen Zeitung* machen konnte, erwachsen ist, sei dahingestellt. Sicher aber ist: Diese Beschreibung, auch wenn sie nicht auf den Spezialfall des Verhältnisses von Bildungsforschung und Bildungspolitik hin formuliert wurde, hat gleichwohl auch für das Feld, in dem Bildungsforschung und Bildungspolitik tätig sind, hohe Relevanz. Für dieses Arbeitsfeld gilt fraglos: Die Mehrheit der bildungspolitisch Verantwortlichen geht davon aus, dass ernst zu nehmende Bildungspolitik ohne die Kenntnisnahme und Verarbeitung der Ergebnisse der Bildungsforschung nicht länger möglich ist und dass sie auf von unabhängigen Wissenschaftlern erarbeitete, mit empirischer Evidenz ausgestattete Ergebnisse angewiesen ist (für diese Einsicht steht die von Hermann Lange so konstatierte ‚realistische Wende' in der Bildungspolitik – Lange, 1999). Ebenso gilt in diesem Arbeitsfeld, dass die Zunft der empirischen Bildungsforscher als öffentlich alimentierte Wissenschaftler ihre Bringschuld gegenüber der Politik anerkennt und auch wahrnimmt.

Aber je mehr sich beide Seiten – Politiker und Wissenschaftler – bewusst geworden sind, dass sie aufeinander angewiesen sind, umso deutlicher werden auch die grundsätzlichen Schwierigkeiten, die der Umsetzung dieses gemeinsam getragenen Bewusstseins in konkretes Handeln und Verhalten im Wege stehen. Diese liegen zum einen in den von Rubner angesprochenen spezifischen Logiken von Politik und Wissenschaft, zum anderen aber auch – bisher weniger thematisiert – darin, dass sich zwischen Politik und Wissenschaft die Administration als Akteur mit einer gleichfalls eigenen Logik geschoben hat. Der hier vorgelegte Beitrag hat sich zum Ziel gesetzt, für das Handlungsfeld Bildung die Eigenlogiken von Forschung, Politik und Administration heraus-zuarbeiten. Er ist so angelegt, dass zunächst einmal ein knapper Rückblick auf das Verhältnis von Bildungsforschung und Bildungspolitik, so wie sich dieses seit den sechziger Jahren in Deutschland entwickelt hat, versucht wird. Daran wird sich eine systematisierende Darstellung ausgewählter Problemzonen, in denen die je eigenen Logiken von Bildungspolitik, Bildungsadministration und Bildungsforschung wirksam sind, anschließen. Abschließend wird an-geregt, durch die Reinstallierung eines Bildungsrates einen Beitrag zu einer besser gelingenden Kooperation zwischen Bildungspolitik und -forschung zu leisten.

## 1. Bildungsforschung und Bildungspolitik: Ein Blick zurück

Mit Blick auf die Frühzeit der Bildungsforschung, auf die späten sechziger und auf die siebziger Jahre, gibt Ewald Terhart eine Beschreibung des dama-ligen Verständnisses von ‚Bildungsforschung': Bildungsforschung sei damals verstanden worden als „eine Art disziplinübergreifende Sammelbezeichnung für diejenigen Forschungsansätze und Teildisziplinen … die sich mit Fragen der Bildung beschäftigen (in der Erziehungswissenschaft, der Soziologie, Psychologie, Geschichtswissenschaft, Sprachwissenschaft, Ökonomie, Recht etc).“ (Terhart, 2001, S. 20) Die Erwartung, die während der damaligen Re-formjahre der Bildungsforschung entgegengebracht worden sei, beschreibt Terhart wie folgt: „Identifizierte Problemlagen im Bildungsbereich werden von der Bildungsforschung analysiert, auf der Basis dieser Analysen entsteht ein Wissen, das Lösungen für die Problemlagen konstruierbar macht. Die Er-kenntnisse der Bildungsforschung fließen beratend in den Prozess der politi-schen Entscheidungsfindung ein. Mehr qualifiziertes Wissen erzeugt bessere politische Entscheidungen.“ (Terhart, 2001, S. 20)

Ein solches Verständnis über das Zusammenwirken von Forschung und Politik ist auch schon für die damalige Zeit reichlich naiv gewesen. Schon 1974 hat dies Jürgen Raschert in seiner Arbeit ‚Gesamtschule: ein gesellschaftliches Experiment' mit dem bezeichnenden Untertitel ‚Möglichkeiten einer ratio-nalen Begründung bildungspolitischer Entscheidungen durch Schulversuche' thematisiert. Es ist aber nicht nur naiv, sondern voraussetzungsvoll – damals wie heute. Denn dieses Verständnis der Rolle der Bildungsforschung lebt da-von, dass Bildungsforschung Teil einer empirisch orientierten Wissenschaft ist. Dieser Empiriebezug war in den herangezogenen Frühjahren der Bildungsforschung zumindest programmatisch und im Ansatz auch in damals prominenten Arbeiten z. B. Fends tatsächlich gegeben. Heinrich Roths 1962 publizierter Aufsatz ‚Die realistische Wendung in der pädagogischen Forschung‘ steht dafür. Die empirisch basierte Bildungsforschung konnte sich dann aber – trotz ihrer Blüte während der siebziger Jahre – im Verhältnis zur Politik nicht den Platz erobern, den alle Welt erwartet hatte. Dass Hermann Lange, jener Mittler zwischen den Welten von Politik, Administration und Wissenschaft, 1999 zwischen TIMSS und PISA erneut eine „realistische Wendung in der Bildungspolitik" konstatiert, zeugt davon, wie fern die Politik auch im ausgehenden 20. Jahrhundert noch von der Realisierung einer ‚data based policy‘ war. Den um die Wende zum 21. Jahrhundert einsetzenden Bedeutungsgewinn empirischer Forschung, der durch TIMSS, PISA und all die anderen large scale assessments markiert wird und der sich in einer beachtlichen Ausweitung der Finanzierung von Projekten der Bildungsforschung manifestiert, deuten Müller und Waldow als Einstieg in eine evidenzbasierte Bildungspolitik, wenn sie schreiben: „Eher scheinen die Befürworter einer evidenzbasierten Bildungspolitik neues Vertrauen in die problemlösende Kraft wissenschaftlicher Rationalität gewonnen zu haben und einen technokratischen Ansatz der Politikberatung zu favorisieren." (2011, S. 246)

Der damit verbundene Bedeutungsgewinn der Bildungsforschung darf aber nicht übersehen lassen, dass das Verhältnis von Forschung, Politik und Administration nach wie vor von Widersprüchlichkeiten, Missverständnissen und auch Animositäten geprägt ist (vgl. dazu die knappe Zusammenfassung bei Kneuper, 2013, S. 56 f.). Die Gründe für das schwierige Verhältnis zwischen Forschung, Administration und Politik sind nicht zufälliger Natur, sondern finden sich – zumindest zu einem beachtlichen Teil – in der Unterschiedlichkeit der Sphären, in denen Politik und Forschung agieren, sowie in der Tatsache, dass Bildungsforschung und -politik oft genug nicht direkt miteinander kommunizieren, sondern durch das Medium der Bildungsadministration, die ihrerseits in einer eigenen Sphäre agiert. Wer Distanz und Annäherung von Bildungsforschung und -politik untersuchen will, muss daher immer auch seinen Blick auf die dritte im Bunde, auf die Administration richten.

## 2.      Bildungsforschung und Bildungspolitik: Problemzonen

Das Zusammenwirken von Politik, Administration und Wissenschaft vollzieht sich im Bereich der Bildung in einem Gefüge, das durch die im folgenden skizzierten Problemzonen charakterisiert werden kann.

## 2.1    Klärung

Bildungspolitik, die mit dem Anspruch auftritt, evidenzbasierte Politik zu be-
treiben, konfrontiert Bildungsforschung mit dem Ansinnen, für anstehende
Entscheidungen und Maßnahmen eine wissenschaftlichen Standards folgen-
de Grundlage zu liefern. „Für die Bildungspolitik soll hingegen belastbares
Entscheidungswissen produziert werden, das als Grundlage für politische
Maßnahmen dient." (Bellmann & Müller, 2011, S. 23) Die grundsätzliche
Debatte zu evidenzbasierter Bildungspolitik, die die beiden hier zitierten
Autoren führen, kann und muss flankiert werden durch den Verweis darauf,
dass die empirische Bildungsforschung das von ihr eingeforderte belastbare
Entscheidungswissen gerade auch in den PISA-Jahren, in denen evidenzba-
sierte Politik eine Hochkonjunktur erlebt, vielfach nicht angeboten hat und
nicht anbietet. Ein Beispiel soll das belegen:

Deutschlands Kultusminister versprachen sich von den PISA Studien die
Generierung von Steuerungswissen für die Weiterentwicklung ihrer Schulsysteme. Deshalb stimmten sie der deutschen Teilnahme an den großen
Leistungsvergleichsstudien des Typs PISA zu. Als dann im Dezember 2001
die für Deutschlands allgemein bildenden Schulen verheerenden Ergebnisse
publiziert wurden, reagierten die sechzehn Kultusministerinnen und -mi-
nister noch im gleichen Monat mit einem Maßnahmebündel, das auf sieben
Handlungsfelder bezogen war. Damit wollten sie auf den PISA-Schock
reagieren, um Verbesserungen des ‚outputs' deutscher Schulen zu erreichen.
Da klar war, dass die PISA-Studien im Dreijahresrhythmus fortgesetzt werden würden, richtete sich in den Folgejahren die Aufmerksamkeit darauf, ob
und inwieweit die eingeleiteten Maßnahmen Wirkung zeigen würden. Sie, die
Ministerinnen und Minister, aber ebenso die bildungspolitisch interessierte
Öffentlichkeit, wollten ‚wissen, was wirkt' (in freier Abwandlung des Buchti-
tels von Bellmann und Müller). Und es gab aus der Bildungsforschung Ant-
worten – etwa die beiden folgenden zur Leistungsentwicklung der deutschen
Fünfzehnjährigen in den Naturwissenschaften. Zur Entwicklung zwischen
2000 und 2003 heißt es in der PISA 2003-Studie: „In den Naturwissenschaften findet man eine signifikante Verbesserung der beobachtbaren Leistungen
von 487 Punkten in der PISA-Erhebung 2000 auf 502 Punkte im Jahr 2003."
(Prenzel u. a., 2004, S. 360) Nur drei Jahre später, beim Bericht über die Ergebnisse der PISA 2006-Studie, heißt es dann: „Es zeigt sich, dass zwischen
den Jahren 2000 und 2003 ein leichter Anstieg in der naturwissenschaftlichen
Kompetenz bezogen auf die Link-Aufgaben stattfand. Die Veränderung ist
mit einer Effektstärke von d=0,06 jedoch nicht statistisch signifikant. Zwischen den Jahren 2003 und 2006 ist hingegen ein signifikanter Anstieg mit

einer Effektstärke von d=0,12 zu verzeichnen." (Prenzel u. a., 2007, S. 99) In Folge einer rückwirkend veränderten Skalierung wird eine positive Rückmeldung, die die Bildungsforschung für die Jahre 2000 bis 2003 geliefert hatte, zurückgenommen; zugleich wird für die Jahre zwischen 2003 und 2006 eine Erfolgsmeldung übermittelt – ohne dass darauf verwiesen worden wäre, dass 2004 ein deutlich anderer Befund gemeldet wurde. Es mag sein, dass die wiederholten Erfolgsmeldungen die Politik erfreut haben – bewies doch die Forschung 2003 und wieder 2006, dass Bildungspolitik die angestrebte Wirkung zeigt. Da aber, wo Politiker und Politikerinnen, ihre zwischenzeitlich in Fragen der empirischen Forschung z.T. hoch qualifizierten Fachreferenten und -referentinnen oder die interessierte Öffentlichkeit beide Studien im Blick hatten und die methodisch bedingten Veränderungen des Urteils über die Kompetenzentwicklung in den Naturwissenschaften durchschauen konnten, musste es zu einem – was die empirische Bildungsforschung angeht – Vertrauensschwund kommen. Sicher ist: So angelegte Bildungsforschung bietet der Politik keine Klärung der Sachverhalte und daher kein Steuerungswissen, sondern allenfalls eine oberflächliche Legitimation.

## 2.2    Legitimation

Beide Seiten, die Bildungsforschung ebenso wie die Bildungspolitik, sind auf Legitimation angewiesen. Bildungsforschung muss ihren Ressourcenbedarf immer wieder neu rechtfertigen, oft genug auch durch Auftragsforschung zu Fragestellungen, die wissenschaftlich uninteressant sind. Dabei riskiert sie einen Akzeptanzverlust in der eigenen community. Politik und eben auch Bildungspolitik muss in demokratisch verfassten Gesellschaften ihr Handeln regelmäßig erläutern und in Parlamenten und bei Wahlen zur Abstimmung stellen. Beim Werben um Legitimation, darum geht es dabei, kommt dem Verweis auf wissenschaftliche Expertise eine große Bedeutung zu – ganz unabhängig von der Frage, ob eine zur Abstimmung stehende einzelne Maßnahme oder eine Politik insgesamt wissenschaftlich begründet war oder ist. Die legitimierende Funktion von Forschung kann dabei verschieden ausfallen: Forschung kann politisches Handeln initiieren und so als Begründung für das Einschlagen einer politischen Richtung oder auch für die Einleitung einzelner Maßnahmen herangezogen werden, sie kann aber auch genutzt werden, um die Wirksamkeit einer politisch gewollten Maßnahme aufzuzeigen. Ein Beispiel für den ersten Typ sind die Untersuchungen von Peisert und Dahrendorf, die in den sechziger Jahren – gestützt auf empirische Studien – den Zusammenhang zwischen der sozialen Herkunft und der Bildungsbeteiligung aufzeigten und skandalisierten. Helmut Fend formuliert dazu: „… sie haben jene sozialen Impulse gegeben, die die Diskussion um die Chancengleichheit ausgelöst haben." (Döbrich & Schäfer, 2010, S. 21). Ein Beispiel für den zweiten Typ bietet die jüngste PISA 2012-Studie, in der gleich einleitend auf eine der zentralen Funktionen dieses Typs von Untersuchungen hingewiesen wird: „Aus der Sicht verantwortlicher Akteure in einem Bildungssystem interessieren in erster Linie Informationen über Probleme oder Trendinformationen, die Rückmeldungen über mögliche Wirkungen von Maßnahmen geben." (Prenzel u. a., 2013, S. 38) Einen knappen Beitrag zu den Befunden des fünften PISA-Durchgangs überschreibt Olaf Köller, einer der Mitautoren der Studie, so: „PISA 2012: 15-jährige in Deutschland schaffen den Sprung in die internationale Spitzengruppe" (Köller, 2014, S. 5) Diese Überschrift, die den Tenor der medialen Berichterstattung nach der Veröffentlichung der Studienergebnisse trifft, bot der Schulpolitik, die deutschlandweit nach dem PISA-Schock bis in unsere Tage verfolgt wurde und wird, eine Legitimation, die kaum stärker hätte ausfallen können. Hinweise aus der Bildungsforschung, die darauf verwiesen, dass Leistungssteigerungen bei deutschen Fünfzehnjährigen nur zu einem geringen Teil mit der Schulpolitik der vergangenen Jahre in Verbindung gebracht werden können (Ehmke, Klieme & Stanat, 2013), verhallten weithin unbemerkt. Kaum einer wollte sich die Legitimation der jüngeren Bildungspolitik vermiesen lassen.

## 2.3   Zeit

Die unterschiedlichen Zeitlogiken, denen Politik und Wissenschaft folgen, beschreiben Tillmann, Dedering, Kneuper, Kuhlmann & Nessel knapp und treffend: „Die Akteure in der Bildungspolitik stehen dabei stets unter (oft kurzfristigen) Handlungszwängen – und unter dem Druck, Zustimmung und Loyalität immer wieder neu organisieren zu müssen. Im Unterschied dazu ist das System ‚Erziehungs- und Sozialwissenschaften', das die Ergebnisse der Bildungsforschung produziert, weitgehend freigesetzt von Handlungszwängen; es ist nicht auf die Produktion von Entscheidungen, sondern auf die Erarbeitung von Wissen und Erkenntnissen ausgerichtet." (2008, S. 46 f.) Zwischen dem auf die Kurzfristigkeit von Legislaturperioden der Parlamente angelegten zeitlichen Rahmen der Politik und dem auf vom Forschungsprozess geleitetem Zeitgesetzen wissenschaftlicher Arbeit steht die wiederum anders geartete zeitliche Logik der Verwaltung: Die Bildungsadministration, die politische Wechsel in den Spitzen der Ministerien überdauert und so auch als Garant von Kontinuität fungiert, kann es sich erlauben, unabhängig von Legislaturperioden und Wahlterminen mit Forschung zu kooperieren. Sie kann auch, als ,Weltkind in der Mitten', zwischen Politik und Forschung vermitteln. Ein Beispiel aus den frühen Jahren der westdeutschen Schulreform kann die Problematik unterschiedlicher Zeitlogiken verdeutlichen. Auf der Grundlage der 1969 vom Deutschen Bildungsrat gegebenen Empfehlung zur ,Einrichtung von Schulversuchen mit Gesamtschulen' kam es in den Folgejahren in allen Bundesländern der damaligen Bundesrepublik zu aus Bundes- und Ländermitteln geförderten Modellversuchen an und mit Gesamtschulen. Deren überregionale Auswertung wurde 1973 beschlossen und 1976 eingeleitet. In der dafür zuständigen Projektgruppe arbeiteten Vertreter und Vertreterinnen einzelner Kultusministerien, des Bundesministeriums für Bildung und Wissenschaft, der Schulpraxis und der Wissenschaft zusammen. In der Einführung zu ihrem Abschlussbericht heißt es zur Funktion der Projektgruppe und ihrer Arbeit: „Der Auswertungsbericht soll die in vielfältiger Form vorliegenden Ergebnisse der Versuche mit Gesamtschulen aufarbeiten und vergleichbar machen, sie in bezug zum gegliederten Schulwesen setzen und zu einer sachgerechten Beurteilung in Hinblick auf die weitere Entwicklung insbesondere im Sekundarbereich I des Bildungswesens beitragen." (BLK, 1982, S. 21 f.) Als der Abschlussbericht dann 1982 vorgelegt wurde, waren die schulpolitischen Entscheidungen längst gefallen: einzelne Länder, wie z. B. Bayern, hatten sich von der schulpolitischen Perspektive ,Gesamtschule' längst verabschiedet, andere – wie z. B. Hamburg 1979 oder Nordrhein-Westfalen 1982 – hatten in ihren Schulgesetzten die Gesamtschule als Schule neben den bestehenden Schulen des gegliederten Schulwesens, also als ergänzende und nicht als ersetzende Sekundarschule verankert. In keinem Bundesland hatte sich die Politik die Zeit genommen, den gemeinsam veranlassten Auswertungsbericht der Modellversuche abzuwarten und erst darauf gestützt schulpolitische Weichenstellungen vorzunehmen.

## 2.4    Kommunikation

Wenn Arbeitsergebnisse der empirischen Bildungsforschung publiziert werden, ist dies seitens der Forschung – auch und gerade wenn es sich um Auftragsforschung handelt – mit dem Anspruch verbunden, dass die vorgelegte Arbeit einer kritischen Betrachtung durch Kolleginnen und Kollegen standhalten kann. Die sich daraus ergebende Ableitung einer Fragestellung, die mitgeteilten methodischen Überlegungen, der Bericht über den bisherigen Stand der Forschung sowie die theoretische Einbindung der Fragestellung – und dies in der Regel in einer nicht immer zugänglichen Wissenschaftssprache – erfordern bei den Rezipienten aus der Politik einen Hintergrund, der vielfach nicht gegeben ist und sicher auch nicht erwartet werden darf. Auch wenn sich in den Ministerien oder in nachgeordneten Instituten während der vergangenen Jahre bildungswissenschaftliche Kompetenz entwickeln und administrativ verankern konnte, bleibt für weite Teile der Ministerien und auch vielfach für ihre Spitzen eine fachliche und auch eine sprachliche Distanz zur Welt der Bildungsforschung.

Das führt zu Missverständnissen – zumal dann, wenn es Missverständnisse sind, die eine interessengeleitete Interpretation von Forschungsbefunden stützen. Ein Beispiel aus der 2012 vorgelegten Untersuchung zu ‚Lesekompetenzen von Grundschulkindern in Deutschland im internationalen Vergleich' kann das verdeutlichen. Die Autoren stellen die Mittelwerte, die bei den Leseleistungen der Schülerinnen und Schüler gemessen werden, in einer Übersicht dar, in der das Land mit den leistungsstärksten (Hongkong) den ersten Platz und das mit den leistungsschwächsten Kindern (Marokko) den letzten Platz einnehmen. Die damit gegebene Reihung aller teilnehmenden Länder greifen die Autoren der Studie jedoch nicht auf, sie stellen stattdessen lediglich fest, dass Deutschland mit seinen Grundschulkindern und deren Testleistungen zu der Gruppe der Länder zählt, deren Ergebnisse signifikant über dem internationalen Mittelwert liegen und dass der deutsche Mittelwert „einen Rangplatz im oberen Mittelfeld der teilnehmenden Länder darstellt (Bos, Tarelli, Bremerich-Vos & Schwippert, 2012, S. 96 f.). Sie verweisen ausdrücklich darauf, „dass die Anordnung der Staaten nach Rangplätzen nicht notwendigerweise Schlüsse auf Unterschiede in der Lesekompetenz zwischen den Staaten zulässt. Die deskriptiven, numerischen Differenzen können zufällige Unterschiede darstellen, die statistisch nicht bedeutsam sind." (a.a.O. S. 98). Unbeschadet dieser Hinweise, die einer an der Lesegewohnheit von Beobachtern der Bundesliga-Rangliste geschulten Betrachtung vorbeugen sollen, wird bei internationalen und bei innerdeutschen Ländervergleichen immer wieder auf Rangplätze abgehoben: zum einen, weil es dem empirischen Laien schwer vermittelbar ist, dass sich die deutschen Grundschüler mit ihrem Mittelwert von 541 Testpunkten in einer Gruppe mit denen der Niederlande (Mittelwert 546) und denen der Slowakei (Mittelwert 535) befinden, und zum anderen, weil im Vergleich zu einem anderen Land der Verweis auf eine höhere Platzierung des eigenen Landes, auch wenn sie nicht signifikant ist, attraktiver als der auf die Zugehörigkeit zu einer Ländergruppe ist.

## 3.  Ein neuer Bildungsrat als Ort der Begegnung von Bildungspolitik und -forschung

Die Skizzierung der vier vorgestellten Problemfelder (Klärung, Legitimation, Zeit und Kommunikation) sowie die jeweils präsentierten Beispiele sollten deutlich machen, dass die Schwierigkeiten beim Brückenschlagen nicht im Eigensinn oder gar in der Verbohrtheit der Akteure aus Politik, Administration und Wissenschaft, sondern in den je unterschiedlichen Logiken der Felder, in denen diese agieren, begründet liegt. So sinnvoll auch wechselseitiges Erklären und Werben für Verständnis sein mag, so klar ist aber auch, dass bei der wissenschaftlichen Produktion von Forschungsergebnissen wie auch bei deren politischer Nutzung die Eigenlogiken von Wissenschaft bzw. von Politik dominant bleiben. Da dies wohl so ist, soll hier ein immer wieder vorgetragener Vorschlag aufgegriffen werden. Das 2012 veröffentlichte ‚Plädoyer für die Einrichtung eines Nationalen Bildungsrats‘ (Bosch Stiftung) gibt für Aufgabenstellung und Zusammensetzung einer solchen Einrichtung zielführende Hinweise: Aufgabe eines Nationalen Bildungsrates wäre es, systematische Schwierigkeiten des Bildungssystems herauszuarbeiten, dringliche Probleme zu identifizieren, Lösungsmöglichkeiten zu entwickeln und deren Voraussetzungen und Konsequenzen aufzuzeigen. Dieser Rat sollte aus zwei Kommissionen bestehen: aus einer Wissenschaftlichen Kommission mit Experten aus der Wissenschaft und der Bildungspraxis sowie aus einer Verwaltungskommission mit Vertretern aus Bund und Ländern. Beide Kommissionen sollen für sich gesondert oder auch gemeinsam beraten können, Empfehlungen allerdings müssen gemeinsam verabschiedet werden. Durch dieses im Wissenschaftsrat erprobte Zusammenwirken von Bildungswissenschaft und Bildungspolitik könnte der Graben zwischen ihnen zugeschüttet, zumindest aber verkleinert werden.

## Literatur:

Bellmann, J. & Müller, Th. (2011). Evidenzbasierte Pädagogik – ein Déjà vu? In: Bellmann, J. & Müller, Th. (Hrsg.). Wissen was wirkt. Kritik evidenzbasierter Pädagogik. (9–32). Wiesbaden: VS Verlag für Sozialwissenschaften.

BLK – Bund-Länder-Kommission für Bildungsplanung und Forschungsförderung (1982). Modellversuche mit Gesamtschulen. Auswertungsbericht der Projektgruppe Gesamtschule. Bühl/Baden: Konkordia.

Bos, W., Tarelli, I., Bremerich-Vos, A. & Schwippert, K. (2012) (Hrsg.). IGLU 2011. Lesekompetenzen von Grundschulkindern in Deutschland im internationalen Vergleich. Münster: Waxmann.

Bosch Stiftung (2012). Plädoyer für die Einrichtung eines Nationalen Bildungsrates, www.bosch-stiftung.de.

Döbrich, P. & Schäfer, U. (2010) (Hrsg.): Sozialwissenschaftliche Forschung und Bildungspolitik. Bildungspolitisches Gespräch 2009 – Tagungsband. Frankfurt am Main: Gesellschaft zur Förderung Pädagogischer Forschung & Deutsches Institut für Internationale Pädagogische Forschung.

Ehmke, T., Klieme, E. & Stanat, P. (2013). Veränderung der Lesekompetenz von PISA 2000 nach PISA 2009. Die Rolle von Unterschieden in den Bildungswegen und in der Zusammensetzung der Schülerschaft. Zeitschrift für Pädagogik, (Beiheft 59) 132–150.

Kneuper, D. (2013). Was machen Politik und Behörden mit Ergebnissen der Schulentwicklungsforschung. journal für schulentwicklungsforschung 17/2, 55–61.

Köller, O. (2014): PISA 2012: 15-jährige in Deutschland schaffen den Sprung in die internationale Spitzengruppe. IPN Blätter 1/2014, 5.

Lange, H. (1999).Qualitätssicherung in Schulen. Die Deutsche Schule 91/2, 144–159.

Müller, Th. & Waldow, F. (2011). Expertenwissen für Bildungsreformen. Beziehungen zwischen Bildungsforschung und Bildungspolitik in Schweden und Deutschland. In: Bellmann, J. & Müller, Th. (Hrsg.). Wissen was wirkt. Kritik evidenzbasierter Pädagogik. (S. 235–255). Wiesbaden: VS Verlag für Sozialwissenschaften.

Prenzel, M., Sälzer, Chr., Klieme, E. & Köller, O. (2013) (Hrsg.). PISA 2012. Fortschritte und Herausforderungen in Deutschland. Münster: Waxmann.

Prenzel, M., Artelt, C., Baumert, J., Blum, W., Hammann, M., Klieme, E. & Pekrun, R. (Hrsg.) (2007). PISA 2006. Die Ergebnisse der dritten internationalen Vergleichsstudie. Münster: Waxmann.

Prenzel, M., Baumert, J., Blum, W., Lehmann, R., Leutner, D., Neubrand, M., Pekrun, R., Rolff, H.-G.Rost, J. & Schiefele, U. (Hrsg.) (2004). PISA 2003. Der Bildungsstand der Jugendlichen in Deutschland – Ergebnisse des zweiten internationalen Vergleichs. Münster: Waxmann.

Raschert, J. (1974).Gesamtschule: ein gesellschaftliches Experiment. Möglichkeiten einer rationalen Begründung bildungspolitischer Entscheidungen durch Schulversuche. Stuttgart: Klett Verlag.

Roth, H. (1962). Die realistische Wendung in der pädagogischen Forschung. In: Becker, H., Blochmann, E., Bollnow, O.F., Heimpel, E. & Wagenschein, M. (Hrsg.). Neue Sammlung 2. Göttingen: Vandenhoek & Ruprecht.

Terhart, E. (2001). Bildungsforschung, Bildungsadministration, Bildungswirklichkeit: eine systematische Annäherung. In: Tillmann, K. J. & Vollstädt, W. (Hrsg.). Politikberatung durch Bildungsforschung (S. 17–32). Opladen: Leske+Budrich.

Tillmann, K.-J., Dedering, K., Kneuper, D., Kuhlmann Chr. & Nessel, I.(2008). PISA als bildungspolitisches Ereignis. Fallstudien in vier Bundesländern. Wiesbaden: VS Verlag für Sozialwissenschaften.

# Schulentwicklung – ein medialer Underdog

*Hans-Günter Rolff*

Das Thema dieses Beitrages behandelt die Frage, wie in den (meisten) Medien mit Forschungsergebnissen umgegangen wird, und speziell, warum Schulentwicklung und Schulentwicklungsforschung dabei zu kurz kommen.

## 1.  Zwei Hauptstränge: Schul-Entwicklung und Schul-Effektivität

In Deutschland gibt es seit etwa 20 Jahren zwei Forschungstraditionen, die inhaltlich zusammen gehören, die aber ohne Not unverbunden nebeneinander her existieren: Schuleffektivitätsforschung (effective schools research) und Schulentwicklungsforschung (school improvement research). Vereinfacht und vorweg gesagt, versucht die Schuleffektivitätsforschung empirisch zu ermitteln, was eine gute Schule ausmacht, während die Schulentwicklungsforschung erfahrungswissenschaftlich zu ergründen sucht, wie man zu einer guten Schule gelangt.

Während die Zusammenführung von Schuleffektivitätsforschung und Schulentwicklungsforschung international vielfach realisiert wurde (vgl. hierzu z. B. Reynolds et al., 1997, Reynolds & Teddlie, 2000), ging die hiesige Schul- und Bildungsforschung eher zwei Wege, die nebenher oder gar auseinander liefen (Bonsen, Bos & Rolff, 2008). Über die Gründe kann vorerst nur spekuliert werden. Dafür, dass sich in Deutschland immer noch getrennte Forschungsrichtungen zeigen, dürften u. a. auch professionspolitische Gründe verantwortlich sein. In Deutschland ist die Schuleffektivitätsforschung eher als Aufgabenbereich der Test-Psychologie und die Schulentwicklungsforschung eher als erziehungswissenschaftlich-soziologisches Unterfangen betrachtet worden. Parallel dazu haben sich unterschiedliche Publikationsstrategien und Governanceformate herausgebildet, die eine Integration beider Linien erschweren.

Die Folge dieser unterschiedlichen Sichtweisen kann am Beispiel der ‚Fundamentalannahme' der Schulentwicklungsforschung verdeutlicht werden, nach der sich Schulqualität vor allem auf der lokalen Ebene des Bildungssystems entwickelt, nämlich in den einzelnen Schulen. Deshalb nahm die deutschsprachige Schulentwicklungsforschung ihren Ausgang mit der Annahme, dass die Einzelschule die „pädagogische Handlungseinheit" (Fend,

1986) bzw. der „Motor der Entwicklung" (Dalin & Rolff, 1990) ist und fragt danach, wie die Einzelschule mehr Qualität entwickeln kann, die sich letztendlich auf das ganze Schulsystem bezieht. Gemeint waren hiermit sowohl die Qualität des Unterrichts als auch die Qualität der Rahmenbedingungen des Unterrichts sowie des Schullebens allgemein. Die Schulentwicklungsforschung versucht zu ergründen, wie Schulen sich auf diesen beiden Ebenen intentional und systematisch entwickeln können. In den Medien gab es von Anfang an so gut wie keine tagesaktuelle Berichterstattung über Schulentwicklung oder Schulentwicklungsforschung.

Demgegenüber beschäftigt sich die seit dem Ende der 1990er Jahre auch in Deutschland boomende Schuleffektivitätsforschung neben dem sog. System-Monitoring in erster Linie mit der Erforschung der aktuellen Qualität von Schule, vornehmlich unter Fokussierung auf die kognitiven Schülerleistungen. TIMSS und PISA, später auch IGLU, sind die bekanntesten Projekte, deren Ergebnisse breit in den Medien herausgestellt wurden. Die Ebene der Einzelschule spielt hierbei nur eine untergeordnete Rolle. Das wäre auch der Sache angemessen, wenn nachgewiesen werden könnte, dass die Einzelschulentwicklung wenig Einfluss auf das Zustandekommen unterschiedlicher Leistungsergebnisse hat. Es geht im Kern darum, die ‚Quellen' für das Zustandekommen unterschiedlicher Leistungen von Einzelschulen zu entdecken. Die hierbei zugrunde liegende Frage trifft nun aber gerade den Nerv derjenigen Akteure, die sich mit Fragen der Einzelschulentwicklung befassen; denn der empirische Nachweis einer nur sehr geringen Erklärungskraft der Einzelschule für das Zustandekommen von Leistungsunterschieden zwischen Schülern würde bedeuten, dass Bemühungen, Qualität und effektive Förderung über Variablen auf Einzelschulebene steuern zu wollen, zwangsläufig ins Leere laufen. Wenn die Einzelschule als sozialer Kontext institutioneller Lernprozesse – allen wahrnehmbaren Unterschieden zum Trotz – keine varianzaufklärende Bedeutung in Bezug auf Schülerleistungen hätte, so würden Interventionsansätze, die auf die Entwicklung von Einzelschulen fokussieren, kaum geeignet sein, Lernprozesse zu optimieren. Längsschnittuntersuchungen im deutschen Schulsystem zeigen aber, dass der Beitrag der Einzelschule zur Varianzaufklärung keinesfalls so gering ist, wie einige internationale Publikationen zur Effektivität von Schulen (meistens Ergebnisse aus Querschnittstudien) nahe legen. Analysiert man indes Längsschnittdaten, so zeigt sich in der Regel eine höhere Bedeutung der institutionellen Effekte für die Entwicklung von Schülerkompetenzen (z. B. Baumert, Trautwein & Artelt, 2003, S. 288).

Diese grundsätzlichen Überlegungen lassen auf das Thema des vorliegenden Bandes bezogen, also der Präsentation von Forschungskonzepten und -ergebnissen in den Medien, erwarten, dass Schulentwicklung ebenso präsent publiziert wird wie die Ergebnisse der Schuleffektivitätsforschung, schlicht weil sie gleich wichtig und gleich wirksam oder gar mehr wirksam sind. Aber das ist durchaus nicht der Fall: Schulentwicklung ist ein medialer Underdog und Schuleffektivität hat mediale Karriere gemacht. Das soll im Folgenden genauer ausgeführt werden.

## 2. Schul-Entwicklung in den Medien am Beispiel von „Best Practice"

In Tageszeitungen und in den TV- Nachrichten ist meist nichts zur Schulentwicklung zu finden. Im Innen- und vor allem im Lokalteil von Zeitungen liest oder hört man hin und wieder etwas über die Neueröffnung von Ganztagsschulen oder die Erringung von Schulpreisen, aber auf die Titelseiten oder in die Tagesschau kommen solche Meldungen nicht. Schon gar nicht erlangen die Kernprozesse von Schulentwicklung wie Lehrerkooperation, Feedbackverfahren, Schulprogramme oder Selbstevaluation öffentliche Aufmerksamkeit.

Wie schwierig es ist, in überregionalen Medien über Schulentwicklung zu publizieren, habe ich am eigenen Leibe erfahren. In der Schulentwicklungsdebatte wird immer deutlicher, dass der Schuleffektivitätsansatz eine übermäßige Wettbewerbsorientierung unterstützt, die auf Rankings basiert. In den Medien und der Bildungspolitik äußert sich das in der Suche nach ‚Bester Praxis' und der damit verbundenen Herausstellung sog. Leuchtturmeffekte. Ich habe zu diesem Thema eine kritische Vignette verfasst und sie einer Wochenzeitung angeboten. Der Text lautete

„Das Beste oder nichts- oder: warum Best Practice nicht zur Pädagogik passt ‚Das Beste oder nichts' ist der selbstgefällige Werbespruch von Daimler-Benz. Aber was ist schon das Beste – außer Anmaßung? EFQM, ein Qualitätsmanagement- System, das sich auch in Schulen ausbreitet, z. B. in den niedersächsischen Berufsschulen, aber auch in Schulen in Bayern, ist ein System, welches darauf aus ist, ‚Best Practise' zu küren und zu prämiieren. Beim EFQM, das in Langform ‚European Foundation for Quality Management' heißt, ist es selbst für Autos strittig, welches die beste Praxis repräsentiert. So wurden in den letzten 20 Jahren Autos von Volvo (1999), BMW (2005 und 2006) und VW (2009) ausgezeichnet, aber nicht von Daimler-Benz. Ausgerechnet nicht von Daimler-Benz! Welches Auto ist das Beste, vielleicht Rolls Royce, weil es am Exklusivsten ist, vielleicht aber auch Dacia, weil es am Preiswertesten ist. Es hängt halt von den Kriterien ab und auch von den Umständen, was man als Bestes einschätzt. Alles andere ist nicht mehr als ein Werbegag.

Das gilt erst Recht für die Pädagogik und für die Schulen. Welches ist die beste Schule in Deutschland und welches die beste pädagogische Praxis? Das ist im Grunde eine unseriöse Frage. Aber in den Jurys der zahlreichen Schulpreise wird heftig darüber gestritten und in den Elternhäusern auch. Ist eine Schule die beste, die allen Kindern in belasteten Wohngebieten zu fördern versucht, auch wenn die Schülerleistungen bei den Vergleichsarbeiten unter dem Durchschnitt liegen? Oder eine Schule mit gutem Ruf in einem bildungsbürgerlichen Einzugsbereich, die weit über dem Durchschnitt abschneidet. Ist es eine Schule mit Frontalunterricht, die fast alle Schülerinnen und Schüler zum Abschluss führt, oder eine Ikone der Reformpädagogik, bei der etliche Schülerinnen und Schüler ohne Abschluss abgehen. Ist es eine bilinguale Schule oder eine Schule in schwieriger Lage, die es kaum schafft, intensive Leseförderung und Sprachbildung auch nur in der Muttersprache zu betreiben. Wer möchte das entscheiden?

Bei ‚Best Practise' als Schulentwicklungsstrategie setzt man offenbar auf Strahlkraft, die andere Schulen erleuchten soll. Aber Strahlkraft kommt von außen, während die Tür des Wandels nur von innen zu öffnen ist. Hinter ‚Best Practise' steckt ein naives Transfer- Verständnis. Man muss die ‚Best Practise' einer Schule nur in eine andere verpflanzen und schon geht es aufwärts. Das funktioniert aber nicht. Denn jede Schule ist anders und auf ihre Weise eigentümlich. Jede Schule entscheidet für sich, welche Praxis sie haben will und was sie mit Importen anstellt: Eins zu eins wird sie vermutlich keine Praxis übernehmen, sondern sie wird sie an die eigenen Settings anpassen, also adaptieren und nicht adoptieren. Beim Transfer geht es letztlich nicht um Nachmachen, sondern um ‚Nacherfinden'.

Übrigens ist die Metapher vom Leuchtturm als Strahlkraft, dessen sichtbares Licht den erfolgversprechenden Weg weist, ungeachtet ihrer Beliebtheit, völlig irreführend. Jeder Seefahrer, der bei Troste ist, meidet demgegenüber die Richtung von Leuchttürmen, denn diese zeigen an, wohin man sich gerade nicht wenden soll: Sie stehen auf Sandbänken, Unterwasserfelsen und andren Untiefen!

Auch wenn ich gegen ‚Best Practise' argumentiere, vielleicht sogar polemisiere, so übersehe ich doch nicht, dass es in den Schulen viel ‚Good Practise' gibt und von Jahr zu Jahr immer mehr. Das zeigen nicht nur die Schulen, die bei den Schulpreisen in die engere Auswahl kommen, sondern fast jede Schule kann zumindest partiell ‚Gute Praxis' vorweisen: Mathematikunterricht, der auch Mädchen erreicht, Theatergruppen, die den Literaturunterricht verlebendigen, Experimente im Sachunterricht, individuelle Förderpläne, geistvollen Frontalunterricht, kooperative Unterrichtentwicklung, reziproke Feedbackkultur, Elternkaffees und vieles andere mehr. Und sinnvoll, sogar sehr sinnvoll ist es auch, ‚Gute Praxis' auszutauschen und anderen Schulen zugänglich zu machen. Dabei sollte aber im Auge bleiben, dass ‚Gute Praxis' von anderen Schulen – wie erwähnt- nicht einfach übernommen werden, sondern lediglich als Anregung aufgefasst werden kann. Die Anregungen werden desto attraktiver sein, je mehr Unterstützung gewährt wird, z.B. durch Netzwerke, Akademien im Umkreis von Schulpreisen, geförderter Hospitation in anderen Schulen oder auch durch die Beziehung von Schulentwicklungsbegleitern ...

Vor diesem Hintergrund könnte man den Werbespruch von Daimler-Benz umkehren: ‚Nichts ist das Beste – Aber vieles ist gut'. Und Gutes sollte man tun, über Gutes sollte man reden und Gutes sollte auch ausgezeichnet werden, damit aus Gutem Ausgezeichnetes wird."

Die Wochenzeitung hat diesen Artikel spontan angenommen, wie aus einer Mail des Leiters der Bildungsredaktion hervorgeht, in der es hieß, ihm gefalle es immer gut, wenn Gewohntes in Frage gestellt wird. Er könne mir nicht genau sagen, wann der Text gedruckt werde, aber sicher in den kommenden Wochen.

Als der Artikel nach fünf Monaten nicht erschienen war, schrieb ich ein Erinnerungsmail, um nachzufragen, was mit meinem Text wird. Die Antwort kam prompt: Der Artikel liege auf dem Sommer-Stapel; er werde bald ins Blatt kommen.

Er kam wieder nicht und ich erinnerte ein letztes Mal: Aufdringlich bin ich hoffentlich nicht, aber ungeduldig: Mich interessiert, wann der o.g. Artikel erscheinen wird.

Die Antwort kam etwas ausführlicher als zuvor: Sie verwies auf sehr harte Monate im Alltagsbetrieb, endete aber mit dem Versprechen, meinen Artikel in spätestens zwei Monaten zu drucken. Aber die Wochenzeitung hat ihn nie gedruckt und auf meine Rückfrage, warum nicht, nie geantwortet. Schlecht kann der Artikel nicht gewesen sein. Er ist inzwischen im ‚Journal Schulentwicklung' und im Newsletter der Europäischen Schulleitungsvereinigung erschienen (in sechs Sprachen).

## 3.    Schuleffektivität in den Medien – am Beispiel von PISA

Geradezu entgegengesetzt wird mit Nachrichten zur Schuleffektivität umgegangen. Am 4.12.2014 las man überall in Deutschland auf den Titelblättern Schlagzeilen zu PISA und hörte man dieselben im Fernsehen wie:

„Aufstieg ins Mittelfeld – Nach dem neuen PISA-Schultest haben sich deutsche Schüler deutlich verbessert"(*Badische Zeitung*)

„Deutschlands Schüler sind jetzt deutlich überdurchschnittlich – PISA: Weniger „Risikoschüler" / Bundesministerin Wanka will Förderung der Besten verbessern" (*FAZ*)

„Deutsche Schüler holen auf – PISA-Studie belegt Leistungssteigerung" (*Ruhrnachrichten*)

„Deutsche Schüler holen auf – Jugendliche schneiden bei PISA besser ab / Soziale Herkunft noch immer zu wichtig" (*Frankfurter Rundschau*)

„Deutschlands Schüler melden sich zurück – PISA-Studie: 15-jährige holen auf. Talente werden aber zu wenig gefördert" (*Welt kompakt*)

„Deutsche Schüler rechnen besser – Beim PISA-Test sind sie in Mathematik fast so gut wie finnische Jugendliche. 15-jährige aus Asien liegen weit vorn" (*Süddeutsche Zeitung*)

Am Kritischsten titelte interessanterweise die BILD-Zeitung:

„Bei PISA weiter Mittelmaß – Deutschlands bester Lehrer: ‚Wir brauchen Schulmanager und längere Stunden'" (*Bild*)

Die KMK hatte zuvor eine Pressemeldung herausgebracht, die sicher nicht ohne Einfluss auf den Erfolgs-Duktus war:

„Schulische Bildung in Deutschland besser und gerechter." Sie kommentierte „das bisher beste PISA-Ergebnis" und sah sich auf dem „Weg zur Weltspitze".

Die deutschen Journalisten, die über Bildungsfragen schreiben, sind erstaunlich anspruchslos, jedenfalls anspruchsloser als beispielsweise Sport-Journalisten. Man stelle sich eine Sportseite vor, die eine Geschichte mit der Schlagzeile aufmacht: „Aufstieg ins Mittelfeld -Neuere Daten zeigen, dass sich Werder Bremen deutlich verbessert hat".

Aber an den Journalisten allein kann es nicht liegen, dass Schulentwicklung eine Underdogrolle in den Medien spielt. Die Journalisten stehen unter Druck; sie müssen angesichts des Zeitungssterbens ‚Auflage machen' und sind schon deshalb verführt, Meldungen zu Sensationsmeldungen zu machen. Tatsächlich gibt es tiefere Ursachen für das Underdogsein.

## 4.    Wie kommt es zum Underdog-Dasein der Schulentwicklung?

Über die Ergebnisse der Schuleffektivitätsforschung wird viel publiziert, wenngleich das Unbehagen daran in den Schulen und in der Wissenschaft zunimmt. Die Rede von einer Hofberichterstattung geht um. Das o.g. Beispiel gibt die Hurra-Meldung der KMK wieder und zeigt, wie ihr die Medien folgten. Trotz der immer öfter zu hörenden Kritik an der Hofberichterstattung zu den PISA- Ergebnissen bleibt Schuleffektivitätsforschung ein großes Thema, aber Schulentwicklung ein medialer Underdog. Woran liegt das? Man kann darüber nur spekulieren, aber die Spekulationen sind evidenzbasiert, wie die Schuleffektivitätsforscher es nennen würden.

Zunächst mag der Underdogcharakter der Schulentwicklung aus dem Umstand herrühren, dass sie es mit Inhalten und Argumenten zu tun hat, während die Schuleffektivitätsstudien sich wesentlich in Zahlen ausdrücken. Und Zahlen lassen sich eindeutig besser vermarkten als Inhalte, schon gar wenn sie sich in Rankings ausdrücken, so fragwürdig diese auch sein mögen. Auch beim Fußball ist die Tabelle meist interessanter als eine Analyse des Spielaufbaus oder eine Darlegung des Personalentwicklungsprogramms für einzelne Spieler.

Hinzu kommt der Umstand, dass Schulentwicklung immer von Einzelschulen ausgeht und immer auf Einzelschulen bezogen sein muss. Deshalb haben die Ereignisse der Schulentwicklung fast immer lokalen Bezug, der zumeist aus Einzelheiten oder Details besteht, und erwecken deshalb nur sehr selten landesweite Aufmerksamkeit. Zu dem ist Schulentwicklung mühselig und langwierig. Sie geschieht in kleinen Schritten mit dementsprechend kleinen Zwischenergebnissen. Sie ist unspektakulär. Bei Schulentwicklung geht es darum, geduldig dicke Bretter zu bohren, wie Max Weber sagen würde. Das ist nicht attraktiv für ein Massenpublikum.

Darüber hinaus haben Behörden und Politik nicht selten die Befürchtung, dass die Schulen, die sich entwickeln wollen und die mehr Selbstständigkeit erwarten, nun ‚machen können, was sie wollen'. Die Behörden steuern deshalb häufig dagegen. Dadurch wird Schulentwicklung tendenziell subversiv. Und über subversive Vorgänge publiziert man nicht, es sei den, sie fliegen auf. Hinzu kommt, dass die meisten Daten der Schulentwicklungsforschung der sogenannten Datenhoheit unterliegen, während die PISA-Daten für die Politik, die Behörden und die Öffentlichkeit insgesamt gedacht sind. Und Zahlen, für die Datenhoheit garantiert wird, kann man per se nicht veröffentlichen.

Schließlich verschwimmt der Begriff der Schulentwicklung immer mehr: Fast alles, was im Schulbereich geschieht, wird inzwischen Schulentwicklung genannt: Von curricularen Reformen, vom Einsatz neuer Medien bis zur Errichtung solitärer Modellschulen. Was früher Schulreform hieß, wird heute Schulentwicklung genannt. Sogar Finanzkürzungen nennen Politik und Verwaltung gern Schulentwicklung. Die Begriffe werden immer unschärfer und Unschärfe lässt sich schwer kommunizieren.

Diese Umstände erklären immer noch nicht hinreichend, dass Maßnahmen der Schulentwicklung das Dasein eines medialen Underdogs führen. Die Gründe dafür müssen also tiefer liegen. Ich vermute, dass die Schuleffektivitätsforschung und die Berichterstattung darüber einerseits wirtschaftspolitische Relevanz in der globalen Standortdebatte hat, die in Zeiten schwieriger Ökonomie immer wichtiger wird, und sie zudem für die Eltern wichtig ist wie nie zuvor, weil sie mit Statuserhaltung und Aufstiegskonkurrenz in der Wissensgesellschaft zu tun hat. Die Schulentwicklungsdebatte ist demgegenüber viel intimer: Sie handelt von Pädagogik und persönlichen Beziehungen, von Kooperation, Feedback, Schulklima und humanem Aufwachsen. Das gibt wenig für Schlagzeilen in den Massenmedien her.

Nur gut, dass es nicht nur Journalisten gibt, die der Hofberichterstattung anhängen, sondern auch solche, die sich für gelungene Sozialisation und Chancengleichheit engagieren, – wie beispielhaft Karl-Heinz Reith. Aber auch sie kommen nicht darum herum, sich mit den großen Schuleffektivitätsstudien zu befassen. Karl-Heinz Reith bringt in dem von ihm jahrzehntelang betreuten dpa-Pressedienst (dpa 2013) auch die Rankings an prominenter Stelle mit schlagkräftigen und schlagseitigen Überschriften (deshalb heißt es auch Schlag-Zeilen). Aber er bleibt kritisch, er verfällt keinen Jubelaussagen, sondern formuliert z.B. „Deutschland behauptet sich im Mittelfeld" und „PISA- Aufstieg oder Verharren?". Vor allem hebt er auch hervor, dass überdurchschnittlich geringe Chancengleichheit ein Thema in Deutschland geblieben ist und „beste Praxis" ohne größere Chancengleichheit kein gut zu heißendes Ziel sein kann.

## Literatur

Baumert, J., Trautwein, U. & Artelt, C. (2003). Schulumwelten – institutionelle Bedingungen des Lehrens und Lernens. In Deutsches PISA-Konsortium (Hrsg.), PISA 2000. Ein differenzierter Blick auf die Länder der Bundesrepublik Deutschland. (S. 261–331). Opladen: Leske & Budrich.

Bonsen, M., Bos, W. & Rolff, H.G. (2008). Zur Fusion von Schuleffektivitäts- und Schulentwicklungsforschung. In Bos u. a. (Hrsg.): Jahrbuch der Schulentwicklung. Bd. 15. Weinheim: Juventa.

Dalin, P. & Rolff, H.G. (1990). Institutionelles Schulentwicklungs-Programm. Soest: Soester Verlagskontor.

dpa-Dossier Bildung Forschung Nr. 50 vom 9.12.2013.

Fend, H. (1986). „Gute Schulen – Schlechte Schulen". Die einzelne Schule als pädagogische Handlungseinheit. Deutsche Schule, 78 (3), 275–293.

Fullan, M. (2007). The new meaning of educational change. New York (Teachers College Press), 4th edition.

Reynolds, D. et al. (1997). Making good schools – Linking school effectiveness and school improvement. London/New York: Routledge.

Reynolds, D. & Teddlie, Ch. (2000). Linking school Effectiveness and School Improvement. In Teddie, Ch. & Reynolds (Eds.). The International Handbook of School Effectiveness Research. London/New York: Falmer Press.

# Und sie bewegt sich doch!

## Kleines Resilienz-Training für Bildungspolitikerinnen und Bildungspolitiker

*Doris Ahnen und Vera Reiß*

### 1. Was Resilienz und Bildungspolitik miteinander zu tun haben

Widerstandskraft, Belastungsfähigkeit und ein gelingendes Umgehen mit Misserfolgen und Rückschlägen – all diese Eigenschaften und Kompetenzen beschreibt der Begriff „Resilienz". In der Kinderpsychologie spricht man von Resilienz und meint damit, dass Kinder oder Jugendliche trotz schwieriger Lebensumstände in eine gute Entwicklung finden. Bildlich gesprochen, könnte man an das berühmte „Stehaufmännchen" denken, das sich aus jeder beliebigen Lage wieder aufzurichten vermag.

Was hat das nun alles mit Bildungspolitik zu tun? Das wird jedem, der sich beruflich mit Bildungspolitik beschäftigt, jeder, die Tag für Tag über Kindertagesstätten, Schulen, Hochschulen, berufliche Bildung und Weiterbildung diskutiert, sofort einleuchten. Bildungspolitik ist oftmals und mehr als andere Politikfelder das viel zitierte „Bohren dicker Bretter". Und wenn der gesellschaftliche Fortschritt auch – entgegen eines viel zitierten Sprichworts – oft schneller von der Stelle kommt als eine Schnecke, so braucht er doch seine Zeit. Um die Reihe der schönen Bilder noch weiter fortzusetzen: Wer sein Berufsleben mit Bildungspolitik verbringt, der entwickelt ein ganz eigenes Verständnis von der Geschichte des Sisyphos, der tragischen Figur aus der griechischen Mythologie, die immer und immer wieder einen Stein den Berg hinaufrollen musste, nur damit dieser am Ende erneut in die Tiefe rauscht.

Aber schon Albert Camus – später popularisiert durch Franz Müntefering – befand, dass dieser Sisyphos ein glücklicher Mensch gewesen sein müsse. Denn letztlich kommt es darauf an, wie wir mit den tatsächlichen oder vermeintlichen Rückschlägen umgehen, die im Leben schlicht unvermeidbar sind. Es ist eine Frage der Perspektive, die wir einnehmen wollen und können. Das gilt für viele Bereiche im Leben – und es gilt auch für die Bildungspolitik. Richten wir den Blick auf die Misserfolge, die Rückschläge und auf das, was nicht so schnell geht, wie wir es uns wünschen würden? Oder richten wir den Blick ganz bewusst auf das Viele, was wir erreicht haben, auf die Erfolge und den Fortschritt in der Bildungspolitik? Denn diesen Fortschritt gibt es ja durchaus. Den Blick auf das Positive zu richten, bedeutet aber natürlich nicht, dass es keine Rückschläge mehr gibt. Die gibt es und wird es auch immer geben. Damit müssen wir umzugehen lernen.

Resilienz ist ein ganz wesentlicher Baustein für dieses Umgehen-Lernen. Die eigene Widerstandskraft und Belastungsfähigkeit zu entwickeln und zu stärken, das ist zunächst eine individuelle Herausforderung. Aber es gibt ein paar Voraussetzungen, die weitgehend verallgemeinerbar erscheinen:

- Klarheit über den eigenen Standpunkt: Wer einen klaren Kompass hat, das langfristige Ziel nicht aus den Augen verliert und selbstbewusst die eigenen Positionen vertreten kann, besonders die grundsätzlichen, der wird mit Rückschlägen und Krisen besser umgehen können.
- Klarheit über die eigenen Gestaltungsspielräume: Gerade in schwierigen Phasen ist es hilfreich sich bewusst zu machen, was man selbst verändern und worauf man Einfluss nehmen kann. Das eröffnet neue Perspektiven auf eigenes aktives und konstruktives Handeln in der Zukunft.
- Konzentration auf das Positive: Wie eben beschrieben, gilt es den Blick insbesondere auf die Erfolge und Fortschritte zu richten, an denen wir selbst Anteil hatten. Darüber neigen wir oft allzu schnell hinwegzugehen, anstatt daraus Motivation und positive Energie zu ziehen.

## 2.   Einige Bausteine eines sozial gerechten und leistungsfähigen Bildungssystems

Was heißt das nun alles für die Praxis, für den Berufsalltag einer Bildungs-politikerin und die Arbeit eines Bildungspolitikers? Diese Frage wollen wir anhand einiger konkreter Beispiele beantworten, die teils in den vergangenen Jahren und Jahrzehnten, teils auch aktuell die deutsche Bildungspolitik be-wegt haben und bewegen.

### 2.1   Fortschritt oder Stillstand: Chancengleichheit im Bildungssystem und der Zusammenhang von Bildungserfolg und sozialer Herkunft

Bildungschancen hängen in Deutschland immer noch viel zu stark von der sozialen Herkunft ab. Dieser Satz ist gerade unter fortschrittlichen Bildungs-politikerinnen und Bildungspolitikern unstrittig. Es war und ist sozialde-mokratischer Bildungspolitik ein besonders wichtiges, wenn nicht gar das wichtigste Anliegen, diesen Zusammenhang aufzulösen und Chancengleichheit im Bildungssystem zu verwirklichen – wohlgemerkt unter gleichzeitiger Steigerung der Leistungsfähigkeit. Beides gehört untrennbar zusammen und muss gemeinsam verwirklicht werden.

Richten wir dazu den Blick auf einige Zahlen, die sich auf die Gymnasialbeteiligung unterschiedlicher Herkunftsgruppen beziehen. Laut PISA 2012 (Prenzel, Sälzer, Klieme & Köller, 2013, S. 269) finden 58 bzw. 43 Prozent der Schüler/innen aus Familien der oberen beiden Dienstklassen (EGP-Klassen I und II: Beamte, Akademische Berufe, führende Angestellte, selbstständige Unternehmer/innen, Hochschul- und Gymnasiallehrkräfte, mittleres Management, technische Angestellte mit nicht-manueller Tätigkeit) den Weg an ein Gymnasium, während andererseits nur 27 bzw. 19 Prozent der Kinder von Facharbeiter/innen (EGP-Klassen V und VI) oder un- und angelernten Arbeiter/innen (EGP-Klasse VII) ein Gymnasium besuchen. Vollkommen zu Recht muss auf diese Ungleichverteilung mit Nachdruck hingewiesen werden und ihr Abbau bleibt zentrales politisches Ziel. Betrachtet man die Entwicklung der Gymnasialbeteiligung allerdings im Zeitverlauf und vergleicht die Ergebnisse von PISA 2012 mit denen der ersten PISA-Studie im Jahr 2000, die eine Art heilsamer Schock für die deutsche Bildungspolitik gewesen ist, dann sind positive Tendenzen erkennbar. Dabei ist die Gymnasialbeteiligung der Jugendlichen aus den beiden oberen Dienstklassen von 2000 bis 2012 weiter angestiegen bzw. auf hohem Niveau geblieben (EGP-Klasse I: Anstieg von 52 auf 58 Prozent, EGP-Klasse II: leichter Rückgang von 45 auf 43 Prozent). Es zeigt sich aber auch eine statistisch bedeutsame Erhöhung in der Gymnasialbeteiligung von Kindern aus Facharbeiterfamilien (EGP-Klassen V, VI: von 16 auf 27 Prozent) und der un- und angelernten Arbeiter (EGP-Klasse VII: von 11 auf 19 Prozent). Vom Anstieg der Gymnasialbeteiligung insgesamt (von 28 Prozent in PISA 2000 auf 36 Prozent in PISA 2012) profitierten also vor allem die Kinder und Jugendlichen aus den unteren und mittleren Gesellschaftsschichten.

Die Gegenüberstellung zeigt: Es gibt einen messbaren Fortschritt auf dem Weg zu mehr Chancengleichheit im Bildungssystem. Dieses ganze Bild und damit auch den positiven Teil und die Erfolgsmeldung in den Blick zu nehmen, ist keineswegs gleichzusetzen mit Schönfärberei. Es bleibt unbestritten eine zentrale Daueraufgabe der deutschen Bildungspolitik, gute Bildungschancen für alle Kinder und Jugendlichen zu garantieren und damit soziale Gerechtigkeit und Leistungsfähigkeit gleichermaßen umzusetzen. Richtig ist aber auch: Die Anstrengungen der vergangenen Jahre waren nicht umsonst, sondern haben zu spürbaren Verbesserungen geführt. Es lohnt sich also, weiter hart an dieser Frage zu arbeiten.

## 2.2 Fortschritt oder Stillstand: Dauerbrenner Schulstruktur und kluge Wege zu mehr Durchlässigkeit im Schulsystem

Der demografische Wandel, der in mancher Diskussion als existentielle Bedrohung unserer Gesellschaft beschworen wird, hat durchaus auch positive Seiten. Eine der segensreichen Wirkungen ist die Entschärfung des jahrelang erbittert geführten Streits um die richtige Schulstruktur. Die ‚Abstimmung mit den Füßen‘ hat glücklicherweise dazu geführt, dass dieser Konflikt, der die deutsche Bildungspolitik über lange Zeit hinweg stark geprägt hat, deutlich an Schärfe verloren hat.

Glücklicherweise ist es heute möglich, an dem Ziel des längeren gemeinsamen Lernens aller Kinder und Jugendlichen festzuhalten, aber zugleich anstelle einer radikalen Strukturveränderung die schrittweise Schaffung von mehr Durchlässigkeit im Schulsystem zu fordern und in die Praxis umzusetzen. In zahlreichen Bundesländern werden durch einen klugen Mix aus neuen Bildungswegen und Aufstiegsmöglichkeiten, dem Ausbau von Ganztagsschulen, dem Zusammenführen von Schularten und der Gründung neuer Gesamtschulen kluge Wege zu mehr Durchlässigkeit beschritten.

Auch hier gilt: Die Bewertung dieser Entwicklungen hängt ganz entscheidend von der Perspektive, vom eigenen Blickwinkel ab. Während die einen vor dem Abrücken von der ‚einen Schule für alle‘ warnen und in der Zweigliedrigkeit vor allem die Gefahr der Zementierung eines gegliederten Schulsystems sehen, stellen andere das Mehr an Durchlässigkeit und Aufstiegsorientierung in den Mittelpunkt.

Jede Reform muss sich daran messen lassen, ob sie zu mehr Chancengleichheit führt und dabei die Menschen auf dem Weg der Veränderung von der Politik mitgenommen werden. Es gilt nun, kritisch und aufmerksam die Wirksamkeit der Veränderungen zu beobachten und zu analysieren. Erst wenn die neuen Wege und Aufstiegsmöglichkeiten auch tatsächlich zu mehr realem ‚Aufstieg durch Bildung‘ führen, hat der Weg der behutsamen Reformen sich als erfolgreich herausgestellt. Erst dann kann von echtem Fortschritt die Rede sein.

## 2.3 Erfolgsgeschichten: Frühkindliche Bildung, Ganztagsschule, gebührenfreies Erststudium

In einigen Bereichen der Bildungspolitik ist dieser echte Fortschritt hingegen vollkommen unstrittig und nicht zu übersehen. Selbst hier gilt es aber immer wieder den berechtigten Stolz auf das Erreichte ins Bewusstsein zu rufen.

Allzu oft stehen aktuelle Probleme bei der Umsetzung oder dem weiteren Ausbau im Vordergrund und der große Erfolg bei grundsätzlichen Fragen droht aus dem Blick zu geraten.

Ein Paradigmenwechsel im besten Sinne war die Erkenntnis, dass in Kindertagesstätten (Kita) nicht nur Betreuung stattfindet, sondern frühkindliche Bildung. Viel zu lange hatten junge Eltern, insbesondere Mütter, sich als ‚Rabenmütter' beschimpfen lassen müssen, wenn sie ihr Kind nicht mindestens bis zum dritten Lebensjahr zu Hause betreut und erzogen haben. Jenseits berechtigter Kritik aus frauen- und familienpolitischer Sicht kann diese Haltung heute glücklicherweise auch bildungspolitisch als Unsinn bezeichnet werden. Durch eine frühe, kindgerechte Förderung, durch das soziale Lernen in der Gruppe von Gleichaltrigen werden wichtige Grundlagen gelegt für eine erfolgreiche Bildungslaufbahn. Das ist mittlerweile in Pädagogik, Lernpsychologie und Bildungsforschung weitgehend unstrittig. Dieser Erkenntnisfortschritt war die Grundlage für den massiven Ausbau des Angebots an Kita-Plätzen zunächst für Drei- bis Sechsjährige und nun auch für Unter-Dreijährige. Wer tagesaktuelle Debatten über Ausbaustand oder Finanzierung mal für einen Moment außen vor lässt, der wird zustimmen, dass es ein riesiger Fortschritt und eine enorme Gemeinschaftsleistung von Bund, Ländern und Gemeinden war, in sehr kurzer Zeit erfolgreich auf den Paradigmenwechsel hin zur frühkindlichen Bildung zu reagieren und das Angebot an Kita-Plätzen massiv auszubauen. Ohne Zweifel ist dies eine der größten Erfolgsgeschichten der Bildungspolitik in den vergangenen zwei Jahrzehnten.

Gleiches gilt für den Ausbau des Ganztagsangebots im Schulbereich. Ganztagsschulen bieten mehr Zeit für eine bessere individuelle Förderung aller Schülerinnen und Schüler. Sie erlauben einen pädagogisch und didaktisch sinnvollen Wechsel von konzentriertem Lernen und Entspannung durch das Auflockern eines starren Stundenplans. Und sie tragen nicht zuletzt zu mehr Bildungsgerechtigkeit bei, indem sie Schülerinnen und Schülern aus bildungsfernen Elternhäusern eine Förderung und Unterstützung ermöglichen, die diesen sonst vorenthalten bliebe. Es war in Deutschland keineswegs selbstverständlich, diese positiven Aspekte beim Thema Ganztagsschule in den Vordergrund zu rücken. Ähnlich wie beim Kita-Ausbau wirkte auch hier eine tradierte Aufgabenteilung zwischen Schule und Familie fort. Wer die deutsche Tradition der Halbtagsschule in Frage stellte, der musste ausführlich erklären, dass dies nicht als Misstrauen gegenüber Familien und deren Erziehungskompetenz zu verstehen sei, sondern vielmehr als pädagogisch sinnvolle Weiterentwicklung von Schule. Glücklicherweise gehört diese Skepsis gegenüber Ganztagsschulen mittlerweile der Vergangenheit an und die bildungs-, aber auch familien- und arbeitsmarktpolitische Sinnhaftigkeit der Ganztagsschule wird von der großen Mehrheit in Politik und Gesellschaft nicht mehr in Frage gestellt.

Mit seinem großen Ganztagsschulprogramm (IZBB) hat der Bund in der Amtszeit von Bundesbildungsministerin Edelgard Bulmahn bestehende Anstrengungen der Länder aufgriffen und verstärkt. Gemeinsam haben Bund und Länder den Ausbau des Ganztagsangebots insbesondere in den Jahren von 2003–2009 massiv vorangetrieben. Während es vor dem Start dieses Programms im Jahr 2002 noch rund 5.000 Ganztagsschulen bundesweit gegeben hatte (KMK, 2008, S. 4 ff.), waren es im Jahr 2012 bereits knapp 18.300 (KMK, 2014, S. 4 ff.). Ein zweites Ganztagsschulprogramm könnte nicht nur den weiteren, von der großen Mehrheit der Eltern gewünschten Ausbau der Ganztagsschulen einen großen Schritt voranbringen. Es könnte darüber hinaus auch den richtigen Rahmen bilden für die Weiterentwicklung der Schulen im Sinne von Inklusion und Integration – zwei zentrale Herausforderungen, die das deutsche Bildungssystem in den nächsten Jahren zu bewältigen haben wird.

Eine dritte Erfolgsgeschichte ist das gebührenfreie Erststudium. Gute Bildung von der Kita bis zur Hochschule ist ein Menschenrecht und muss allen Kindern, Jugendlichen und jungen Erwachsenen offen stehen. Ein berufsqualifizierender Abschluss ist außerdem die wichtigste Grundlage für ein erfolgreiches und selbstbestimmtes Berufsleben. Aus all diesen Gründen gilt: Niemand darf aus finanziellen Gründen von der Aufnahme eines Studiums abgehalten werden. Studiengebühren für das Erststudium bergen das Risiko, dass insbesondere Studienberechtigte aus sozial schwächeren Elternhäusern sich gegen die Aufnahme eines Studiums entscheiden. Das ist nicht nur sozial ungerecht. Wir können es uns auch ökonomisch nicht leisten, weil unsere Volkswirtschaft gerade in Zeiten des demografischen Wandels dringend auf hoch qualifizierte Fachkräfte angewiesen ist.

Die Einführung allgemeiner Studiengebühren war in den vergangenen 15 Jahren ein stark umkämpftes Feld der deutschen Bildungs- und Wissenschaftspolitik. Nachdem einige Bundesländer solche Gebühren eingeführt hatten, unternahm die rot-grüne Bundesregierung unter Kanzler Gerhard Schröder den Versuch, allgemeine Studiengebühren durch eine entsprechende Vorschrift im Hochschulrahmengesetz des Bundes zu verbieten. Diese Regelung wurde unter Verweis auf die fehlende Gesetzgebungskompetenz des Bundes im Jahr 2005 von den Verfassungsrichtern in Karlsruhe ‚gekippt‘, woraufhin viele Bundesländer nun erst recht allgemeine Studiengebühren einführten. Die Entwicklung schien bundesweit auf Studiengebühren als Normalfall hinzulaufen. Neben den neuen Bundesländern, die generell auf die Einführung von Studiengebühren verzichteten, um die Abwanderung in Richtung Westen nicht noch weiter zu verstärken, war Rheinland-Pfalz eines der wenigen alten Bundesländer, die sich ganz bewusst für die Gebührenfreiheit entschieden. Dies war – umzingelt von Gebührenländern – keineswegs einfach.

Zurück zu den allgemeinen Studiengebühren und der damit verbundenen Erfolgsgeschichte. Durch massive, bundesweite Studierendenproteste, die begleitet wurden von einem beständigen, konzertierten Wirken fortschrittlicher Verbände, Gewerkschaften und Parteien, ist es letztlich gelungen, den Trend hin zu allgemeinen Studiengebühren nicht nur zu stoppen, sondern in einem Bundesland nach dem anderen politische Mehrheiten für die Abschaffung der Gebühren zu erringen. Rot-grüne Mehrheiten in Hessen, Baden-Württemberg, Nordrhein-Westfalen und zuletzt in Niedersachsen und die absolute Mehrheit der SPD in Hamburg haben dafür gesorgt, dass Studiengebühren in all diesen Ländern abgeschafft werden konnten. In Bayern ist die Landesregierung dem absehbaren Votum eines Volksentscheids zuvorgekommen, so dass nun für alle Bundesländer gilt: Studiengebühren gehören der Vergangenheit an. Der Kampf für ein gebührenfreies Erststudium ist gewonnen. Das ist ein großer Erfolg, an den zwischenzeitlich nur noch wenige geglaubt hatten.

Umso wichtiger ist es, über diese und andere Erfolgsgeschichten zu reden und sie sich immer wieder bewusst zu machen. Denn sie zeigen, dass klare eigene Standpunkte auch gegen große Widerstände durchsetzbar sind und dass die eigenen Handlungs- und Gestaltungsspielräume oftmals größer sind als wir glauben. Sich auf solche Erfolgserlebnisse zu konzentrieren und sie sich immer wieder in Erinnerung zu rufen, kann eine wichtige Ermutigung sein für das eigene politische Handeln – gerade in schwierigen Zeiten.

Es ließe sich noch vieles sagen zu den aktuellen und zukünftigen Baustellen der Bildungspolitik: Inklusion, Integration, Chancengleichheit, Übergänge im Bildungssystem – die Liste ließe sich fortsetzen. Unzweifelhaft sind dies zentrale Baustellen der Bildungspolitik heute und in den nächsten Jahren. Die Herausforderungen, die damit verbunden sind, werden Bund, Länder und Gemeinden nur gemeinsam bewältigen können, denn es handelt sich um gesamtgesellschaftliche Aufgaben, die von großer Bedeutung sind für die Zukunftsfähigkeit unseres Landes. Deshalb ist die Verständigung auf neue Formen der Zusammenarbeit von Bund und Ländern so wichtig.

## 3. Bildungspolitik im Spiegel der Medien

Die Ambivalenz zwischen der Ungeduld mit dem als zu langsam empfundenen Fortschritt und den durchaus vorhandenen Erfolgsgeschichten der Bildungspolitik prägt auch ihr Bild in den Medien. Ob hier ein vernünftiges

Gleichgewicht in der Berichterstattung vorherrscht, müssen die Journalistinnen und Journalisten selbst beurteilen. Sicher ist, dass in manchen Fällen die öffentliche Aufmerksamkeit umgekehrt proportional ist zur Bedeutung. Das betrifft zum einen so manche ‚Bildungsstudien‘, die in immer engerer Taktung von unterschiedlichen Akteuren auf den Markt geworfen werden. Zum anderen gilt es auch für so manchen Bericht über die vermeintlich skandalösen Auswüchse des deutschen Bildungsföderalismus – Stichwort ‚Flickenteppich‘. Es wäre einer seriösen Berichterstattung durchaus angemessen, hier empirischen Tatsachen zumindest ebenso viel Raum zu geben wie gefühlten Skandalen. Ja, es gibt immer wieder ärgerliche Hürden beim Wechsel von Schülerinnen und Schülern oder Lehrkräften von einem Bundesland ins andere. Aber es gibt eben auch nationale Bildungsstandards, einen gemeinsamen Aufgabenpool für das Abitur und die gegenseitige Anerkennung der Lehramtsausbildung. Vor allem aber hat das föderale Bildungssystem der Bundesrepublik in den vergangenen 60 Jahren seine Leistungsfähigkeit eindrucksvoll unter Beweis gestellt. PISA 2000 war eine Art ‚heilsamer Schock‘ für die deutsche Bildungspolitik und hatte eine ganze Reihe von Maßnahmen zur Folge. Der PISA-Befund hat die Länder herausgefordert und die Notwendigkeit einer stärkeren Kooperation der Länder deutlich gemacht. Aber PISA war eben nicht das Signal, dass der föderale Aufbau der Bundesrepublik, insbesondere im Bildungsbereich, in Frage zu stellen sei. Vielmehr hat sich gezeigt, dass der föderale Wettbewerb, basierend auf gemeinsamen Verabredungen, in relativ kurzer Zeit zu positiven Veränderungen im Bildungssystem geführt hat. Von daher wäre in Sachen Bildungsföderalismus eine differenzierte Berichterstattung durchaus wünschenswert.

## Literatur:

KMK (2014). Allgemein bildende Schulen in Ganztagsform in den Ländern in der Bundesrepublik Deutschland – Statistik 2008 bis 2012. Berlin.
KMK (2008). Allgemein bildende Schulen in Ganztagsform in den Ländern in der Bundesrepublik Deutschland – Statistik 2002 bis 2006. Berlin.
Prenzel, M., Sälzer, Chr., Klieme, E. & Köller, O. (2013) (Hrsg.). PISA 2012. Fortschritte und Herausforderung in Deutschland. Münster: Waxmann.

# ‚Jäger der Peripherie‘ –
# Agenda-Setting von Bildungsjournalisten

*Kai Gehring und Udo van Lengen*

Volkstrauertag 1967 – irgendwo im grauen Dortmunder Westen. Restauratives „Heldengedenken" im Muff der bereits beendeten Adenauer-Zeit. Und mittendrin ein Jungspund, der mit spitzer Feder für die Regionalzeitung das gefühlt gestrige Schauspiel festhält: Karl-Heinz Reith. Knapp 50 Jahre später kann er auf eine beeindruckende Karriere als einer der profiliertesten Bildungsjournalisten Deutschlands zurückblicken. Er hat die bildungspolitische Agenda über 30 Jahre lang beobachtet, beschrieben und so mitgestaltet.

Von Beginn an folgte Reith seiner eigenen Agenda: Aufklärung im besten Sinne des Wortes betreiben. „Über Pro und Contra saubere Argumentationsketten aufbauen", damit die Menschen sich selbstständig ein Bild machen können, ist sein selbsterklärter Anspruch (Gehring, 2009, S. 147). Dieser Ansatz einer journalistisch-objektiven Darstellungsform dürfte in den konservativen Kreisen der 1960er Jahre bereits als Angriff auf ihr Agenda-Setting-Monopol gewertet worden sein.

Reith hat sich von bösen Briefen und versuchten Einflussnahmen auf seine journalistische Arbeit nicht beeindrucken lassen. Vielmehr hat er selbst vorne mitgemischt beim Themensetzen – sei es als Lokaljournalist oder ab 1978 bei der Deutschen Presse Agentur (DPA), für die er ab 1982 vornehmlich über Bildungs- und Hochschulthemen berichtete.

Wie verträgt sich sein aufklärerischer Ansatz mit der eingeforderten Neutralität eines Nachrichtenredakteurs? „Wer als Journalist unpolitisch ist, hat seinen Job verfehlt", ist Reith überzeugt (Gehring, 2009, S. 147). Allein schon die Auswahl, was eine Nachricht ist und was nicht, sei oft eine politische Entscheidung. Bei ihm kämen aber alle politischen Lager zu Wort, auch wenn er manches politische Statement zuweilen mal absurd oder widersprüchlich findet. Tatsächlich waren Regierung und Opposition gleichermaßen gut mit Reith vernetzt, achten und fürchten seine investigative Recherchearbeit.

## Gegen den konservativen Zeitgeist

Sein Programm: den konservativen Zeitgeist entkräften. Sein Mittel: gegen diesen Zeitgeist anschreiben, alternativen Blickwinkeln eine Bühne bieten,

Themen anders beleuchten, die Agenda (mit)bestimmen. Sein Erfolg: empirisch schwer zu messen. Immerhin: Der Volkstrauertag wird inzwischen anders begangen. Und Reith wird gerne als ‚Bildungspapst‘ der DPA vorgestellt. Wem dieser schmeichelhafte Titel zuerkannt wird, war und ist zweifelsohne ein erfolgreicher Akteur beim ‚Agenda-Setting‘.

Doch was ist eigentlich ‚Agenda-Setting‘? Das Thema beschäftigt einen ganzen Forschungsbereich der Kommunikations- und Medienwissenschaft. Die Grundannahme von Agenda-Setting-Konzepten lautet vereinfacht: Massenmedien geben vor, worüber Mediennutzer sprechen und nachdenken und was relevant ist für die politische Meinungsbildung. Allerdings erzeugt Agenda-Setting nicht direkt Meinungen, Einstellungen oder Werte der Nutzer. Erst mit steigender Häufigkeit und steigendem Umfang der Berichterstattung über ein bestimmtes Thema wächst das Potenzial, Einstellungen oder Meinungen von Bürgern, aber auch von politischen Akteuren selbst zu beeinflussen. Das unsinnige Kooperationsverbot in der Bildung ist auch dank breiter Medienberichterstattung mehr als unpopulär in der Bevölkerung.

## Jäger und Gejagte: Wer entscheidet, was in der Zeitung steht?

Medien lenken durch Auswahl, Hervorhebung und Auslassung die Aufmerksamkeit auf bestimmte Themen und Gegenstände und geben den Informationen einen Rahmen. Die entscheidende, aber nicht eindeutig zu beantwortende Frage ist, wie der Journalist oder die Redaktion anhand welcher Auswahlkriterien und Nachrichtenwertfaktoren bestimmte Themen in die Öffentlichkeit hievt. Der Politikwissenschaftler Ulrich Sarcinelli formuliert diesen Mangel an Transparenz so: Gesellschaft, Politik und Medien hätten sich in einer Weise verquickt, bei der nicht immer klar unterschieden werden kann, wer Antreiber und wer Getriebener ist. In der Mediendemokratie, in der neue Öffentlichkeiten aufgrund des digitalen Umbruchs expandieren, wachsen die Anreize für interessengeleitetes Themensetzen. Gleichzeitig dürfe es, so Sarcinelli, immer schwieriger werden, nachzuweisen, wer „Jäger“ und wer „Gejagter“ ist (Siepmann, 2011, S. 9).

Neben der Frage nach ‚Auswahlmächten‘ und ‚Auswahlkriterien‘ spielt auch eine Rolle, wie sich die wechselseitige Beobachtung der Medien auswirkt. Denn das Agenda-Setting der Massenmedien ist auch ein gegenseitiger Wettbewerb um die Aufmerksamkeit, Reichweite und Meinungsführerschaft im Lande: Wer wird am meisten gelesen? Wer wird von anderen zitiert? Wer hat die exklusivsten Geschichten und größten Aufreger? Das ist der Stoff, aus dem sich journalistische Reputation ziehen lässt.

Eine Nachrichtenagentur wie DPA spielt beim Agenda-Setting eine ganz eigene Rolle. Besonders lokale und regionale Medien sind zumindest in ihrem Mantelteil geprägt von der Nachrichtenauswahl der Agenturen. Als Agenturjournalist hat Reith diese ganz eigene Durchsetzungskraft verknüpft mit einem sehr politischen Anspruch des eigenen Agenda-Settings.

## Bissiger Schoßhund

Wie kritisch oder unabhängig können Journalisten oder Medien ihre eigene Agenda entfalten? Der Schweizer Medienwissenschaftler Roger Blum sagt darauf: „Politische Journalisten müssen die paradoxe Kunst beherrschen, bissige Schoßhunde zu sein, nämlich die politische Macht gleichzeitig zu kritisieren und zu hofieren. Die Frage ist, auf welche Seite das Pendel ausschlägt."(Lilienthal 2011, S. 23) Dieser zutreffenden Beschreibung der Realität hat sich Reith nicht gänzlich entziehen können. Als profilierter Agenturjournalist konnte und kann er aber ohne Nachteile pointierter und streitbarer auftreten als mancher Kollege oder manche Kollegin. Trotz aller kritischen Berichte ist er bestens vernetzt mit Ministerien, Verbänden, Abgeordneten aber auch mit Wissenschaftlern.

Den eigenen Namen liest er zwar nur selten in den Zeitungen. Dafür genießt er es, wenn eine seiner Geschichten von der Nordsee bis zu den Alpen von jeder Zeitung gedruckt wird. Jeder dieser Berichte ist schließlich ein Beispiel für ein gelungenes Agenda-Setting.

## Ideologische Auseinandersetzung in der Nische

Reiths Stellung als ‚Bildungspapst' ist nicht vom Himmel gefallen. Bildung war kein ‚Hot Issue' in den 1980er Jahren und war – wenn überhaupt – in der Peripherie der Zeitungen Thema. Ambitionierte Nachrichtenjäger mit Drang zur großen Bühne des Agenda-Settings stürzten sich auf die innerdeutschen Beziehungen zwischen BRD und DDR, auf die Außen- und Sicherheitspolitik oder auf Wirtschaftsthemen. Reith dagegen verband sein journalistisches Programm, dem konservativen Zeitgeist die Stirn zu bieten, mit seinem persönlichen Herzensanliegen: der Kritik an sowie der Überwindung von Chancenungleichheit und Undurchlässigkeit in der Bildung.

Mit dieser Entscheidung wurde er Agenda-Setter an einer der Frontlinien, an denen besonders verbissen um die (weitere) Modernisierung der BRD gekämpft wurde. In einer hoch-ideologisierten Auseinandersetzung stritten die Konservativen mit den Progressiven um die Ausrichtung des bundesdeutschen Bildungssystems. CDU/CSU wandten sich strikt gegen jede weitere Bildungsexpansion und den Ausbau der Hochschulen. Man denke an CDU-Bildungsministerin Dorothee Willms: Ihre Forderung, die Studierendenzahlen drastisch zu drosseln und in die Berufsausbildung umzulenken, verschärfte den in den 1980er Jahren herrschenden großen Mangel an Ausbildungsplätzen. Oder man denke an Forderungen aus der CDU, dass nur 16,5 Prozent der Jugendlichen in Deutschland das Abitur ablegen dürfen – so etwa vorgetragen von Paul Harro Piazzolo, der als CDU-Politiker von 1982 bis 1987 Staatssekretär im Bundesministerium für Bildung und Wissenschaft war (Reith, 1998, S. 163).

Dass diese heutzutage zu Recht als völlig abwegig wahrgenommenen Vorstellungen der damaligen schwarz-gelben Bundesregierung nicht Wirklichkeit geworden sind, ist vor allem der gewissen Trägheit des bundesdeutschen Föderalismus mit seinen Checks and Balances zu verdanken. Die starke Stellung der SPD in der Kulturministerkonferenz von Mitte der 1980er Jahre bis zum Antritt der rot-grünen Bundesregierung 1998 trat der von Union und FDP im Bund angedachten künstlichen Bildungsverknappung entschieden entgegen. Wichtig waren aber auch der Beistand progressiver Bildungsforscher sowie die intensive und kritische Berichterstattung von Journalisten wie Reith.

## Die Wende

Der hochideologische Kampf der Agenden der Modernisierer und Bewahrer um mehr oder weniger Bildungsaufstieg hätte ewig währen können. Doch mit der Teilnahme Deutschlands an der internationalen Schulleistungsstudie PISA wandte sich das Blatt zugunsten der Progressiven. Das Ergebnis ist als ,PISA-Schock' in die Geschichte eingegangen: Allenfalls mittelmäßiges Abschneiden der besten deutschen Schüler im internationalen Vergleich – die Anzahl der Risikoschüler besorgniserregend hoch. Den Weltmeistertitel gab es nur in der Negativkategorie soziale Auslese.

Dass seitdem in Deutschland endlich öffentlich anerkannt ist, dass es einen (zu) engen Zusammenhang zwischen sozialer Herkunft und Bildungschancen gibt, kann sich Reith auch als sein Verdienst anrechnen. Nach dem PISA-Schock rückte das Thema Bildung in den Medien nach vorne, insbesondere bei Zeitungen und Radiosendern. Im ,Land der Dichter und Denker' begannen die Aufräumarbeiten an bildungspolitischen Großbaustellen. Die katastrophalen Bildungsergebnisse hatten wachgerüttelt und den gesellschaftlichen Druck auf die Politik erhöht. Nach Jahren hartnäckigen Agenda-

Settings konnte Reith nun Bewegung in der bundesdeutschen Bildungspolitik notieren: Kita-Ausbau und verstärkte Sprachförderung, mehr Ganztagsschulen, mehr individuelle Förderung, mehr Durchlässigkeit zwischen den Bildungsstufen, mehr Zugangswege zur Hochschule.

Die progressive Agenda-Dominanz in Bildung und Wissenschaft erreichte unter der rot-grünen Bundesregierung ein goldenes Zeitalter. Das noch heute beachtete bundesweite Ganztagsschulprogramm, die Einführung der Juniorprofessur, mehr Hochschulautonomie und die Absage an Studiengebühren leiteten einen weiteren Modernisierungsschub des Landes bei schwieriger Kassenlage ein.

### Kampf um Studiengebühren

Dennoch konnte für kritische Journalisten von paradiesischen Zuständen keine Rede sein. So war das Nein zu Studiengebühren innerhalb der SPD nicht naturgegeben: Der damalige niedersächsische Wissenschaftsminister Thomas Oppermann zum Beispiel machte aus seiner Befürwortung von Studiengebühren keinen Hehl. Dass es in seiner Amtszeit nicht dazu kam, ist taktisch klugem Agenda-Setting von progressiven Journalisten zu verdanken. Inmitten einer aktuellen Stunde von SPD und Grünen im niedersächsischen Landtag gegen Campus-Maut Pläne in Bayern und anderen CDU-geführten Bundesländern, tickerte es plötzlich: Wissenschaftsministerium arbeitet an einem Gesetzentwurf für die Einführung von Studiengebühren in Niedersachsen. Die Empörung in den eigenen Reihen über Oppermann, der nicht wusste wie ihm geschah, war groß. Der Referenten-Entwurf wurde niemals in das Landeskabinett eingebracht.

In ähnlich schwieriges innerparteiliches Fahrwasser geriet Christoph Matschie. Als SPD-Staatssekretär im Bundesbildungsministerium sprach er sich 2003 in einem Positionspapier zusammen mit anderen damaligen jungen Sozialdemokraten für Studiengebühren aus. Als das Papier vorzeitig in die Öffentlichkeit geriet und in dessen Folge ein Rapport bei Ressortchefin Bulmahn anstand, machte Matschie einen schnellen Rückzieher. Die Zeit des Zwists binnen des progressiven Lagers endete erst, als die Konservativen zum Agenda-Roll-Back ansetzten: Erfolgreiche Verfassungsklagen von Hessens Ministerpräsident Roland Koch gegen die rot-grüne Modernisierungsagenda gaben der Auseinandersetzung um Ganztagsschulen und Studiengebühren eine neue ideologische Ladung – das schloss die Reihen.

Eine knappe Dekade später ist die Debatte um das Bezahlstudium vorerst befriedet, nachdem im rot-grün-regierten Niedersachsen und sogar im CSU-

regierten Bayern die letzten beiden Bundesländer Abschied von der Campus-
Maut genommen haben – unterstützt durch eine starke mediale Fokussierung
auf die empirisch nachgewiesenen Abschreckungseffekte. Die Auseinandersetzung um die Weiterentwicklung der Bildungs- und Wissenschaftsland-
schaft hat seitdem an Polarisierung verloren. Denn auch CDU/CSU kämpfen
weniger plump gegen den Trend zu höheren Bildungsabschlüssen an.

## Notwendig wie nie: Agenda-Setting für mehr Bildungsaufstieg

Die Herausforderungen für mehr Bildungsaufstieg bleiben hoch: Im deutschen Schulsystem gibt es vielfach mehr Abstiege als Aufstiege. Hierzulande
leben 7,5 Millionen funktionale Analphabeten. Mehr als 53.000 Jugendliche
haben 2010 die Schule ohne einen Schulabschluss verlassen. Eine Viertelmil-
lion Jugendliche drehen Warteschleifen im Übergangssektor anstatt eine gute
Ausbildung zu absolvieren. Höchststände bei den Studienanfängerzahlen
können nicht verdecken, dass Arbeiterkinder an den Hochschulen weiter un-
terrepräsentiert sind und eine breite soziale Öffnung der Hochschulen noch
aussteht. Die Schul-, Ausbildungs- und Studien-Abbruchquoten sind nach
wie vor zu hoch. Bei der Inklusion im Schulsystem und bei der Beteiligung an
Weiterbildung hinkt Deutschland hinterher.

Politisches Agenda-Setting für mehr Chancengleichheit ist daher heute genauso nötig wie in den 1980er Jahren. Allerdings verläuft die Kampflinie nicht
allein zwischen den politischen Lagern, sondern verstärkt zwischen den einzelnen Politikbereichen. In Zeiten von Schuldenbremsen in den öffentlichen
Haushalten, aber auch des Kooperationsverbots, das dem Bund untersagt, die
Länder bei der Bildung zu unterstützen, geht es in erster Linie nicht darum,
ob mehr und bessere Kitas, Ganztagsschulen und Universitäten notwendig
sind. Es geht vielmehr darum, wie Ausbau und Qualitätsverbesserung finanziert werden können. Diese Akzentverschiebung hat Konsequenzen für die
mediale Aufmerksamkeit: Wenn verbal alle irgendwie für Bildungsaufstieg
sind, fällt es vielen Journalisten schwer, dem Publikum die politischen und
konzeptionellen Unterschiede zu erläutern. Mangels klarer inhaltlicher Kontroversen drohte den Bildungsthemen in den Medien-Agenden der Rückkehr
in die Peripherie. Verhindert haben dies neue Debatten: z. B. über das hoch
umstrittene Betreuungsgeld, den Fachkräftemangel, die Bildungschancen von
Einwanderer-Kindern oder der Revival-Diskurs ,Meister statt Master'.

## Unberechenbares Agenda-Setting

Erschwerend kommt die schwindende Kraft der Massenmedien hinzu: Agenda-Setting ist vielfältiger, schneller, unberechenbarer geworden. Es sind nicht mehr nur die klassischen Journalisten am Werk. Das Internet hat eine unübersehbare Schar an Content-Produzenten hervorgebracht. Klassische Medien stehen unter Druck: Einbußen bei Reichweite und Werbeeinnahmen. Verlust an Bedeutung und Leitfunktion. Inzwischen ist bereits von einer „Verwahrlosung des (Hauptstadt)Journalismus"(Lilienthal, 2011, S. 24) die Rede. TAZ-Mitgründer Tom Schimmeck befürchtet: „Die Entpolitisierung der Betrachtung entwertet den politischen Journalismus. Es fehlt eine Sprache, die zu mehr taugt als zur mittelprächtigen Theaterkritik. Eine Sprache, die einen größeren Kontext herzustellen vermag, die eingebettet ist in eine Vorstellung einer anzustrebenden Gesellschaft." (Lilienthal 2011, S. 24)

Karl-Heinz Reith hat diesen gesamtgesellschaftlichen Zusammenhang trotz seiner stark fachjournalistischen Ausbildung und Aufstellung stets hergestellt und gelebt. Auch als Ruheständler kann er weiter die Rolle des Agenda-Setters übernehmen, so oft es ihm beliebt. Der Jäger der Peripherie verlässt das DPA-Rudel und wird als freier Einzelkämpfer hoffentlich für exklusive Beute sorgen. Wir wünschen einen kreativen Unruhestand.

## Literatur

Gehring, K. (2009). Das Gesicht hinter den Tickermeldungen – Karl-Heinz Reith. In: Illner, M. & Schumacher, H. (Hrsg.). Schmierfinken. Politiker über Journalisten. München: Heyne.

Lilienthal, V. (2011). Die neue Verantwortung. Auswege aus der Krise des politischen Journalismus. Tendenz 2.11. Das Magazin der bayerischen Landeszentrale für neue Medien. 22–25.

Reith, K.-H. (1998). Föderalismus ist kein Schimpfwort. In: Sekretariat der Ständigen Konferenz der Kultusminister der Länder in der Bundesrepublik Deutschland (Hrsg.), Einheit in der Vielfalt – 50 Jahre Kultusministerkonferenz 1948–1998. Neuwied/Kriftel: Luchterhand.

Siepmann, R. (2011). Von Jägern und Gejagten. Tendenz 2.11. Das Magazin der bayerischen Landeszentrale für neue Medien. 4–11.

# Das Glashaus der chronisch Unzufriedenen

*Richard Meng*

**Bildungspolitik und Bildungsjournalismus stehen inzwischen vor der gleichen großen Frage: Wie wichtig sind sie noch?**

Irgendwann in der ersten Jahreshälfte 2014 hat der *stern* wieder mal eine bildungspolitische Titelgeschichte präsentiert. So etwas passiert nicht mehr oft in jüngerer Zeit. Die großen Klischeethemen, mit denen sich Magazin-journalismus verkaufen lässt, spielen auf anderen Bühnen. Aber es fand sich ein Dreh, nachdem in Niedersachsen gerade die Rückwende von G8 nach G9 verkündet worden war. Und zwar einer, der schön grundsätzlich und schön plakativ daher kommt. Das Titelthema auf dem Cover: „Scheiß Schule!". Als Titel im Inneren des Heftes: „Schule? Wahnsinn!"

Der Inhalt: eine Breitseite gegen Schulreformen schlechthin, egal welche. Lehrer, Eltern und Schüler (Gendersprache ist nichts für Überschriften) als „Folteropfer" einer Politik, die alle immer nur nervt, aber ohne den ange-strebten positiven Reformeffekt. Die Grundmelodie ist die gleiche wie bei vie-len anderen Themen: Politik und Parteien sind grundsätzlich dumm, störend bis böse, igitt. Damit kann man auch immer mal wieder eine Bildungsaufma-chung riskieren, der Zeitgeist mag das Anti und das Scheißegal.

Wissenschaftliche Begleitmusik gefällig? Etwa zur gleichen Zeit veröf-fentlichten Forscherinnen der Uni Duisburg-Essen die Ergebnisse einer Erstsemesterbefragung. Gefühlt ist es danach egal, ob man vor dem Studium acht oder neun Jahre Gymnasialzeit hatte. Gefühlter Stress ist inzwischen so etwas wie die wichtigste gefühlte Volkskrankheit, synonym fast zu sehen mit dem allgemeinen Missmut. Gefühlter Stress, so die Studie, ist bei fast allen Befragten da. Aber konkreten schulischen Rahmenbedingungen ist er nicht eindeutig zuzuordnen, scheißegal eben. Interessante Nebenerkenntnis: Die meisten Lehrkräfte bleiben auch beim gewohnten Unterrichtsstil, egal was gerade schulreformerisch angesagt wird.

Sicher kein Zufall, dass es gerade diese Studie bis ins neue Welterklär-medium Spiegel-online schaffte. Der *stern*-Aufmacher und die Uni-Studie: Es sind nur zwei Beispiele dafür, dass sich in der Wahrnehmung von Bil-dungspolitik Grundlegendes geändert hat. In der Politik selbst hat das längst Konsequenzen: Das Bedeutungsranking ist ein anderes geworden, bei den Journalistinnen und Journalisten auch. Und längst ist es weniger die Recherche nach Details des tatsächlichen politischen Prozesses, die sie antreibt, um diese merkwürdige Bildungswelt zu erklären. Längst ist es immer öfter nur die Suche nach der nächsten Abkotz-Story. Nicht zuletzt, weil das die Publikumserwartung trifft, es ist ja nebenbei auch noch Medienkrise.

Nun sind das teilweise Trends, die wahrlich nicht für den Bildungsbereich alleine gelten. Die wirklichen Entscheidungsfragen der Politik, so wie sie sich real stellen, sind in der Medienöffentlichkeit oft genug an den Rand gedrängt von allumfassendem Alarmismus und penetranter Personalisierung. Und dass daneben Fachlobby und Fachjournalismus in geschwisterlicher Eintracht auf Nischenplätzen ihre Nischenthemen miteinander inszenieren, macht es auch nicht automatisch besser. Denn die sogenannten Fachöffentlichkeiten werden schnell zum Anhängsel von Interessen, die sie selbst nicht mehr hinterfragen.

Also: Hier ist nicht nur über Bildungspolitik und Bildungsjournalismus isoliert zu reden, es gibt einen Rahmen. Aber es ist doch so, dass sich der öffentliche Diskurs im Bildungsbereich besonders radikal gewandelt hat. Das hängt damit zusammen, dass Bildung in den republikhistorischen Aufbruchsjahren (West) der Katalysator war für den gesamten gesellschaftlichen Wandel. Dass hier das Feld war, auf dem der Grundkonflikt zwischen Restauration und Emanzipation ausgetragen wurde und ausgetragen werden musste. Und dass dieser moralische Magnetismus eine ungeheure Spannung in das Themenfeld Bildung brachte. Eine Spannung, in der mit jeder Kleinigkeit gleich der große Lakmustest verbunden war. Eine Spannung, die heute manchmal nur noch von Leuten gepflegt wird, die man auch bildungspolitische Traditionsgemeinschaften nennen könnte. So bitter das für sie ist.

Es ist auf den ersten Außenblick ja fast nur noch Retro, wenn sich in Baden-Württemberg der Bildungsplan für die nicht-gymnasialen Schulen deshalb um ein Jahr verzögert, weil ein Grundsatzstreit um die Bedeutung des Themas „sexuelle Vielfalt" ausgebrochen ist. So etwas gab es anderswo seit Jahrzehnten nicht mehr – wobei die Lösung des Rätsels darin liegt, dass im Südwesten umständehalber nach Jahrzehnten konservativer Hegemonie erst jetzt jene Auseinandersetzungen aufgerufen sind, die anderswo irgendwann das abwertende Etikett Kulturkampf trugen. Ein nachholendes Gefecht also.

Der große Trend ist ein anderer. Die Bildungspolitik hat über viele Jahrzehnte und Themenkonjunkturen hinweg ihre Funktionslogik verändert, selbst wenn das nicht allen Akteuren in Fachpolitik und Fachjournalismus bewusst wird. Sie war immer Referenzfeld dafür, was die Gesellschaft wichtig findet und was nicht. Wer diese Referenzfrage heute aufwirft, landet aber sofort und fast ausschließlich bei Themen der Finanzausstattung, die man früher profan genannt hätte – während die früheren Themen aus heutiger

Sicht als ideologisch erscheinen. Wir leben im Zeitalter des finanzpolitischen Klein-Klein, ziemlich unspannend für die allgemeine Öffentlichkeit.

## Schritte eines Abstiegs

Gesamtschulen oder Dreigliedrigkeit? Integrative Lehrpläne oder Kästchendenken? Längeres gemeinsames Lernen oder frühe Selektion? Das waren die Entweder-oder-Fragen, hinter denen sich Grundauseinandersetzungen zur weiteren Entwicklung der Gesellschaft zeigten. Kein Zufall, dass starke Kultusminister aus jenen frühen Jahren später Regierungschefs wurden. Und dass in der damaligen Medienwelt der Bildungspolitik immer zugestanden wurde, was ein Thema medial erst groß werden lässt: Machtrelevanz, mag diese Wahrnehmung speziell innerhalb des Bildungswesens auch weit überzogen gewesen sein.

Diese Zeiten brachten zweierlei hervor. Zum einen soziokulturell festgefügte und höchst kampagnenerprobte Organisationen. Elternvereine und Lehrerorganisationen jeweils pro und kontra, Schüler-, Studierenden-, Gewerkschafts- und Wirtschaftsverbände mit klarsten bildungspolitischen Profilen. Eine eigene Welt der stets kampfbereiten Interessensgruppen innerhalb der Sozialisations- und Lebenswelt Bildungssystem. Zum anderen entwickelte sich auf der Systemebene ein historisches Unentschieden. Das Zementieren eines Flickenteppichs der Schulformen, Lehrpläne und Lernphilosophien, mit formal riesigen Unterschieden oft schon von Landkreis zu Landkreis.

Seitdem gleicht die Bildungskarte der politischen Landkarte während er Kleinstaaterei zum Ende des Mittelalters. Die Kultusministerkonferenz (KMK) wurde zu einer Art Vatikanischem Konzil und die Ministerpräsidenten ließen sie walten, solange dadurch nicht zusätzlicher Ärger ins Haus kam. Aber wehe, irgendwo sollte in irgendeine Richtung entlang der alten Auseinandersetzungslinien nachjustiert werden. Keine Veränderung mehr – nirgends.

Nicht mangels Willen, sondern weil die Gegner von Veränderung mit Hilfe öffentlicher Mobilisierung immer stärker waren als die Befürworter. Schon in dieser – zweiten – Phase nach dem großen Bildungskampf hat die allgemeine Öffentlichkeit aufgehört, solche Debatten für gesellschaftsrelevant zu halten. Der Bildungsjournalismus wurde Fachjournalismus und spiegelt in den dazu passenden Medien ziemlich distanzlos die jeweiligen Interessen. Bis heute: Kein Schulleitungs-Brandbrief und kein Lehrkräfte-Protest, der nicht breite mediale Resonanz hätte. Anklage: Das funktioniert immer. Machtrelevanz? Bestenfalls als Anklage, nicht als inhaltliche Forderung.

Schritt drei kann man zusammenfassen als Ergänzung der alten Stellungs-kämpfe, weil etwas anderes über die Bildungspolitik kam: der Ranking-Wahn. Vergleichsstatistiken – zwischen Staaten, Bundesländern, einzelnen Schulen/Hochschulen – hatten plötzlich die verlorene Allgemeinbedeutung scheinbar wieder hergestellt. Scheinobjektive Zahlenvergleiche funktionieren in der Mediengesellschaft immer. Und es ist auch allgemeinpolitisch relevant (weil nicht durchhaltbar), den hinteren Platz in solchen Rankings zu belegen.

Nicht schlecht inszeniert, kann man dazu aber auch sagen. Insbesondere die OECD mit einem umtriebigen deutschen Repräsentanten hat es mit allerlei Rankings tatsächlich geschafft, der Gesellschaft das Erschrecken über ihr eigenes Bildungsniveau beizubringen. Lokal, regional, national: „PISA"-Studien aller Art sind etwas wunderbar Griffiges, mit dem der Frust über den ewigen Inhaltsstreit weggewischt werden kann. Und Statistiken, die Defizite ausdrücken, sind obendrein ein geniales Instrument im Kampf um Ressourcen. Während sie für die Außenwahrnehmung den Trend der Mediengesellschaft zu Alarmismus und Skandalisierung bedienen.

Dies ist dann ein Punkt, an dem Bildungspolitik und Bildungsjournalismus problemlos einig und vereint sein können, auch wenn die Leistungsrankings der vergangenen zwei Jahrzehnte mitunter fachlich fragwürdig waren. Sowohl die internationalen Vergleichsmaßstäbe waren nicht einheitlich (wie: Definition des tertiären Sektors) als auch lässt es sich über die pädagogische Bedeutung der konkret getesteten Kompetenzen lange diskutieren (Rechtschreibung statt Sozialkompetenz?).

Dennoch bleibt im Kern, dass erstmals vorwiegend über die Output-Dimension des Bildungswesens geredet wurde statt über den Systemstreit. Über die Frage, was Bildung bewirkt. Es ist nur logisch, dass alle Beteiligten diese Brücke zurück zur allgemeinen Öffentlichkeit genutzt haben. Konservative, die immer schon den Bildungsbegriff zurückdrehen wollten hin zur Aneignung von Fertigkeiten. Progressive, die jetzt Belegdaten für die Selektivität des deutschen Bildungssystems hatten.

Also wird allseits kräftig instrumentalisiert. Besonders die Alarmrufe von Unternehmerseite (Klagen über Schul- und Hochschulabgänger) sind eine treffliche Ablenkung von eigenen Ausbildungsdefiziten in den Betrieben. Zugleich wird deutlich, wie wenig die Teilsysteme Kita, Schule, Hochschule und Berufsbildung inhaltlich aufeinander abgestimmt sind, von einem Diskurs über diese Inhalte ganz zu schweigen. Aber darum geht es vielen auch nicht. Denn die einfachste und fachpolitisch konsensfähigste Antwort lautet immer: Es muss mehr Geld ins System. Da haben dann auch Fachinstitutionen und Fachmedien kein Problem mehr miteinander.

Passend zur Ressourcenfrage und teilweise zeitlich parallel gab es vorübergehend einen vierten Debattenschritt, den großen Streit über Bildungsgebühren. In einer Zeit, in der starke neoliberale Kräfte bis weit ins rot-grüne Lager hinein die Verantwortung der Individuen zur Daseinsvorsorge statt Rückgriff auf staatliche Sozialleistungen propagierten, waren Studiengebühren zum Einfallstor für eine generelle Neujustierung der Bildungsfinanzierung geworden. Denn hinter der Gebührenidee steht die Grundansicht, dass Bildung so etwas wie eine individuelle Investition sei. Dass insofern Gebühren – wie bei Müllabfuhr oder Leitungswasser – den Preis darstellen für eine im Gegenzug erreichte Wertsteigerung der eigenen Arbeitskraft. Dass Bildung also ausdrücklich nicht Ausdruck eines staatlichen Angebots an alle im sozialen Interesse ist, sondern letztlich Privatsache.

Da ging es um einen Paradigmenwechsel, der zunächst im Zuge allgemeiner Finanzknappheit speziell in der Professorenschaft und in der Medienwelt auf viel Resonanz stieß. Das Gebührenthema aber war – nach einer breiten Protestwelle bei den Studierenden – eines der wenigen Beispiele dafür, dass ein bildungspolitischer Konflikt klar und eindeutig entschieden wurde. Gerade weil er für Wahlen machtrelevant geworden war.

Der Ausgang war knapp genug und er war lange offen. Am Ende stand die Wiederabschaffung der Gebühren an den Hochschulen und – das zeigt die Dimension des Themas – bundesweit eine breite Bewegung in Richtung Gebührenfreiheit auch im Kitabereich. Nicht uninteressant war aber, dass hier der bildungspolitische Fachjournalismus nicht eindeutig agierte, sondern sich entweder zum Sprachrohr jener machte, die nur nach dem Prinzip „Hauptsache mehr Geld" agierten (Hochschullobby) oder bürgerlich-grünen Gebührenmodellen mit Einkommensstaffelung folgte.

Schritt fünf: Mit einer Bildungspolitik ohne Machtrelevanz wird umgegangen wie mit jedem anderen lästigen Subventionsthema. In vielen Detailfragen geht es inzwischen vorwiegend darum, andere zur Mitfinanzierung von Bildungsinvestitionen anzustiften. Private Forschungsmittel, EU-Programme und – vermintes Gelände – Bund-Länder-Deals aller Art sollen die immer zu kurze Decke ein wenig größer machen. Einen Überblick, wer da wo mitfinanziert und mit welchem Interesse, hat speziell in der Hochschulpolitik kaum noch jemand – und all die Interessen in diesem Zusammenhang werden auch selten kritisch hinterfragt. Methode: Fortschritt ist, wo ein Finanztopf steht.

Aber jenseits der Finanztechnik zeigt sich darin auch eine andere Entwicklung: Um die Alleinverantwortung für Bildung schlägt sich politisch niemand mehr. Denn das Feld ist schon lange keines mehr, mit dem sich Wahlen gewinnen lassen. Sondern nur Wahlen verlieren.

## Die Politik des Raushaltens

Wenn aus Sicht der Politik auch mehr Geld im System nichts an der allgemeinen Unzufriedenheit in den Bildungseinrichtungen ändert, liegt die
Konsequenz auf der Hand. Stärkung der Hochschulautonomie und Stärkung
der Schulleitungen sind bundesweit Teil dieser politischen Konsequenz, auch
wenn es nach außen anders verkauft wird. Der Staat delegiert bildungspolitische Zuständigkeiten, die er früher eher an sich gezogen hat, wieder ins
System zurück.

Das ist bildungspolitisch zugleich Chance und Offenbarungseid. Es ist
breit akzeptiert, denn Zeitgeist und Journalismus finden es gut, wenn Akteure mehr Handlungsautonomie haben. Über die Jahre hat sich ja auch dieser
Eindruck eingeprägt: Bildungspolitische Systemunterschiede sind in aller
Regel weit weniger ausschlaggebend für Lernergebnisse wie das konkrete
Lernumfeld mit seinen Persönlichkeiten und Motivationsangeboten. Nun
also Autonomie bis hin zur Studierenden- und Lehrkräfteauswahl. Aber die
Steuerungsfähigkeit des Gesamtsystems nimmt darüber immer weiter ab, in-
terne Hierarchien werden wieder stabiler.

Dementiert das im Ergebnis nicht all das, was Bildungspolitik einst zu
sein glaubte: Hebel zur Gestaltung der Gesellschaft? Ein Stück weit sicher.
Andererseits bleibt es am Ende doch wirklich egal, auf welchem Weg etwas
Gutes zustande kommt, wenn es denn etwas Gutes ist. Dies jedenfalls ist die
positive Seite am aktuellen Hang des Bildungsjournalismus, sich Forderungen aus den Bildungseinrichtungen grundsätzlich zu eigen zu machen: das
Prinzip „lasst sie doch arbeiten".

Diese Bildungseinrichtungen sind heute aber in aller Regel weitaus of-
fener, integrativer, menschenfreundlicher als vor Jahrzehnten. Jungen Menschen wird freier begegnet. Nun mag man sagen, dass dies nun einmal der
allgemeine Trend in der Gesellschaft ist. Aber glaubt umgekehrt wirklich
jemand, diesen Trend gäbe es ohne freiheitliche öffentliche Erziehung? In
einer individualisierten Gesellschaft werden Systemvorgaben allerorten als
Schikane erlebt. Wer trotzdem noch politisch gestalten will, muss das nicht
gut finden, sollte es aber wissen.

Individualisierung ist die eine Seite des Raushaltens der Politik aus der
Gefahrenzone Bildungsdiskurs. Aber es gibt auch noch ein zweite Seite, das
höchst effektive Nach-oben-Delegieren von Weichenstellung. An einschlägi-
gen Beispielen kann man festmachen, dass sich aktive Gestaltungsimpulse der
Politik – weit über Bildungsthemen hinaus – zunehmend eher aus nationalen
oder internationalen Vorgaben heraus ergeben als aus Basisantrieb. Und dass

darüber plötzlich doch wieder Gestaltungsmacht entsteht, selbst wenn die noch lange nicht automatisch Fortschritt bedeutet.

Es gibt Beispiele quer durch die Politikressorts. Die auf UN-Ebene verabredeten Milleniumsziele für die Finanzierung der Entwicklungspolitik zählen dazu ebenso wie die weltweit diskutierten Ziele der $CO_2$-Reduzierung oder die Verabredungen zum Anteil des Wissenschafts- und Forschungshaushaltes. Diejenigen, die es beschließen, sind andere als diejenigen, die es betrifft. Die nationale Schuldenbremse ist ein besonders herausragendes und folgenreiches Beispiel für solcherart Selbstverpflichtungen mit stark verzögertem Inkrafttreten, aber immensem Durchsetzungsdruck.

Wer auf die Praxis von deutschen Länderministern schaut, die sich am liebsten erst mal auf Bundesebene unter 16 Fachministern verabreden, bevor sie sich zuhause ins Kabinett trauen, erkennt das Prinzip: Fachgeschwisterschaften stielen Größeres am besten weit überörtlich ein – und mit langem zeitlichen Vorlauf bis zur Umsetzung. Dann ist es am ehesten durchsetzbar. Die heute handelnden Politiker werden an der Umsetzung nicht mehr gemessen und die Tagesmedien können mit Zehn-Jahres-Horizonten weit weniger anfangen als mit jedem tagesaktuellen Brandbrief aus irgendeiner Bildungseinrichtung.

Auf diese Weise funktioniert in der globalisierten Welt Legitimationsbeschaffung. Und derart von oben/außen nach unten/innen ist auch manche deutsche Bildungsreform durchgedrückt worden. Das gilt für die Gymnasialzeitverkürzung ebenso wie die Bachelor-Master-Reform an den Hochschulen und nun auch die Inklusionsziele für die Schulen. All das sind Impulse mehr von außen in die Systeme hinein. Denn die sind mit ihren inneren Angelegenheiten beschäftigt und dabei öffentlich eher unbeachtet. Aber man erlebt im scheinbar so totalblockierten System eine fast schon lemmingshafte Neusortierung, wenn mit Macht Vorgaben kommen, an die sich Interessen von innen andocken können.

Bei G8/G9 führte nicht die Bildungspolitik die Feder, sondern die Finanzpolitik. Für ein paar Jahre wurde Bildungsplanung eher aus Sicht der Rentenfinanzierung betrieben. These: Die Arbeitsphasen sind zu kurz. Also müssen die Menschen früher aus der Schule kommen und später in die Rente gehen. Beides, G8 und die Rente ab 67, ließ sich so durchsetzen. Erst Jahre später schlägt der Unmut aus den Systemen zurück, wird die Reaktion darauf wahlrelevant. Und der Bildungsjournalismus war meist eher Teil des Zuges der Lemminge.

Bei Bachelor/Master ist die Verschulung des Studiums unter dem Leitziel internationaler Vergleichbarkeit über das Land gekommen wie ein Blitz aus globalem Himmel – und dann auch noch mit deutscher Gründlichkeit umgesetzt, ein Beispiel für die Beliebigkeit des inhaltlichen Diskurses. Und auch dafür, wie schnell mittlerweile stolze Hochschulen Tradition und Freiraum über Bord werfen, wenn ihnen dafür Planungssicherheit mit strikten (Kapazitäts-)Zusagen geboten wird.

Die Inklusion? Wohin man blickt, versucht die Bildungspolitik sich klein zu machen, aus sehr realistischer Angst vor heillosen Debatten. Während an den Schulen passiert, was wir von Hochschulen und Kitas gleichermaßen kennen: Bereitschaft zu was auch immer – unter der einen Bedingung, dass wieder mehr Geld ins System kommen muss. Zur Beruhigung und Befriedung. Natürlich auch, weil komplexere und differenziertere Pädagogik tatsächlich mehr Aufwand treiben muss. Vor allem aber, weil Ressourcenfragen die Währung geworden sind, in der inzwischen bildungspolitische Interessen verrechnet werden.

Ist es zynisch, die heutige Bildungspolitik auf solche Reflexe zu reduzieren? Ja, es wäre zynisch. Man muss mehr wollen als Konflikt- und Kostenvermeidung. Der Lebensraum, den die Bildungseinrichtungen darstellen, bildet weiter das Zentrum jeder gesellschaftlichen Integration und Emanzipation. Die konkreten Arbeitsbedingungen sind nicht gleichgültig, die Abkoppelung von der Einkommensentwicklung in vielen Wirtschaftsbranchen tötet auf Dauer die Motivation. Die reale soziale Benachteiligung Einkommensschwacher kann, wenn überhaupt irgendwo, nur hier wirkungsvoll bekämpft werden. Gerade weil Bildung eben nicht nur Ausbildung ist und all die vordergründigen Leistungsrankings diese soziale Dimension negieren.

Aber zur Beschreibung der Realität ist es gerade deshalb nicht unangemessen, die Abwendung von den inhaltlichen Fragestellungen ernst zu nehmen. Es ist inzwischen sogar erkennbar, dass die Zuständigkeit für Bildung (auf Regierungsebene innerhalb von Koalitionen oder auf Parlamentsebene innerhalb von Fraktionen) herumgereicht wird wie ein faules Ei. Niemand will es haben. Wegen der negativen Wahlrelevanz, aber insbesondere deshalb, weil sich in diesem Feld voller Unzufriedenheit und Ärger im Diskurs nichts mehr zu bewegen scheint. Operative Bildungspolitik wird darüber Resterampe, das ist nicht zuletzt spürbar bei der Rekrutierung des politischen Personals.

Wichtigen Trends dagegen bleibt sie fern, beim Thema Digitalisierung wird das deutlich. Weder in den Lehrplänen noch bei der Hardware an den Schulen lässt sich zeitnah viel bewegen. So entwickelt sich Netzpolitik fern von Bildungspolitik. Und die Internetpraxis junger Menschen ist weit weg von allem, was die Bildungseinrichtungen an Kompetenz dazu vorhalten.

## Das Glashaus aufbrechen

Die Bildungspolitik sitzt unglücklich im Glashaus. Von außen schauen alle zu, aber niemand will gerne rein. Das Steinewerfen von innen ist längst aufgegeben. Und doch gibt es viele Fragen, die aufklärerisch angepackt werden müssten. Durch Andocken nicht zuletzt da, wo relevante Themen entschieden werden: Bildungspolitik und Bildungsberichterstattung müssten sich noch viel mehr öffnen in Richtung Integrationspolitik und lebensweltliche Themen, über den ewigen Job- und Institutionenbezug und die zugehörigen Geldforderungen hinaus. Selbst wenn man dazu, was vielen schwer fällt, die eigene Betroffenheitsperspektive auch mal überwinden müsste.

Die digitale Welt verführt zum Gegenteil. Ein Bildungsjournalismus, der sich nur als Lobbyjournalismus versteht, findet in Fachöffentlichkeiten und Internet immer genügend Anklickflächen. Und je mehr mit dem Verlust der Gatekeeperrolle die Bedeutung von Journalismus schlechthin in Frage steht, desto unübersichtlicher und beliebiger wird die Betroffenheitskommunikation aller mit allen im Netz.

Wer das Glashaus aufbricht, muss eine realistische Bestandsaufnahme machen. Bildungspolitik hängt, die Schuldenbremse vor Augen, in den nächsten Jahren noch stärker am Tropf der Finanzpolitik. Ressourcenverteilung ist heute die wichtigste und oft einzige Form der politischen Machtausübung. Erst danach sortieren sich die Einzelthemen wie die Perlen auf der Kette. Das Budget wird weiter wachsen, aber nach neuen Quantensprüngen sieht es nicht aus. Es wird vielleicht auch mal größere Lerngruppen im Ausgleich für bessere Bezahlung der Lehrenden geben müssen – oder umgekehrt. Ob man es sich wutbürgerlich gerne zugibt oder nicht.

Aber hält solche Debatten heute überhaupt noch jemand durch, der/die in diesem Feld politisch oder journalistisch tätig ist? Sind wir in der Lage, die Frage der Bildungseffektivität auch dann noch zu stellen, wenn die Antwort weh tut, wenn gute Ideen der Vergangenheit sich als ziemlich wirkungsschwach erweisen? Erst wenn man das aushält, lässt sich ein derart selbstbezogenes Politikfeld von dem Generalverdacht befreien, dass es letztlich egal sei, wie weit man entgegen komme – die Unzufriedenheit sei immer gleich groß. „Scheiß Schule" eben.

Das bedeutet: Bildungspolitik und Bildungsjournalismus brauchen mehr Mut, klar zu identifizieren, was wichtig ist. Und was weniger wichtig ist in einer Gesellschaft, die sich immer weiter internationalisiert, die in der digitalen Welt neue Verhaltenskompetenzen und Qualifikationen braucht. Bildung ist heute mehr als die Bildung, die man früher mit diesem Wort meinte.

Also: öffnet Euch wieder! Im Grunde geht es doch auch darum: Denen, die immer sagen, Bildung sei neben der Bekämpfung der Arbeitslosigkeit das zweite Megathema der politischen Gegenwart (und das sagen nach wie vor alle), das falsche Argument zu nehmen, dass sich hier Aufmerksamkeit und Einsatz sowieso nicht lohnen. Dann freilich macht es keinen Sinn, dieses falsche Argument aus einer geschlossenen Fachgesellschaft heraus immer neu zu befeuern.

# Ein Bild mit blinden Flecken

## Über Werte und Einstellungen von Lehrerinnen und Lehrern – Eine Spurensuche

*Jutta Roitsch*

Zunächst war es nur ein Widerhaken, der sich im Gedächtnis festsetzte: Said, dieser charmante Zwanzigjährige mit deutschem Pass und palästinensischen Wurzeln, erzählte fröhlich und ungeschminkt von seiner Zeit in der Schule, die er mehr von außen als von innen gesehen hat. Er hat getrickst und Unterschriften gefälscht, im Unterricht gemacht, was er wollte, geschlafen, gestört. Lehrerinnen schickten ihn ohne Eintrag ins Klassenbuch nach Hause, wenn er keine Lust hatte. „Oder ein anderer Lehrer, der fragte mich, wirklich ohne Spaß (…): Hast du Bock auf Unterricht oder willst du Penny gehen? Und wenn ich gesagt habe, ja ich gehe, dann hat er nichts eingetragen, als ob ich wäre anwesend." (Arbeitsförderung Offenbach, 2012, S. 71). Mit Said, der heute seinen Schulabschluss nachgemacht hat und in eine Lehre geht, die ihm Freude macht, fing eigentlich alles an. Schließlich fielen auch in den anderen Gesprächen mit jungen Frauen und Männern über ihre ‚Karrieren' als Schulschwänzer oder als Schulabbrecher immer wieder Bemerkungen über Lehrerinnen und Lehrer, die auf die Provokationen oder das ‚Mist bauen' der Jugendlichen mit Ruppigkeit, Missachtung, unbeherrschten Reaktionen, Klassenverweisen oder Bußgeldern antworteten. ‚Schwarzköpfe' nannten sie die Jugendlichen mit Migrationshintergrund, ließen sie im Unterricht schlafen oder Musik hören, weil sie doch ‚keine Zukunft' hätten, deckten sie dann und wann auch vor den Eltern, weil sie glaubten, Said oder Nurie würden zu Hause geschlagen. Über Gewalt in diesen Familien, vor allem den muslimischen, habe man schließlich schon so viel gehört und gelesen. Direkt gefragt hat diese ‚liebe, nette Lehrerin' die Jugendlichen nicht, sie meinte zu wissen, dass es so sei.

Said, dieser vor Lebensfreude sprühende junge Mann, löste Fragen aus, selbstkritische vor allem. Haben wir, die Journalisten, die sich mit Bildungspolitik beschäftigten, in den letzten Jahrzehnten etwas übersehen? Genauer: habe ich bei den endlosen Debatten über PISA-Tests, Leistungsstandards, Unterrichtsoptimierungen oder Qualitätsmanagements das Kernproblem nicht beachtet? Warum habe ich zwar die Beschwörungsformel, nach der in Deutschland die soziale Herkunft über den Schulerfolg entscheidet, übernommen, bin aber der Frage nicht nachgegangen, mit welchen Werten und Einstellungen Lehrerinnen und Lehrer in ihren Klassen unterrichten, Kinder benoten und ‚nach der sozialen Herkunft' aussortieren für die Sonderschule oder das Gymnasium? Warum habe ich in diesem Zusammenhang Wissenschaftler oder Interessenvertreter nie befragt, wie es um Klassenbewusstsein, Ressentiments oder gar Rassismus bei der größten und vielleicht wichtigsten Akademikergruppe in Deutschland bestellt ist?

Rund 760.000 Lehrerinnen und Lehrer an allgemeinbildenden Schulen entscheiden hierzulande neben der Familie über das Aufwachsen von Kindern und Jugendlichen. Noch mehr als das: Sie stellen in der Einwanderungsgesellschaft, die Deutschland, wenn auch widerwillig, geworden ist, die Weichen für ein gelingendes persönliches, berufliches und gesellschaftliches Leben dieser nächsten Generation. Doch leisten die deutschen Pädagogen die Aufgabe der Integration? Oder schieben sie sie ab an die Lehrwerkstatt, die Hochschule, den Arbeitsmarkt oder die unzähligen Maßnahmen für die benachteiligten Jugendlichen, in denen auch Said seinen Schulabschluss nachgeholt und – ohne es zu wissen – mich herausgefordert hat, diesen Fragen nachzugehen?

**Eine Spurensuche**

Die Suche nach der Aufhellung der blinden Flecken beginnt tastend. Vor zwei Jahren (2012) fühlte ich bei Marianne Demmer in der Gewerkschaft Erziehung und Wissenschaft vor, ob es Studien über Antisemitismus oder Ausländerfeindlichkeit unter Lehrern gäbe. Sie zögerte, verneinte und zählte dann die Versuche eines Jahrzehnts auf, etwas Grundlegendes über das Berufsethos von Lehrern zu erfahren. An Anstößen von innen und außen habe es nicht gefehlt, unterstrich Demmer: Die Bildungsinternationale, der die GEW angehört, beschloss bereits im Jahr 2000 eine Erklärung zum pädagogischen Berufsethos. Darin finden sich volltönende Verpflichtungen, „die Einzigartigkeit und Individualität sowie die besonderen Bedürfnisse jedes Lernenden" anzuerkennen, „den Lernenden das Gefühl (zu) vermitteln, Teil einer Gemeinschaft zu sein, in der man sich wechselseitig respektiert und die doch jedem und jeder Einzelnen genügend Raum für sich lässt" (erneut dokumentiert in: E&W 6/2013, S. 25). Vier Jahre später (2004) habe die OECD ein neues Lehrerleitbild angemahnt, 2008 legte sie selbst TALIS auf (Teaching and Learning International Survey). Nach den regelmäßigen Leistungstest (PISA & Co) sollten Lehrerinnen und Lehrer, Schulleiterinnen und Schulleiter zu ihren Einstellungen, Erfahrungen und Bedürfnissen befragt werden.

Die deutsche Kultusministerkonferenz winkte ab und verwies auf die „Bremer Erklärung" (2000), in der die KMK mit den Lehrerorganisationen ein Berufsleitbild vereinbart hätten. Es sollte die Grundlage für eine neue zeitgemäße Lehrerbildung werden.

Über ein Jahrzehnt nach diesen Anstößen zog Marianne Demmer ernüchtert Bilanz. In den Kollegien seien die Erklärungen weitgehend unbekannt geblieben und „mittlerweile einfach vergessen worden". Kurz vor ihrem Ausscheiden aus dem Hauptvorstand der GEW bündelte sie ihre Erfahrungen in einem Satz: „Alle Versuche, das Berufsethos vor allem von Lehrerinnen und Lehrern breit zu diskutieren, sind bisher an deren berechtigter Sorge gescheitert, dass ihr so reichlich vorhandener Idealismus Gefahr läuft, von der Politik für weitere materielle Kürzungen und zusätzliche Anforderungen ausgenutzt zu werden." (Demmer, 2013, S. 15) Der „reichlich vorhandene Idealismus" sei der unermüdlichen Bildungsgewerkschafterin nachgesehen, Said und seine Freunde, Nurie und ihre Mädchengang haben davon wenig wahrgenommen.

Eine neue Spur wies sich zufällig. In meinem Frankfurter Viertel wohnt um ein paar Ecken Horst Weishaupt, Wissenschaftler am Deutschen Institut für pädagogische Forschung, beschlagen und bewandert in der Lehrer- und Bildungsforschung. Kurz nach dem doch enttäuschenden Treffen mit Marianne Demmer traf ich ihn auf der Straße, überschüttete ihn mit meinen Fragen und dem Eingeständnis, dass ich im Augenblick nicht weiter wüsste. Er reagierte verblüffend vergnügt: genau diese Themen interessierten ihn auch, weniger allerdings die möglichen Geldgeber für Forschungsprojekte trotz der großen Lücken und vielen weißen Flecken, die von niemandem in der Zunft geleugnet würden. Seinen Antrag, die „Professionalität der Lehrer in Bereichen, die nicht unmittelbar auf den Unterricht bezogen sind" zu untersuchen, lehnte das Bundesbildungsministerium ab, obwohl eingehend auf die „umfassende Sozialisierungsaufgabe" der Lehrkräfte hingewiesen wurde und die breiten Aufgaben „im Rahmen der Organisation des Schullebens, der Gestaltung der Schulentwicklung, der Schüler- und Elternberatung und der eigenen professionellen Weiterentwicklung" (Weishaupt, o.J.). Das umfangreiche Material zum Stand der Lehrerforschung, das mir Horst Weishaupt wenig später auf den Tisch legte, entlastete und belastete mich – aus professioneller Sicht: über der Tagespolitik, über Tests, fehlende Lehrstellen für benachteiligte Jugendliche, über den weitreichenden, öffentlich wenig beachteten Urteilen des Bundesverfassungsgerichts zum Ende des kooperativen Bundesstaats in der Bildungspolitik war mir die Fülle der wissenschaftlichen Veröffentlichungen aus den vergangenen zehn, fünfzehn Jahren entgangen.

Ein Blick in das „Handbuch der Forschung zum Lehrerberuf" (Terhart, E., Bennewitz, H. & Rothland, M., 2011) und ein nur grober Überblick über die Studien und Untersuchungen, die sonst noch vorliegen, zeigt: Eine Kontinuität ist nicht erkennbar. Mal stand Geschichtliches im Vordergrund, mal Biographisches. Forschungen über politische und gesellschaftliche Orientierungen brachen spätestens in den 1980er Jahren ab. Kurz nach der Wende flossen üppige Gelder, um die Lehrer der DDR unter die Lupe zu nehmen und den Befindlichkeiten der „sozialistischen Lehrerpersönlichkeit" im Transformationsprozess nachzuspüren. Dann, nach dem ersten PISA-Schock vor allem, standen der Unterricht und die Belastungen am Arbeitsplatz Schule auf dem Prüfstand.

Bereits vor fast zwanzig Jahren (1996) kritisierte Ewald Terhart „das Schwanken der Zyklen und Aufmerksamkeiten" (Terhart, 1996, S. 173) und mahnte eine „Verstetigung der Lehrerforschung" an. Es sollte noch weitere sechzehn Jahre dauern, bis Horst Weishaupt und Radoslaw Huth eine „Systematisierung der Lehrerforschung und Verbesserung ihrer Datenbasis" vorlegen konnten. Als Herausgeberin dieses Bandes 36 der Bildungsforschung zeichnete das Bundesbildungsministerium. Zu den Einstellungen und Orientierungen der Lehrerschaft enthält dieses Datensammlung nichts, aber Erhellendes zur beruflichen und privaten Lage: Das Bild von Lehrerinnen und Lehrern, das Politik und Gesellschaft, Ministerpräsidenten und Journalisten jahrzehntelang bis hin zur Karikatur gezeichnet haben, stimmt nicht mehr.

Auch wenn sich die Daten auf den Mikrozensus aus dem Jahr 2005 beziehen, eigentlich auch schon wieder veraltet sind, lässt sich aus ihnen ablesen, dass sich der Schulalltag wie die Lebensentwürfe der Lehrerinnen und Lehrer gründlich geändert haben. Der Wandel vollzog sich in den Kollegien: 30,5 Prozent der Lehrenden haben nicht ,auf Lehramt' studiert; 21 Prozent sind es in der Grundschule, 58 Prozent in der Berufsschule (Weishaupt & Huth, 2012, S. 76). Dieser hohe Anteil an ,Seiteneinsteigern' bedeutet, dass die Veränderungen und Reformen in der Lehrerausbildung, die Bemühungen um einen pädagogischen Praxisbezug schon im Studium nahezu jede dritte Lehrkraft nicht erreicht haben. Pädagogen, fixiert auf ihre Fächerkompetenz, aber ohne pädagogische und didaktische Grundkenntnisse mögen Kultusminister und Eltern in der Sicherheit wiegen, dass den Kindern und Jugendlichen Wissen nach Lehrplan vermittelt wird. Für die heutigen Anforderungen und Erwartungen an Lehrkräfte reichen diese Voraussetzungen nicht.

Dies gilt auch für eine zweite Erkenntnis aus den Daten: Alle Bemühungen, die Kollegien in den deutschen Schulen ,bunter' werden zu lassen, möglichst so ,bunt' wie die Schülerschaft, sind bisher gescheitert. In der Sonderschule, die den höchsten Anteil an Jugendlichen mit dem so genannten Migrationshintergrund hat, unterrichten 2,7 Prozent (Weishaupt & Huth, 2012, S. 68) Lehrer, die nicht in Deutschland geboren wurden. In der Grundschule sind es knapp über 4 Prozent, in den Oberstufen nur noch 3,8 Prozent. Auch eingebürgerte Migranten verändern diese ernüchternde Bilanz nur geringfügig (Weishaupt & Huth, 2012, S. 69). Zu den Ursachen findet sich im Mikrozensus nichts. Erst auf der weiteren Spurensuche werde ich auf Hinweise stoßen, die auch etwas über Einstellungen und Orientierungen in Lehrerkollegien aussagen.

Eine dritte Korrektur ist am Bild der Lehrerinnen angebracht. Diese, so hieß es, wählten den Beruf, weil er sich – gesellschaftlich hoch anerkannt – trefflich mit Familie und sonstigen Lebensplanungen vereinbaren ließe, weil er Sicherheit verspreche, gut organisierbare Arbeitzeiten und ein auskömmliches Einkommen. Die Daten, die Horst Weishaupt und Radoslaw Huth zusammentragen konnten, erschüttern auch diese Vorstellungen. Nicht nur hat die Teilzeit massiv zugenommen (eher unfreiwillig in den neuen Bundesländern), Frauen steigen auch in der Kinderphase aus dem Beruf aus oder kündigen im Alter zwischen 50 und 60 (Weishaupt & Huth, 2012, S. 34). Jede fünfte Lehrerin der Sekundarstufe I (Mittelschule, Haupt- und Realschule, Gesamtschule, Gymnasium) ist ledig, obwohl „die Quote der verheirateten Lehrerinnen mit 47,5 Prozent höher als bei anderen Akademikerinnen mit 39,9 Prozent und anderen berufstätigen Frauen mit 40,8 Prozent" ist (Weishaupt & Huth, 2012, S. 101). Eine ideale Vereinbarkeit von Beruf und Familie sieht anders aus, zumal der Anteil der verheirateten Lehrerinnen ohne Kinder mit rund 22 Prozent hoch ausfällt (Weishaupt & Huth, 2012, S. 104). Was aber hat dazu geführt, dass Lebensentwürfe und Berufsalltag insbesondere der Lehrerinnen nicht mehr ‚passgenau‘ ausfallen?

In Politik, Gesellschaft, vor allem aber der Wirtschaft ist die Forderung nach Ganztagsschulen hoffähig geworden, nachdem erste Versuche im vorigen Jahrhundert noch als unzulässige staatliche Eingriffe in die Familien und ihre Erziehungshoheit diffamiert wurden. Heute umwerben Industrie und Handel die Mütter und fordern lautstark die Vereinbarkeit von Familie und Beruf durch ganztägige Betreuung vom Kindergarten bis zum Gymnasium. Was ein solcher grundlegender Strukturwandel für den Schulalltag von Schülern wie Lehrern bedeutet, ist wenig gefragt worden. Auf dessen Dimensionen machte Dieter Wunder, Philologe, ehemaliger Vorsitzender der GEW und Berater für Schulentwicklung, in einem schmalen Bändchen „Ein neuer Beruf?" aufmerksam, das bereits 2008 in einem kleinen Verlag erschienen ist (Wunder, 2008). Offen berichtete er über die mangelnde Beliebtheit der Ganztagsschule unter den Lehrern, über Deals mit der Schulleitung, nur am Vormittag oder an drei Tagen in der Woche zu unterrichten. Das Grundverständnis der Lehrerinnen und Lehrer sei nach wie vor die Halbtagsschule und die weitgehende Selbstbestimmung ihrer Arbeitszeit (Wunder, 2008, S. 50).

Die Ganztagsschule aber, schrieb der emeritierte Tübinger Pädagogik-Professor Ulrich Herrmann, brauche den ‚ganzen‘ Lehrer. „Das erfordert einen radikalen Wandel im beruflichen Selbstverständnis der Lehrer: nicht mehr nur Fachmann für organisierte und vertiefende Lernanregung und Lernorganisation zu sein, sondern Lehrersein als Lebensform zu begreifen, was bedeutet, das gesamte Berufsleben ganztägig gern mit Kindern und Jugendlichen zu verbringen." (Herrmann, 2008, S. 24). Was alles steckt in diesem einzigen Satz! Wen müsste er in Politik, Wissenschaft und Lehrerausbildung elektrisieren! Oder sogar alarmieren, denn selbst in der jüngsten Umfrage zum Bildungsalltag in Deutschland, die die Vodafone Stiftung bei der Allensbacher Demoskopin Renate Köcher in Auftrag gegeben hatte, ist vom Lehrersein als Lebensform keine Rede. Es geht um Noten, Sitzenbleiben, Vorwürfe an die Eltern, sich nicht um ihre Kinder zu kümmern und so für die Ungleichheit verantwortlich zu sein. Es geht bei der Zuweisung von Chancen um Leistung und nur um Leistung. Am „Hindernis Herkunft", so der Titel der Umfrage, sind die Lehrerinnen und Lehrer nicht beteiligt. Die Aussage: „Das muss es an einer guten Schule unbedingt geben" ergänzen die befragten Lehrer zu 94 Prozent mit „engagierte Lehrer". Nur 36 Prozent erwähnen die Ganztagsbetreuung und gute Beschäftigungsmöglichkeiten in Freistunden (38 Prozent). Ein „großes Angebot außerschulischer Aktivitäten" erwarten nur 25 Prozent von einer guten Schule (Vodafone Stiftung, 2013, S. 44 f.). Ein gemeinsames Mittagessen von Lehrern und Schülern enthält die Liste erst gar nicht. Auch die wichtige Beziehungsfrage taucht nicht auf, ob die gegenwärtige Lehrergeneration bereit ist, ihr gesamtes Berufsleben ganztägig gern mit Kindern und Jugendlichen zu verbringen, selbst mit denen, die sie als schwierig einstufen, die sie provozieren und ‚Mist bauen‘ wie Said. Diese Umfrage räumt das Hindernis Herkunft nicht ab, klärt nicht die Beziehung der Lehrerschaft zur heutigen jungen Generation.

Eine Spur führt zu den Lehrerblogs im Internet (mit neckischen Titel wie der „Lehrerfreund", das „Frl Rot", „Frau Freitag") oder den unter Pseudonym geschriebenen Büchern. Doch ich verfolge diese Spur nicht weiter, auch wenn sich in diesem Material eine Antwort finden lässt: In der Anonymität kippen Lehrer ihren Frust über die Schülerschaft insgesamt aus. Wo aber findet sich verlässliches Wissen über die Beziehungen zwischen Lehrern und Schülern, das auch etwas aussagt über die Einstellungen zum gesellschaftlichen Wandel und zum Selbstverständnis?

Erneut durch einen Zufall entdeckte ich auf dem überladenen Büchertisch eines forschenden Freundes eine Neuerscheinung: „Wie Schüler die Schule erleben. Zur Bedeutung der Anerkennung, der Bestätigung und der Akzeptanz von Schwäche" (Bohnsack, 2013). Da hatte mir der neunzigjährige

Erziehungswissenschaftler Fritz Bohnsack in kaum noch erhoffter Weise die Recherche abgenommen: Sorgsam wertet er in diesem Band, der vielleicht sein Vermächtnis für eine durch und durch menschliche Schule sein könnte, die Studien zur Schülerforschung, dann und wann auch als Ergänzung oder Kontrast zur Lehrerforschung aus. Wie viele Projekte, Untersuchungen, Befragungen sind über die Kinder und Jugendlichen hinweggegangen. Nicht eine Altersgruppe, nicht ein Schülertyp blieb unbeforscht: Sie sind von Wissenschaftlern im Klassenzimmer beobachtet und begleitet worden. Fragebögen, Schulaufsätze, Tagebücher sind von den Jungen und Mädchen geschrieben, ausgefüllt und unter der professoralen Lupe ausgewertet worden.

Die Öffentlichkeit hat von dieser massenhaften Be- und Ausforschung der jungen Generation in der Schule kaum etwas mitbekommen, obwohl die Befunde beunruhigend sind: Die Beziehungen zwischen Schülern und Lehrern, die Einstellungen der Schüler zur Schule haben sich grundlegend gewandelt. Während sich die Lehrer in Selbstauskünften bescheinigen, ihre Aufgaben vorbildlich zu erfüllen, äußern sie sich über ihre Schüler eher negativ: sie seien gelangweilt, desinteressiert, unpünktlich, nur auf Punktejagd aus (Bohnsack, 2013, S. 135). Die Schüler wiederum betrachten die Schule (vor allem in der Mittelstufe, Sekundarstufe I) als Zeitverschwendung, als einen mehr oder weniger sinnvollen ‚Job‘. Je älter sie sind, umso stärker sinkt die Wertschätzung von Schule und Lehrern. Wenn Lehrer in einem hohen Maß (77 bis 97 Prozent) von freundschaftlichen Verhältnissen zwischen ihnen und Schülern reden, sehen diese das im ähnlichen Verhältnis genau umgekehrt (Bohnsack, 2013, S. 81). Während die Schüler vom Lehrer Gerechtigkeit, Verständnis, Sachkompetenz, Humor und vor allem den „Menschen hinter dem Pädagogen" erwarten, gehen diese auf Distanz. Dirk Randoll hat Abiturienten und ihre Lehrer zur Schulwirklichkeit befragt, Bohnsack zitiert aus dieser Studie einen Satz: „ Der Großteil der Lehrer macht gar nicht erst den Versuch, eine Beziehung zu den Schülern aufzubauen" (Bohnsack, 2013, S. 81). Im Beruf „emotional zu verhärten" geben 16 Prozent zu, weitere 25 Prozent stufen sich als mehr oder weniger „gleichgültig" ein. Das Vorführen von schwächeren oder unbeliebten Schülerinnen und Schülern ist laut Bohnsack „gut untersucht und dokumentiert" (Bohnsack, 2013, S. 160). „Die Beschämung des Anderen dient oft der eigenen Überhöhung beziehungsweise dazu, vor Schülern den „Macht- und Wissensvorsprung" zu demonstrieren" (Bohnsack, 2013, S. 125 sowie Prengel, 2013).

Nicht nur Said ist ein Beispiel dafür, wie empfindlich, ja aggressiv Jugendliche gerade in der Pubertät auf Bloßstellen, Witzeln, Übergehen im Unterricht reagieren und sich mit ihren Methoden wehren. Alle Untersuchungen, die Bohnsack ausgewertet hat, zeigen, dass die heutigen Heranwachsenden „ein unausweichliches Bedürfnis nach Bestätigung und nach Vermeidung von Misserfolgen, Versagenserfahrungen und einer entsprechenden Verachtung ihrer Person durch Lehrer und Mitschüler" (Bohnsack, 2013, S. 185) haben. Doch was diese eingeforderte Kultur der Anerkennung im pädagogischen Alltag bedeutet, darüber gehen die Meinungen in der Erziehungswissenschaft und in der Unterrichtspraxis weit auseinander: Respektiert man die Schülerpersönlichkeit mit Zu-Mutungen (Fritz Oser) oder erkauft man sich (als Lehrer) Anerkennung durch gute Noten?

Das Stichwort ‚Kultur der Anerkennung' führt zurück zu den fehlenden Lehrerinnen und Lehrern mit Migrationshintergrund. Die Bremer Diplomsoziologin Aysun Kul hat in einem aufschlussreichen Sammelband über „Lehrerinnen und Lehrer mit Migrationshintergrund" „rassifizierende Erfahrungen" bei Referendarinnen und Referendaren untersucht und ist der Frage nachgegangen, warum in der schulischen Praxis weniger Lehrkräfte mit Migrationshintergrund ankommen als „auf Lehramt" studiert haben (Kul, 2013, S. 157 ff.). Über das ‚Übergangshindernis Referendariat' hat sie wenig empirisch Abgesichertes gefunden. Für ihre eigenen Befragungen stellt sie beispielhaft Ayse vor, die berufserfahrene 32-jährige Referendarin für Spanisch und Geschichte. Im Kollegium wird ihr vermittelt, dass sie störe, dass sie „den Islam ins Lehrerzimmer" bringe. Noch vor einer Begrüßung fragt sie eine Lehrerin, ob sie eigentlich einen Deutschen heiraten dürfe. Ayse, so die Wissenschaftlerin Kul, werde nicht als erwachsene Frau angesprochen, sondern als eines der türkischen Mädchen, von denen man ja wisse, dass sie zwangsverheiratet werden könnten. Das Kollegium habe von den Vorurteilen in seinen Reihen gewusst, sie aber als „individuelle Vorurteile" gewertet, die es überall in der Gesellschaft gebe. Bei Ayse lösten diese Erfahrungen Ohnmachtsgefühle, aber auch Existenzängste aus. Gefehlt habe ihr ein Ort der Aufarbeitung und Reflexion (Kul, 2013, S. 167).

Erhellendes findet sich in dem Sammelband auch zu der Frage, warum der Lehrerberuf für Abiturienten mit nichtdeutschen Wurzeln so wenig attraktiv ist, warum aufwändige Werbekampagnen wie der Schülercampus ‚Mehr Migranten werden Lehrer' bisher wenig an dem Zustand geändert haben, dass der ethnisch und kulturell heterogenen Schülerschaft eine „weitgehend deutschstämmige" Lehrerschaft gegenüber steht. Für diese jungen Menschen, die trotz alledem eine Hochschulreife geschafft haben, ist der Beruf schlecht bezahlt und nicht attraktiv: „Zuwanderer neigen nach ihrem Abitur auch eher zu Fächern mit einem höheren gesellschaftlichen Ansehen wie Medizin, Jura, Wirtschafts- oder Ingenieurwissenschaften" (Lehberger & Matthiesen, 2013, S. 249). Sind diese Aussagen ein Indiz dafür, dass der Lehrerberuf in nichtakademischen Milieus sein Image als klassischer Aufsteigerberuf ins akademische Leben verloren hat? Aus welchen Klassen, heute eher Milieus genannt, kommen die heutigen Pädagogen?

Wie die Zufälle so sind: Auf einer Tagung im Herbst 2013 lag ein Probeheft der Zeitschrift *Sozialismus* aus, in der seit Jahrzehnten ein ermüdend enger, orthodox marxistischer Blick auf die deutsche Gesellschaft geworfen wird. In diesem Heft stellte der ehemalige GEW-Vorsitzende von Hamburg, Klaus Bullan, überraschend ausführlich eine Studie der Konrad-Adenauer-Stiftung und des Bundesfamilienministerium vor: „Eltern-Lehrer-Schulerfolg. Wahrnehmungen und Erfahrungen im Schulalltag von Eltern und Lehrern". Der unscheinbare hellblaue Band ist in den Medien kaum zur Kenntnis genommen worden: eine fatale Fehlentscheidung.

Die Autoren Katja Wippermann, Carsten Wippermann und Andreas Kirchner eröffnen das Kapitel über die Lehrer mit einem Paukenschlag: „Es gibt nicht nur die veränderte und vielfältiger gewordene Schüler- und Elternschaft aus einer sich immer mehr ausdifferenzierenden Vielfalt von Milieus. Auch die Lehrerschaft hat sich verändert: Lehrerinnen und Lehrer kommen nicht aus einem bestimmten Milieu, sondern die Lehrerschaft rekrutiert sich aus verschiedenen Milieus der Mittelschicht und Oberschicht" (Wippermann, Wippermann & Kirchner, 2013, S. 317 – ähnlich auch Calmbach, Thomas, Borchard & Flaig 2012). Das ‚traditionelle Segment', das in den 70er und 80er Jahren etwa ein Drittel aller Lehrer stellte, habe heute nur noch einen Anteil von zehn Prozent, während junge Lehrerinnen und Lehrer zunehmend aus den soziokulturell jungen Milieus (Performer, Expeditive, Hedonisten) kämen, den Milieus der Individualisten mit Trendsetter-Bewusstsein. „Mehr als die Hälfte aller Lehrer kommt allerdings aus den beiden Milieus der Postmateriellen und der Bürgerlichen Mitte, die in den Schulen quantitativ sowie aufgrund ihrer dort institutionalisierten Kultur dominant sind und den Lehrerberuf prägen" (Wippermann et al., 2013, S. 317). Zur „dominanten Kultur" dieser Milieus gehören einerseits die Leistungs- und Anpassungsbereitschaft, um ein modernes Leben zu führen, andererseits die Aura des aufgeklärten und gesellschaftlich besorgten, politisch korrekten Intellektuellen. Von den Milieus und der Kultur vieler ihrer Schülerinnen und Schüler ist diese Lehrergeneration weit entfernt.

Wippermann et al. gehen dem Trend zur Teilzeit unter den Lehrerinnen nach, auf den auch Weishaupt hingewiesen hat. Bei den unter 40-jährigen Frauen sind es bereits 30 Prozent. Diese Entwicklung hat unmittelbare Folgen für die Ganztagsschule, die Eltern, Politik, Wirtschaft zur Zeit massiv einklagen und die sich unter diesem Druck Schritt für Schritt durchsetzt: gegen die Lehrerinnen, die in dieser Schulform einen Angriff sehen „auf langjährig praktizierte berufliche Routinen, die unter der Maxime der Freizeitoptimierung stünden" (Wippermann et al., 2013, S. 334). Aber auch in traditionellen Kollegien stößt der Trend auf Unwillen: Diese Teilzeitkräfte würden ihre Stunden so legen, dass „ihre privaten, außerschulischen Belange zeitlich optimiert seien und zögen sich aus den meisten zusätzlichen Aufgaben im normalen Schulalltag (individuelle Betreuung von Schülerinnen und Schülern, besondere Funktionen an der Schule, Ausflüge, Sportveranstaltungen, Klassenfahrten u. a.) heraus". Das stiftet Unfrieden unter den ‚ganzen' Lehrern und Lehrerinnen, welche die unbestrittene Ausweitung der Aufgaben bewältigen müssen. Ein Gymnasiallehrer aus Sachsen sagt dazu: „Bei einem erfahrenen Lehrer sind 30 bis 50 Prozent der Aufgaben das Unterrichten, Vorbereiten und anderes. Der Rest ist Seelsorge, sind Gespräche mit den Kindern, mit den Eltern, Fortbildung, Arbeit in Steuerungsgruppen, was z. B. Neuerungen in pädagogischen Sachen betrifft, Fachschaftsarbeit und, und, und. Wir sprechen bei Lehrern von einer 40 Stunden-Woche. Dann dürften Lehrer aber nur ungefähr 20 Stunden unterrichten, dann käme es in etwa hin. Und es ist ein müßige Aufgabe, das in die Öffentlichkeit zu transportieren" (Wippermann et al., 2013, S. 339). Über Frust, Müdigkeit und das Hü und Hott der Bildungspolitik sprechen viele der befragten Lehrerinnen und Lehrer freimütig. Kein Wort fällt aber in den 65 qualitativen Einzelinterviews zu Erfahrungen, wie sie Said gemacht hat oder die Referendarin Ayse. Kein Wort fällt zur Aufgabe der Schule und damit der Lehrerschaft, in einer Einwanderungsgesellschaft die Barrieren oder Hindernisse der sozialen Herkunft abzuräumen, die Kinder und Jugendlichen zu integrieren, sich ihnen vertrauensvoll zuzuwenden und sie vor gesellschaftlichen Ressentiments, offenem Rassismus gar zu schützen.

Das Bild der postmateriellen, hedonistischen oder bürgerlich mittigen Lehrerinnen und Lehrer hat weiter blinde Flecken.

## Literatur

Arbeitsförderung Offenbach (Hrsg.) (2012). Irgendwann kommt dieser „Klick". Offenbacher Produktionsschüler erzählen. Offenbach: Neustädter Verlags- und Druckhaus.

Bohnsack, F. (2013). Wie Schüler die Schule erleben. Zur Bedeutung der Anerkennung, der Bestätigung und der Akzeptanz von Schwäche. Opladen-Berlin-Toronto: Verlag Barbara Budrich.

Calmbach, M., Thomas, P.M., Borchard I., Flaig B. (2012). Wie ticken Jugendliche? Lebenswelten von Jugendlichen im Alter von 14 bis 17 Jahren in Deutschland. Düsseldorf: Verlag Haus Altenberg.

Demmer, M. (2013). Wir statt ich. E&W 6/2013, 14–15.

Herrmann, U. (2008). Lehrende und helfende Erwachsene für ganztägig arbeitende und lernende Schüler (S. 9–37). In Wunder.

Kul, A. (2013): „Jetzt kommen die Ayşes auch ins Lehrerzimmer und bringen den Islam mit." Subjektiv bedeutsame Erfahrungen von Referendarinnen und Referendaren im Rassismuskontext. In Bräu, K., Georgi, V., Karakasoglu, Y. & Rotter, C. (Hrsg.) (2013). Lehrerinnen und Lehrer mit Migrationshintergrund. Zur Relevanz eines Merkmals in Theorie, Empirie und Praxis. (S. 157–171). Münster: Waxmann.

Lehberger, R. & Matthiesen, T. (2013). Neue Lehrer braucht das Land. Der Schülercampus „Mehr Migranten werden Lehrer" als Modell zur Rekrutierung von Lehrkräften mit Migrationshintergrund. In Bräu, K., Georgi, V., Karakasoglu, Y. & Rotter, C. (Hrsg.) (2013). Lehrerinnen und Lehrer mit Migrationshintergrund. Zur Relevanz eines Merkmals in Theorie, Empirie und Praxis. (S. 245–257). Münster: Waxmann.

Prengel, A. (2013). Pädagogische Beziehungen zwischen Anerkennung, Verletzung und Ambivalenz. Opladen- Berlin-Toronto: Verlag Barbara Budrich.

Terhart, E., Bennewitz, H. & Rothland, M. (Hrsg.) (2011). Handbuch der Forschung zum Lehrerberuf. Münster: Waxmann.

Terhart, E. (1996). Neuere empirische Untersuchungen zum Lehrerberuf. In: Böttcher, W. (Hrsg.), Die Bildungsarbeiter. Situation – Selbstbild – Fremdbild (S. 171–201). Weinheim und München: Juventa.

Vodafone Stiftung Deutschland (2013). Hindernis Herkunft. Eine Umfrage unter Schülern, Lehrern und Eltern zum Bildungsalltag in Deutschland. Düsseldorf.

Weishaupt, H. (o.J.). Selbstverständnis und Handlungsbedingungen als Dimensionen der Professionalität von Lehrkräften. Antrag an das Bundesministerium für Bildung und Forschung auf Bewilligung einer Sachbeihilfe, Manuskript (der Autorin zur Verfügung gestellt).

Weishaupt, H. & Huth, R. (2012). Systematisierung der Lehrerforschung und Verbesserung ihrer Datenbasis. Bundesministerium für Bildung und Forschung. Bildungsforschung Band 36. Bonn, Berlin.

Wippermann, K., Wippermann, C., & Kirchner, A. (2013). Eltern-Lehrer-Schulerfolg. Wahrnehmungen und Erfahrungen im Schulalltag von Eltern und Lehrern. Eine sozialwissenschaftliche Untersuchung der Katholischen Stiftungsfachhochschule Benediktbeuren für die Konrad-Adenauer-Stiftung e.V. und das Bundesministerium für Familie, Senioren, Frauen und Jugend. Stuttgart: Lucius & Lucius.

Wunder, D. (Hrsg.) (2008). Ein neuer Beruf? Lehrerinnen und Lehrer an Ganztagsschulen. Schwalbach/Taunus: Wochenschau Verlag.

# Presse und Partei – Vom Kampf um konservative Mythen und Gewissheiten in der Schulpolitik

*Marianne Demmer*

Wann fing das an, dass die konservativen Mythen, Legenden und vermeintlichen Gewissheiten über das deutsche Schulsystem erschüttert wurden? Den ersten deutlichen Knacks gab es wohl 1997 mit der Veröffentlichung der TIMSS-Ergebnisse (Third International Mathematics and Science Studies). Bei TIMSS hatte ein Wissenschaftlerkonsortium um Jürgen Baumert, den damaligen Direktor des Max-Planck-Instituts für Bildungsforschung (MPIB), die Ergebnisse aus deutscher Perspektive analysiert und eine intensive Öffentlichkeitsarbeit betrieben. In Deutschland nahmen erstmals nicht nur interne Zirkel wahr, dass das angeblich so ‚überlegene‘ und ‚international anerkannte‘ deutsche Schulsystem doch sehr zu wünschen übrig ließ. Erhebliche Leistungsschwächen im mathematisch-naturwissenschaftlichen Bereich waren unübersehbar (Baumert, Lehmann, Lehrke, Schmitz, Clausen, Hosenfeld, Köller & Neubrand 1997). Die Behauptung, Deutschland habe das beste Schulsystem weltweit, ließ sich danach nicht mehr aufrechterhalten.

## Mythen, Legenden und vermeintliche Gewissheiten

Doch ansonsten wurde weiterhin unverdrossen behauptet, das traditionelle dreigliedrige Schulsystem mit Gymnasium, Haupt- und Realschule sowie einem vielfältigen Sonderschulwesen fördere die jungen Menschen *begabungsgerecht*. Schülerinnen und Schüler ließen sich sauber in *theoretisch* und *praktisch Begabte* unterscheiden. Die *richtige* Schulform lasse sich für zehnjährige Kinder gut prognostizieren. Die frühe Sortierung der Schülerinnen und Schüler in vermeintlich leistungshomogene Lerngruppen sei die Grundlage für guten Unterricht und gute Qualität. In den heterogenen Lerngruppen von *Einheitsschulen* bzw. integrierten Gesamtschulen hingegen würden die leistungsstarken Schüler unter- und die leistungsschwachen überfordert. Das Leistungsniveau in Gesamtschulen sei generell schlecht. Sitzenbleiben diene der individuellen Förderung. Ziffernnoten seien zur Qualitätssicherung und Motivation notwendig, ohne sie sänke die Lernbereitschaft. Behinderte und nicht behinderte Kinder könnten nicht gemeinsam lernen. Anhänger von

Gesamtschulen und des längeren gemeinsamen Lernens seien *ewig gestrige Ideologen* und verantwortlich für schulpolitische *Schlammschlachten.*

Die mittelmäßigen Ergebnisse der TIMS-Studien – 1998 folgten auch noch die ebenfalls mittelmäßigen TIMSS-Ergebnisse für die Sekundarstufe II (Baumert, Bos &Watermann 1998) – stellten diese konservativen Mythen jedoch noch nicht nachhaltig in Frage. Das lag zum einen daran, dass Mathematik und Naturwissenschaften sehr zum Leidwesen der deutschen Wirtschaft keinen sonderlich hohen Stellenwert im bürgerlichen Bildungskanon haben und schlechte Leistungen eher als Kavaliersdelikt galten. Wichtiger aber war, dass nach der ersten Frustration schnell die Schuldigen gefunden waren: Ohne dass es die empirischen Daten hergaben, hatte sich die öffentliche Meinung darauf ‚verständigt‘, die schwachen Leistungen seien ein Ergebnis der *Kuschelpädagogik* der *Alt-Achtundsechziger,* der *Integrierten Gesamtschulen* und insgesamt einer *mangelnden Leistungsorientierung* und *Disziplin* in den Schulen.

## Kuschelpädagogik versus Anstrengungsbereitschaft

In den Schulen fehle es an ‚Anstrengungsbereitschaft‘ befand die Kultusministerkonferenz (KMK) im Konsens mit Repräsentanten interessierter Fachverbände und Lehrerverbände sowie Experten aus Hochschule und Wissenschaft, die bei einer Anhörung Ende Juni 1997 zu den TIMSS-Ergebnissen Stellung nahmen. Alle Beteiligten wurden aufgefordert, eine ‚neue Kultur der Anstrengung‘ zu entwickeln. Zudem sei eine ‚intensive Qualitätsdebatte notwendig (Anhörung KMK 1997).

Die konservativen Medien verbreiteten Feindbilder und Kampfbegriffe wie *Spaßschule* und *Kuschelpädagogik.*[1] Getroffen werden sollten damit nicht nur die sogenannten *Achtundsechziger* unter den Lehrkräften sondern auch generell die Grundschullehrkräfte, die angeblich ihre Schülerinnen und Schüler schlecht auf die Schulen der Sekundarstufe vorbereiteten. Vor allem in den Gymnasien wurde heftige Kritik an den eher Schüler bezogenen Lernformen der Grundschulen geübt, die angeblich ‚schlechtes Schülermaterial‘ (Tausch & Tausch, 1997, S. 86) lieferten, so die zynische, jedoch durchaus verbreitete Sichtweise von Lehrkräften auf Kinder. Bei vielen Lehrkräften war genau wie

---

1   Auf Einzelnachweise wird bewusst verzichtet. Sie sind in großer Fülle vorhanden und im Internet leicht recherchierbar. Ausdrücklich hinweisen will ich allerdings auf einen Beitrag im Blog von Gerhard Sennlaub, in dem auf humorvolle Weise darauf hingewiesen wird, dass der Kampfbegriff Kuschelpädagogik Einzug selbst in in „Apothekerzeitung“ und „Müsli-Blättchen“ gehalten hat (Sennlaub, 2008) – und das für eine ganze Dekade.

in der Öffentlichkeit die Überzeugung fest verankert, dass Schule und Lernen irgendwie wehtun müsse, um nachhaltig zu sein.

Jürgen Oelkers hat sich in einem Vortrag mit dem Phänomen auseinandergesetzt, alle Veränderungen im Verhalten von Kindern und Jugendlichen und vorhandene Probleme mit Disziplin und Leistungsbereitschaft auf neuere pädagogische Entwicklungen zurück zu führen und den *Achtundsechzigern* anzulasten. Er deutete dieses Phänomen, das – wenn auch abgeschwächt – bis heute anhält, als Zeichen für eine seit mindestens 100 Jahren bestehende Auseinandersetzung, zwischen einer ‚liberalen' und einer ‚autoritären' Erziehungsvorstellung. Während die liberale Erziehungsvorstellung auf Dialog und Einsicht setze, auftretende Probleme ohne Gewaltanwendung für lösbar halte und Kindern eigene Rechte einräume und sie nicht einfach als Objekte von Erziehung ansehe, die Erwachsenen zu gehorchen haben, folge die autoritäre Erziehungsvorstellung einem pessimistischen Menschenbild, wonach Kinder in letzter Konsequenz nur durch harte Strafen auf dem rechten, dem von den Eltern und der Gesellschaft gewünschten Weg gehalten werden könnten (Oelkers, 2010).

Die Prügelstrafe galt Ende des vorigen Jahrhunderts noch als legitimes Erziehungsmittel („Prügel haben noch niemandem geschadet") und wurde unter Berufung auf die Bibel („Wer sein Kind liebt, züchtigt es") sogar zu einem Merkmal elterlicher Liebe überhöht. Als letztes Bundesland verbot Bayern 1980 die Prügelstrafe in Schulen. Das Züchtigungsrecht der Eltern gegenüber ihren Kindern wurde in Deutschland erst im Jahr 2000 durch eine Änderung des Bürgerlichen Gesetzbuchs ersatzlos abgeschafft.

## Die Auseinandersetzungen um ‚moderne' bildungspolitische Paradigmen

In diesem pädagogisch-gesellschaftlichen Klima wurden die mittelmäßigen TIMSS-Ergebnisse jedoch nicht nur dafür instrumentalisiert, eine über Generationen anhaltende Auseinandersetzung über die ‚richtige' Pädagogik weiter anzuheizen, sondern sie mussten auch als Begründung für die Durchsetzung paradigmatischer Veränderungen im Bildungsbereich herhalten. Dies geschah unter tatkräftiger Mithilfe des höchsten politischen Repräsentanten Deutschlands, durch den damaligen Bundespräsident Herzog. Er verlieh der konservativen Sicht auf die TIMSS-Ergebnisse präsidiale Weihe. In seiner Bildungsrede im November 1997 stellte er apodiktisch fest „Es gibt keine Bildung ohne Anstrengung. Wer die Noten aus den Schulen verbannt, schafft Kuschelecken, aber keine Bildungseinrichtungen, die auf das nächste Jahrtausend vorbereiten." (Herzog, 1997, S. 2)

In sechs Punkten markierte Herzog auch, wo die Lösungen für die Zukunft zu suchen seien. Sie lesen sich wie das Drehbuch für die Bildungspolitik der nächsten Jahre. Er glaube, so Herzog „an die Zukunft eines Bildungssystems, das sich durch sechs Eigenschaften auszeichnet: das erstens wertorientiert und zweitens praxisbezogen ist, das drittens international und viertens vielgestaltig ist, das fünftens Wettbewerb zulässt und sechstens mit der Ressource Zeit vernünftig umgeht" (Herzog, 1997, S. 2). Im Konkreten folgten dann neben traditionell konservativen Elementen auch mit präsidialer Autorität vorgetragene umstrittene und fragwürdige Vorschläge. Sie folgten einer durchweg ökonomischen Sicht auf das Bildungswesen, gesellschaftlicher Zusammenhalt und Demokratiefähigkeit spielten dabei so gut wie keine Rolle. Mit einem dramatischen Schlussappell „Entlassen wir unser Bildungssystem in die Freiheit" (Herzog 1997, S. 7) schickte der Bundespräsident die Bildungseinrichtungen – ganz dem neoliberalen Zeitgeist folgend – in den Wettbewerb eines vermeintlich freien Bildungsmarktes.

Zwischenzeitlich ist immer deutlicher geworden, dass es dabei weder um die pädagogische Freiheit noch um die Wissenschaftsfreiheit ging, sondern vornehmlich um die Expansion des privaten (Hoch-)Schulsektors und um die Öffnung der Bildungseinrichtungen für die Interessen der Wirtschaft. Letzteres zeigen die mittlerweile Jahrzehnte andauernden Auseinandersetzungen um ein eigenständiges Fach Wirtschaft in den Schulen zu Lasten der politischen Bildung oder der Kampf der Wirtschaftsverbände gegen das nordrhein-westfälische Hochschulzukunftsgesetz, das der Politik wieder mehr Einfluss auf die Entwicklung der Hochschulen geben soll. Die ‚Testeritis' in den Schulen, die nervige Konkurrenz der Bundesländer um das ‚beste' Schulsystem und die nicht abnehmenden Auseinandersetzungen um die Länge der gymnasialen Schulzeit sind Hinterlassenschaften jener Zeit, die alles andere sind als ein vernünftiger Umgang mit der Ressource Zeit, sondern im Gegenteil die Schulen mit unnützen Aktivitäten von ihren eigentlichen Aufgaben abhalten.

## Der Kampf gegen Gesamtschulen

Eine besondere Bedeutung im konservativen Kampf um die Deutungshoheit in der Schulpolitik kam seit den Auseinandersetzungen um den Strukturplan für das Bildungswesen (Deutscher Bildungsrat 1970) und den Bildungsgesamtplan (Bund-Länder-Kommission 1974) in der ersten Bildungsreformphase des vorigen Jahrhunderts der Bekämpfung von Gesamtschulen zu. Seit den 60er und 70er Jahren galt Schulpolitik als ein linkes Projekt und Gesamtschulen waren in den Augen der Konservativen gleichsam die Inkarnation allen fortschrittlichen Übels. Konservative (Bildungs-)Politiker und Publizisten verfolgten bei ihrem unerbittlich geführten Kampf gegen Gesamtschulen mehrere Strategien. Die pädagogische Strategie: Integrative Systeme wurden als pädagogisch unfähig und schädlich denunziert und der Gleichmacherei bezichtigt. Bis heute sprechen Konservative in denunziatorischer Absicht von ‚Einheitsschulen‘, um Assoziationen an das Schulsystem der untergegangenen DDR als etwas ‚Kommunistischem‘ und an ‚Einheitsbrei‘ zu befördern. Die pädagogische Argumentation war jedoch kein Selbstzweck, sondern flankierte heftige politische Auseinandersetzungen, die die Ausbreitung von Gesamtschulen politisch verhindern sollten. In Bundesländern mit Gesamtschulen entstanden konservative Elternvereine zur ‚Rettung des gegliederten Schulwesens‘, die ihren Kampf mit Halb- und Unwahrheiten über Gesamtschulen führten. Die kommunalen Auseinandersetzungen nahmen dabei in der Tat des Öfteren den Charakter von Schlammschlachten an.

Besonders gerne verbreiteten konservative Blätter die Ansichten eines dubiosen Arbeitskreises Gesamtschule, den Sabine Etzold in DIE ZEIT einen „Geheimbund gegen Gesamtschule“ nannte. Dort versammelten sich frustrierte Gymnasiallehrer, die gegen ihren Willen an Gesamtschulen versetzt worden waren und dort mit der heterogenen Schülerschaft nicht klar kamen. Und die ein Ziel klar vor Augen hatten, sie wollten „zurück im doppelten Wortsinn: zurück zum dreigegliederten Schulsystem und zurück zum Gymnasium“ (Etzold, 1995). Der Verein war seit 1994 aktiv und sein Vorsitzender, ein pensionierter Gymnasiallehrer in Nordrhein-Westfalen, wurde nicht müde, den Abgesang auf Gesamtschulen zu singen, aber auch die sechsjährige Grundschulzeit in Berlin zu diskreditieren (Arbeitskreis Gesamtschule, o. J.).

Bereits die TIMSS-Ergebnisse hätten durchaus auch einen kritischen Blick auf das selektive Schulwesen Deutschlands zugelassen, wenn man es denn gewollt hätte. Wie die PISA-Ländervergleiche zeigte auch TIMSS bereits, dass die Schulformen mitnichten über eine homogene Schülerschaft verfügten, sondern dass die Überschneidungen der Leistungsprofile zwischen den Schulformen gravierend sind. In der Zusammenfassung der TIMS-Studie durch das Max-Planck-Institut für Bildungsforschung wurde an mehreren Stellen auf die großen Überlappungen zwischen den Schulformen hingewiesen. Danach erreichten gut 40 Prozent der Realschüler und 25 Prozent der Gesamtschüler „den Kernbereich gymnasialer Mathematikleistungen“ und in Naturwissenschaften waren es sogar 60 Prozent der Real- und 45 Prozent der Gesamtschüler, die Leistungen im gymnasialen Kernbereich erbringen (Baumert et al., 1997, S. 22). Dass statt einer breiten Debatte über die Widersprüche des traditionellen Schulsystems eine veritable Anti-Gesamtschulhysterie Platz greifen konnte, ist wohl nur damit zu erklären, dass die Forderung ‚Keine Schulstrukturdebatte' wie ein Schlachtruf in der deutschen Öffentlichkeit Widerhall fand und von den meisten Bildungspolitikern wie ein Mantra ständig auf den Lippen geführt wurde.

Die Zeitschrift DIE WELT bot dem dubiosen Arbeitskreis und seinem Vorsitzenden sowie Vertretern konservativer Lehrerorganisationen eine ständige Plattform. Zwischen 1999 und 2001 erschienen allein fünf Namensartikel des Arbeitskreis-Vorsitzenden Sprenger, in denen er im Prinzip immer wieder ein- und denselben Vorwurf variierte: Die Gesamtschulen erbrächten schlechtere Leistungen als Realschulen und das Max-Planck-Institut für Bildungsforschung habe die entsprechenden empirischen Belege und enthalte sie der Öffentlichkeit vor (*Die Welt*, 1999–2001). Andere, wie der Vorsitzende des rechtskonservativen Deutschen Lehrervereins stießen in das gleiche Horn und erklärten kurzerhand die Gesamtschulen für „national wie international gescheitert" (*Die Welt*, 03.07.1999). In der Zeit zwischen 1997 und 2001 – zwischen TIMSS und PISA also – wollten große Teile des konservativen Lagers die Gesamtschulen ‚vernichten'. Die Gewerkschaft Erziehung und Wissenschaft (GEW) hielt mit eigenen Studien und zahlreichen Zeitschriftenbeiträgen dagegen (z. B. Demmer, 1998; Klemm, 1998).

Weder die Abschaffung der Gesamtschulen noch die der sechsjährigen Grundschulzeit ist bekanntlich gelungen, was maßgeblich auch damit zusammenhing, dass die PISA-Studien (PISA 2000 bis PISA 2012) einen bedeutend differenzierteren Blick auf die Ergebnisse der Schulformen zuließen als die TIMS-Studien. Aber zur Verunsicherung der Öffentlichkeit reichten die konservativen Aktivitäten. Noch im Jahr 2007 räumte die Welt am Sonntag dem Gesamtschulgegner Sprenger in einem Interview viel Raum ein, um schon verloren gegangenes Terrain mit einem Frontalangriff auf das Max-Planck-Institut für Bildungsforschung (MPIB) und den damaligen Leiter des PISA-Konsortiums, Jürgen Baumert, zurück zu erobern. Der breit publizierte Vorwurf lautete erneut, das MPIB halte Ergebnisse zurück, die eindeutig die Überlegenheit des früh selektierenden Schulsystems belegten. Auch Heike Schmoll, bekannte Bildungsjournalistin der FAZ, verbreitete bereits 1999 ungeprüft diese Behauptung (Schmoll, 1999).

Vertreter des MPIB setzten sich in mehreren Erklärungen mit den aggressiven Attacken der Gesamtschulgegner auseinander, so etwa 2003 in einer Erklärung: „Aus der Vielzahl wissenschaftlicher Untersuchungen zu Effekten der Leistungsgruppierung ergibt sich keine Befundlage, die eindeutig für eine frühe Differenzierung in getrennte Schulformen spricht. Man darf auch nicht verschweigen, dass mit der Trennung von Schulformen immer auch soziale Segregation verbunden ist, über die man durchaus streiten kann." (Baumert, Köller, Roeder, 2003)

Gleichwohl blieben die Attacken der Gesamtschulgegner auf das MPIB nicht ohne Wirkung. Baumert und andere Wissenschaftler des MPIB blieben zwar mit verschiedenen Publikationen am Thema „frühe Differenzierung und soziale Segregation" (vgl. Schümer, 2004, 73 ff.). Sie haben es aber stets vermieden, ihre Ergebnisse in einer breiten Öffentlichkeit zu diskutieren. Ihre empirischen Nachweise, dass das traditionelle Schulsystem Schüler, die bereits durch Geburt oder soziale Herkunft ‚primär' benachteiligt sind, durch die Institution Schule doppelt benachteiligt' werden, hat den Weg in die großen Tages- und Wochenzeitungen nur selten gefunden (Schweitzer, 2004). Die eigentlich notwendige breite Debatte wurde nicht geführt.

Mittlerweile haben die Konservativen ihren Kampf gegen Gesamtschulen wohl verloren gegeben. Die KMK musste einsehen, dass ihr Schulstruktur-tabu zum Querschläger geworden worden war, der jedem einzelnen von ihnen als ungelöste Hauptschulfrage um die Ohren fliegt. Seither wird in den meisten Bundesländern mit halbherzigen Strukturmaßnahmen versucht, der Hauptschulproblematik Herr zu werden. Seit den Hamburger Auseinandersetzungen um die generelle Einführung der sechsjährigen Grundschule ist offenkundig, dass sich das konservative Lager in Schulstrukturfragen dabei auf die Verteidigung des acht- beziehungsweise neunjährigen Gymnasiums konzentriert.

Zu dieser Verteidigungsstrategie gehört ein terminologischer Anpassungsprozess an aktuelle gesellschaftliche und pädagogische Strömungen. Zum Beispiel wird der selektive Charakter des traditionellen deutschen Schulsystems mit der damit einhergehenden Segregation verschwiegen und stattdessen werden neue Vorzüge behauptet. Mittlerweile sprechen Konservative deshalb auch nicht mehr von einem *gegliederten*, sondern von einem *differenzierten* Schulsystem, das die ideale Grundlage für *individuelle Förderung* sei (CDU-Beschluss, 2011, S. 8). Der Bildungsbeschluss des CDU-Parteitags von 2011 ist eine Fundgrube für die terminologische Neujustierung der CDU, die vorgenommen wurde ohne wirklich grundlegende Veränderungen bezüglich der Schulstruktur zu beschließen.

Bekanntlich wurde die Absicht des CDU-Parteivorstands, auf dem Bundesparteitag eine zweigliedrige Schulstruktur aus Gymnasium und Oberschule beschließen zu lassen, in zahlreichen hoch emotionalen Diskussionen bereits im Vorfeld zunichte gemacht. Von der Vorlage des Parteivorstands blieb nichts mehr übrig. Maßgeblich daran beteiligt war ein Thesenpapier der Kultusminister dreier unionsgeführten Bundesländer (Bayern, Baden-

Württemberg und Sachsen), das mit einer Pressemitteilung unter dem Titel
„Individuelle Förderung statt Einheitsschule" Ende 2010 auf einer Pressekonferenz vorgestellt wurde und erhebliche mediale Resonanz fand. Darin findet
sich in These 2 zum Beispiel die Aussage:

> „Der Einzigartigkeit des Einzelnen ist Rechnung zu tragen. Das Bekenntnis
> zur Individualität bedeutet zugleich, Heterogenität anzuerkennen und wert-
> zuschätzen – nicht zuletzt in der Förderung von Kindern mit Migrations-
> hintergrund. Deshalb streben wir nicht ‚eine Schule für alle', sondern durch
> hinreichende Differenzierung die richtige Schule für jeden an. Bildungsge-
> rechtigkeit heißt nicht Gleichheit im Ergebnis und in der Struktur." (CDU
> Grundsatzpapier, 2010)

Der aktuellen pädagogischen Debatte Rechnung tragend wollen seither auch
Konservative Heterogenität anerkennen und sogar wertschätzen – aber offenbar doch nicht wirklich, denn ‚eine Schule für alle' wird abgelehnt. Vielmehr
soll es die ‚richtige Schule für jeden' sein, was angesichts des Bekenntnisses
zur ‚Einzigartigkeit des Einzelnen' zu Ende gedacht ja zur Neuauflage der
Prinzenerziehung führen müsste. Doch angesichts von 12 Millionen Schülerinnen und Schülern wollten natürlich auch konservative Kultusminister so-
weit nicht gehen, sondern es durch ‚hinreichende Differenzierung' schaffen.
Das Förderschulwesen mit berücksichtigt, kann mit dieser terminologischen
Volte die Dreigliedrigkeit Sachsens oder die Viergliedrigkeit Bayerns und
Baden-Württembergs gemeint sein. Man hatte eine Formulierung gefunden,
um am Bestehenden festzuhalten, ihm allerdings ein modernes Wortgewand
angelegt. Nachdem Heike Schmoll im konservativen Leitmedium FAZ bereits
am Tag nach der Veröffentlichung die Parole ausgegeben hatte, dass die CDU/
CSU-Minister eine ‚Offensive für das differenzierte Schulsystem' gestartet hätten, konnten die drei Minister sicher sein, dass die neue Sprachregelung ihren
Weg in den medialen Sprachgebrauch gefunden hatte (Schmoll, 2010).
    Allerdings änderte dies nichts daran, dass die Thesen die Antwort auf
zentrale Fragen schuldig bleiben. Wenn es keine ‚Einheitsschule' sein soll,
in der man ja auch nach Bedarf differenzieren und individuell fördern kann
– wie viele Schulformen oder Bildungsgänge sind nach konservativer Les-
art stattdessen notwendig, um Schüler ‚individuell zu fördern' und weder zu
unter- noch zu überfordern? Und vor allem: Wie soll ‚Bildungsgerechtigkeit'
in einem selektiven Schulsystem erreicht werden, dessen Hauptproblem unübersehbar seine soziale Ungerechtigkeit ist, die durch die frühe Trennung
auf unterschiedlich anspruchsvolle Schulformen massiv verstärkt wird? Unter
Berufung auf die Hattie Studie wird als Antwort auf diese Frage derzeit gerne

darauf verwiesen, dass entscheidend der Unterricht und nicht die Schulstruktur sei. Dabei wird dann so getan, als hätte das eine mit dem anderen rein gar nichts zu tun (Kloepfer, 2012)[2].

## Das Recht auf Bildung und der „Mann aus Costa Rica"

Eine in höchstem Maße unrühmliche Rolle spielten Vertreter/innen der konservativen Medien anlässlich des Besuchs des UN-Sonderberichterstatters für das Recht auf Bildung, Vernor Muñoz Villalobos, der vom 13. bis 21. Februar 2006 das deutsche Bildungswesen inspizierte. Dieser Besuch erregte erhebliches Aufsehen, insbesondere deshalb, weil er eigentlich von der Öffentlichkeit unbemerkt über die Bühne gehen sollte – zumindest wenn es nach dem Willen der für Bildung zuständigen Bundes- und Länderminister gegangen wäre. Aus der Geheimniskrämerei wurde nichts. Vor allem die Deutsche Presseagentur begleitete aufmerksam die verschiedenen Aktivitäten des Berichterstatters. Und so diskutierte die Öffentlichkeit mehrere Wochen lang engagiert, ob das Recht auf Bildung in Deutschland in vollem Umfang gewährleistet ist und kam zu dem Schluss, dass nicht. Mit Schlagzeilen wie „Der Menschenrechts-Revisor kommt. Deutschland gerät ins Visier der Vereinten Nationen" oder dem Hinweis auf den „Bildungskommissar" oder „Schul-Sheriff" sensibilisierten, ja elektrisierten die Medien die Öffentlichkeit für den Besuch (Blick durch die Presse 2006/2007).

Nach Abschluss des Besuchs machte Muñoz in einer Pressekonferenz am 22.02.2006 deutlich, dass er das Recht auf Bildung für Migrant/innen, Kinder aus armen Familien, Kinder mit Behinderungen sowie für Flüchtlinge und statuslos in Deutschland lebende Kinder nicht in vollem Umfang gewährleistet sieht und sogar Diskriminierung nicht ausschließen will. Zum Entsetzen der Kultusminister nahm er für sich auch in Anspruch, auf die Hemmnisse hinzuweisen, die er im Föderalismus sowie im früh selektierenden Schulsystem sah. Muñoz erlegte sich bei der Frage nach den Gründen für die unbefriedigenden Leistungsergebnisse der Schüler und die soziale Ungerechtigkeit des deutschen Schulwesens nicht die erhoffte vornehme Zurückhaltung auf.

Daraufhin reagierten die Medien nicht mehr einheitlich. Die eher Reformen zugeneigten wie *Süddeutsche Zeitung*, *TAZ*, *Der Spiegel*, *Die ZEIT* berichteten relativ sachlich über Muñoz' Kritik. Die konservativen Medien allerdings verschärften den Ton: „Anmaßend" sei es, auf die „frühe Selektion"

---

2 Zur Kritik der Hattie-Studie sowie zur Kritik der Rezeption in Deutschland hält die Internetplattform „Visible Learning" zahlreiche Informationen bereit (Visible Learning o.J.).

hinzuweisen, befand Frau Schmoll in der FAZ und warf Muñoz gleich auch noch vor, sich „von einem bestimmten schulpolitischen Lager instrumentalisieren" zu lassen, zu dem sie auch die GEW zählte (Schmoll, 2006).

Bis zum schriftlichen Bericht und seiner Vorstellung bei der UN-Menschenrechtskommission im März 2007 war erst einmal ein Jahr Pause. Wer jedoch gehofft hatte, bis dahin habe Muñoz seine Meinung geändert oder doch relativiert, wurde enttäuscht. Der UN-Berichterstatter wiederholte vielmehr auch ein Jahr später im schriftlichen Abschlussbericht seine Kritik.

Der Entwurf für den schriftlichen Bericht war bereits einen Monat zuvor durch Indiskretion bekannt geworden. Es folgten teilweise wütende Reaktionen aus der offiziellen Politik. Dem Vernehmen nach versuchten KMK, Bundesbildungsministerium (BMPF), das Ministerium für Familie, Senioren, Frauen und Jugend (MFSFJ) und das Auswärtige Amt eine gemeinsame Stellungnahme abzustimmen. Was jedoch nicht gelang, weil die Positionen zu weit auseinander lagen: Sie reichten von einer harten und scharfen Reaktion auf den Inhalt („Deutschland hat ein erfolgreiches Bildungssystem" – Bundesbildungsministerin Annette Schavan, CDU; „der Muñoz-Bericht ist unbrauchbar" – Kultusministerium NRW) bis zu der Tatsache, dass nach wie vor ein „Nationaler Aktionsplans für ein kindergerechtes Deutschland 2005 bis 2010" in Kraft war, in welchem so bemerkenswerte Sätze standen wie: „Die Bundesregierung hat es deshalb zu ihren vordringlichen Zielen erhoben, das derzeit selektive Bildungssystem umzugestalten und stattdessen die individuelle Förderung jedes einzelnen Kindes zum Herzstück einer neuen Bildungspolitik zu erklären. Wir gefährden unsere Zukunft, wenn wir weiter zulassen, dass die soziale Herkunft eines Kindes in dem Maß wie bisher über seinen Bildungserfolg und damit über seine Chancen im Leben entscheidet." (Bundesregierung, 2005, S. 11) Der nationale Aktionsplan war somit vollständig auf der Linie des UN-Sonderberichterstatters. Er wurde 2005 innerhalb der damals regierenden großen Koalition aus CDU/CSU und SPD von der Sozialdemokratin Renate Schmidt als zuständiger Bundesministerin für Familie, Senioren, Frauen und Jugend verantwortet und auch von der Christdemokratin Ursula von der Leyen, die ab Ende 2005 das Ministerium leitete, weiter geführt.

In dieser bis in die Bundesregierung hinein von bildungspolitischen Kontroversen geprägten Situation (siehe hierzu auch GEW, 2006/2007) kochten die Emotionen bei konservativen Bildungsjournalisten über. Heike Schmoll, konservative Bildungsjournalistin der FAZ gab am 21.03.2007 nach Bekanntwerden des Abschlussberichtes die Ausländer feindlich gefärbte Linie vor. Unter der Überschrift „UN-Sonderberichterstatter Muñoz – Dreistes Urteil über das deutsche Schulsystem" nannte Schmoll nicht nur das Urteil über das deutsche Schulsystem „dreist", sondern befand auch: „das Verhalten des UN-Sonderberichterstatters Muñoz ist dreist". Denn „ein Professor aus Costa Rica, der jede Sachkenntnis vermissen lässt, liest dem deutschen Schulsystem nach einer einwöchigen Stippvisite die Leviten". Schmolls Empörung kannte keine Grenzen. Sich mit „einem flüchtigen Blick auf das deutsche Schulsystem" ein Urteil zu erlauben, sei nicht nur dreist, sondern auch „in hohem Maße unlauter". Nach so viel konzentrierter Beschimpfung gleich im ersten Absatz nannte Schmoll im zweiten Absatz die eigentlichen Gründe für ihre Wut: PISA und die Schulstrukturdebatte. Offenbar hatte die Autorin bereits 2007 in Solidarität mit Bundesbildungsministerin Schavan und der Mehrzahl der Kultusminister die Debatten um die Misere des deutschen Schulsystems und die wieder aufgeflammte Schulstrukturdebatte gründlich satt. Sie schreibt über den Abschlussbericht zum Deutschlandbesuch: „Denn es handelt sich, wie die Empfehlungen zeigen, um die Wiederholung der Pisa-Befunde und bruchstückhafte Eindrücke eines gut einwöchigen Besuchs. Darauf hatte die Republik gewartet. Noch mehr aber auf eine neuerliche Schulformdebatte, die von einem Vertreter des internationalen Gesamtschulkartells angezettelt wird." (Schmoll, 2007a) Wen sie als „Vertreter des internationalen Gesamtschulkartells" im Blick hatte, kann nur gemutmaßt werden. Vermutlich dachte sie an Andreas Schleicher, den PISA-Koordinator der OECD, der sich dem Tabuierungsverdikt der Kultusminister nicht unterwarf und ihrem ‚Schulstruktur-Totschweigekartell' nicht beitrat, sondern – ganz im Gegenteil – nicht müde wurde, in Interviews und bei öffentlichen Auftritten auf den Zusammenhang von sozialer Benachteiligung und früher Selektion im deutschen Schulsystem hinzuweisen (siehe dazu auch den Abschnitt „‚Mr. PISA' im Fadenkreuz").

Doch nicht genug mit Beschimpfung und Verschwörungstheorie, in die Joachim Peter in einem Kommentar in DIE WELT, ebenfalls vom 21.03.2007, gleich auch noch die GEW einbezog. Er zitierte den damaligen niedersächsischen Kultusminister Busemann, der gewettert hatte: „Herr Muñoz ist ein Handlungsreisender der Gewerkschaft Erziehung und Wissenschaft". (Peter, 2007a)

Doch zurück zu Frau Schmoll. Einmal in Fahrt, warf sie ihrem Kommentar in einem einzigen Satz den Deutschen mangelnden Nationalstolz und Muñoz fehlende Deutschkenntnisse vor und fragte in dramatischer Pose: „Welches andere Land besitzt ein vergleichbar schwach ausgeprägtes Selbstbewusstsein und lässt sich von einem Professor aus Costa Rica, der kaum des Deutschen mächtig ist, die Leviten lesen? In Frankreich jedenfalls wäre dieser Abgesandte mit Nichtachtung gestraft worden – und zwar zur Recht." (Schmoll 2007a) Ein dermaßen rassistisch und nationalistisch gefärbter Duktus war diesseits der NPD neu im Bildungsdiskurs. Der Bildungskonservatismus war offenbar schwer getroffen. Der internationale Blick auf Deutschland, das sich in eitler Selbstgefälligkeit gern als makellos wahrnimmt, hatte mit OECD (PISA) und UNO (Muñoz) im Doppelpack, offenbar buchstäblich ‚ins Schwarze‘ getroffen.

Wenn schon die sonst eher auf vornehme Zurückhaltung bedachte FAZ alle Hemmungen beiseite ließ, mag sich der Vorsitzende eines am äußersten rechten Rand angesiedelten Lehrerverbands gedacht haben, kann ich ja einmal richtig deutlich werden. Und so setzte Josef Kraus unter der Überschrift „Der UNO-Querulant aus Costa Rica" noch eins drauf und befand, es gehe bei Muñoz' Empfehlungen um „Nörgeleien" und „ein öffentlich massenhaft verbreitetes und von so manchem Ghostwriter flankiertes Querulantentum." Angesichts dessen sei „offensive Widerrede patriotische Pflicht". Und „noch dreister" als zu glauben, man könne sich innerhalb einer Woche ein Urteil über Deutschlands „hochdifferenziertes Bildungswesen" und gar weltweit „höchstdifferenziertes Förderschulwesen" erlauben, seien die Empfehlungen, „Deutschland müsse sein gegliedertes Schulwesen überdenken, die Hauptschule abschaffen, die Grundschule verlängern, mehr Abiturienten produzieren und das sog. Home Schooling zulassen". (Kraus, 2007)[3]

Doch alle patriotischen Appelle nutzten nichts. Die Leserzuschriften zu Schmolls Kommentar waren überwiegend ablehnend. Frau Schmoll war auch für einen Teil der Konservativen und vor allem für die Wirtschaft zu weit gegangen. Tanjev Schultz beendete in der Süddeutschen Zeitung die peinlichen Entgleisungen mit dem Kommentar: „Gesandte der Vereinten Nationen sind den Umgang mit uneinsichtigen Politikern gewohnt. Vor allem die Machthaber halbseidener Regime lassen sich von der Weltgemeinschaft ungern

---

3   Mit Muñoz' Einlassungen zu Homeschooling glaubten konservative Bildungsjournalisten und KMK ein Thema gefunden zu haben, mit dem sie ihre grundsätzliche Kritik an Muñoz' wirkungsvoll untermauern konnten. Allerdings hätte eine genaue Lektüre des bis heute nicht in offizieller deutscher Übersetzung vorhandenen Berichts darüber informiert, dass Muñoz mitnichten ein Verfechter des Homeschooling ist. Dass er sich wohl aber veranlasst sah, angesichts von Beschwerden von Eltern auf Artikel 13 der UN-Sozialcharta, in welchem das Recht der Eltern auf Wahl der geeigneten Form der Erziehung festgelegt ist, hinzuweisen. In den Forderungen verlangt Muñoz eine gründliche Überwachung durch den Staat und Homeschooling davon abhängig zu machen, dass es notwendig und angemessen im Sinne des Kindeswohls ist. („That the necessary measures should be adopted to ensure that the home schooling system is properly supervised by the State, thereby upholding the right of parents to employ this form of education when necessary and appropriate, bearing in mind the best interests of the child.")

vorführen. Leider geriert sich nun auch Deutschland wie ein Schurkenstaat, der sich von der UN nichts sagen lassen will." (Schultz, 2007)

In der Folge besannen sich die konservativen Protagonisten zwar darauf, dass man auch in gesitteter Form Kritik von sich weisen kann, aber das konnte nichts daran ändern, dass der Deutschlandbesuch des UN-Sonderberichterstatters einerseits die Abneigung rechts- und nationalkonservativer Kreise gegen den internationalen Blick auf Deutschland weiter verfestigte, andererseits aber auch der öffentlichen Debatte um die Weiterentwicklung des Schulwesens in Deutschland weiteren Auftrieb gab. (Siehe hierzu auch Demmer & von Saldern, 2010, S. 172 f.)

Wenngleich sich der Deutschlandbesuch des UN-Sonderberichterstatters bei oberflächlicher Betrachtung nur als vorübergehende Episode mit geringen unmittelbaren Auswirkungen darstellt, so sind die indirekten Einflüsse jedoch nicht gering zu schätzen. Mit dem Deutschlandbesuch und der damit verbundenen intensiven und kontrovers geführten öffentlichen Debatte ist die menschenrechtliche Dimension von Bildung, die bis dahin im deutschen Bildungsdiskurs so gut wie keine Rolle gespielt hatte, in der öffentlichen Wahrnehmung verankert worden. Diese Verankerung dürfte von großer Bedeutung dafür gewesen sein, dass die nächste große bildungspolitische Herausforderung durch die Vereinten Nationen, die Unterzeichnung der Konvention für die Rechte von Menschen mit Behinderungen (2209), so geräuschlos über die Bühne gegangen ist. Es grenzt fast an ein Wunder, dass bis heute keine öffentliche Grundsatzdebatte über die Sinnhaftigkeit und Verbindlichkeit von UN-Konventionen vom Zaun gebrochen worden ist, da mittlerweile auch den Letzten klar geworden sein dürfte, dass sich Deutschland mit Unterzeichnung der Konvention für ein inklusives Bildungssystem ausgesprochen hat, das mit dem selektiven deutschen Schulsystem bestenfalls teilweise unter einen Hut zu bringen ist. Und auch dass die Schulstrukturfrage vorerst einmal mit halbherzigen ,zweigliedrigen' Lösungen und Schulfrieden-Vereinbarungen ad acta gelegt wurde, dürfte durch die national-konservativen Überhitzungen während des Muñoz-Besuchs unwillentlich unterstützt worden sein.

## ,Mr. PISA' im Fadenkreuz

Während der Einfluss des Muñoz-Besuchs eher indirekt auf die Weiterentwicklung des deutschen Schulwesens gewirkt hat, hatten und haben die internationalen Vergleichsuntersuchungen, allen voran die PISA-Studien, entscheidenden Einfluss auf die schulpolitischen Entscheidungen in Deutschland. Andreas Schleicher, der deutschsprachige PISA-Koordinator der OECD, hat sich wie kein zweiter in Interviews und Vorträgen dafür eingesetzt, dass Deutschlands Schulpolitiker die Probleme der frühen Selektion nicht dauerhaft ausklammern konnten und das Tabu ‚Keine Schulstrukturdebatte' im Laufe der Zeit aufgeben mussten. Wegen dieser Position und seinen Warnungen vor allzu euphorischen Interpretationen kleiner Punktzuwächse oder verbesserter Rangplätze, wegen seiner Eloquenz und häufigen Präsenz in den Medien, wo er schnell die Bezeichnung ‚Mister PISA' bekam, wurde Schleicher für konservative (Schul-)Politiker und Lehrervertreter zum wahrscheinlich meistgehassten Bildungsexperten in Deutschland.

2006 zum Beispiel, als die KMK die Beteiligung an der internationalen Lehrerbefragung TALIS (Teaching And Learning International Study) ablehnte, rechtfertigte der niedersächsische Kultusminister Busemann dies damit, die Lehrer vor den Angriffen der OECD schützen zu wollen. Dabei geriet namentlich der PISA-Koordinator der OECD, Andreas Schleicher, ins Visier. Vertreter der OECD neigten dazu, „am Ende nicht das Gute, sondern das Problematische in den Vordergrund zu stellen", wird Busemann zitiert (Westdörp, 2006; dpa, 2006). Um seine Behauptung zu unterstreichen, warf der Minister Schleicher vor, er habe die Lehrerschaft bereits 2004 „zu alt, zu unbeweglich und zu wenig originell" genannt. Den Beleg für diese Behauptung musste Busemann schuldig bleiben, denn der Vorwurf war unberechtigt und vermutlich willkommene Folge zu flüchtiger Lektüre.

Mit „Deutschlands Lehrer: Zu alt, zu unbeweglich und zu wenig originell" hatte vielmehr Jeanne Rubner ihren Bericht über den Deutschlandbericht einer europäischen Expertengruppe, die die Lehrerbildung in Deutschland untersucht hatte (Halász, 2004), in der *Süddeutschen Zeitung* vom 16. Juli 2004 überschrieben (Rubner, 2004) und damit beim flüchtigen Leser den Eindruck erwecken können, als seien dies Vorwürfe an die Lehrerschaft. Im Artikel selbst wurde jedoch deutlich, dass die Kritik vor allem der Bildungspolitik, also auch Herrn Busemann, nicht jedoch den Lehrkräften galt. Schleicher wurde im Artikel der Süddeutschen gar nicht erwähnt. (Siehe hierzu auch Demmer & von Saldern, 2010)

Doch offenbar brauchten die Konservativen einen Sündenbock. Gut acht Monate nach der Aufregung um den Muñoz-Bericht kam es im Dezember 2007 endgültig zum Eklat. Konservative Kultusminister unter ihrem Wortführer, dem niedersächsischen Kultusminister Busemann, forderten mit fadenscheinigen Argumenten den Rücktritt Schleichers und drohten sogar mit dem Ausstieg Deutschlands aus dem PISA-Projekt. Hintergrund war, dass Schleicher die Jubelfeier, die die Kultusminister und konservative Medien für die PISA-Ergebnisse 2006 geplant hatten, durchkreuzte, und zwar mit dem Hinweis, Rangplätze allein sagten noch nichts darüber aus, ob sich ein Land verbessert oder verschlechtert habe. Deutschlands verbesserte Rangplätze bei PISA 2006 waren bereits vor der offiziellen Veröffentlichung des PISA-Reports durch eine spanische Lehrerzeitung bekannt geworden und hatten umgehend zu euphorischen Verlautbarungen geführt. „Deutschlands Schulen werden besser" hatte Thomas Kerstan (DIE ZEIT) frohlockt, womit er zwar hinter Joachim Peter (DIE WELT) blieb, der vor lauter Freude gleich die Bestätigung für einen „deutlichen Aufwärtstrend" sah, aber auch Kerstan genügte der kurze Blick auf die Ranking-Listen für seine schnelle Diagnose. (Kerstan, 2007; Peter, 2007b) Zöllner und Schavan, Präsident der KMK und Bundesbildungsministerin, behaupteten in einer gemeinsamen Presseerklärung „PISA 2006 – Positiver Trend setzt sich fort". Zöllner sah bereits die 2001 als Reaktion auf den „PISA-Schock" beschlossenen sieben Handlungsfelder der KMK „greifen" und Schavan wähnte den Aufschwung bereits so groß, dass sie mahnte: „Allerdings dürfen wir uns auf dieser positiven Entwicklung nicht ausruhen." (Schavan & Zöllner, 2007)

Als wenige Tage später die erreichten Punktstände offiziell veröffentlicht wurden, standen Bildungsminister und Medien jedweder Couleur mit ihren Jubelmeldungen ziemlich blamiert da. Da PISA 2006 nur für Lesen und Mathematik Trendaussagen ermöglichte, hatten – in Punkten ausgedrückt – Politiker und Medien über 2 Punkte Zuwachs in Mathematik und 12 Punkte in der Lesekompetenz gejubelt. Wobei sich letztere auf den gesamten Zeitraum seit 2000 verteilten (7 Punkte bis 2003 und weitere 5 Punkte bis 2006). Zwar kühlten daraufhin die Emotionen ab und die Kommentare wurden kleinlauter, die Kultusminister gingen mehrheitlich auf Distanz zu Rücktrittsforderungen gegenüber Schleicher und betonten, auch nicht generell aus PISA aussteigen zu wollen (Spiegel Online, 2007), aber die Konservativen ließen nicht locker und ihnen nahestehende Journalist/innen zitierten die national-konservativen Parolen von Josef Kraus gern in ihren Zeitungen (siehe Schmoll, 2007b).

Die Anfeindungen gegenüber Schleicher endeten erst 2009 nach einem Gespräch zwischen der OECD-Direktorin für Bildung, Barbara Ischinger, und dem Plenum der KMK, nachdem zuvor erneut mit dem Ausstieg aus PISA gedroht worden war.

Ab 2009 wurden Schleichers Auftritte in Deutschland selten. Die OECD hatte ihn aus der Schusslinie der deutschen Kultusminister genommen und gleichzeitig OECD-intern bei der OECD zum Leiter der Abteilung für Indikatoren und Analysen im Direktorat für Bildung befördert. Der Streit um die Schulstruktur kühlte ab, seit klar war, dass das Gymnasium von Strukturänderungen ausgenommen würde.

Sucht man nach Gründen für den ‚Furor' gegen Schleicher, dürfte ein Kommentar von Jochen Leffers auf Spiegel Online vom 29.11.2007 die wesentlichen

Punkte treffen. Die Kultusminister sähen „die Schulen endlich im Aufwind"
und wollten sich nach den vielen bezogenen „Prügeln" die „Feierlaune nicht
trüben lassen durch Relativierungen, die sie als ungebetene Einmischung in
ihre inneren Angelegenheiten empfinden". Außerdem hätten sie – wie auch
konservative Lehrervertreter – „das Genörgel am traditionell dreigliedrigen
deutschen Schulsystem schlicht satt" – und mit Andreas Schleicher, der stets
auf die Problematik früher Sortierung von Kindern hingewiesen hat und „der
den Deutschen die Gesamtschule verordnen wolle", „noch eine Reihe alter
Rechnungen offen". (Leffers, 2007)

## Und wie weiter?

Mittlerweile ist eine gewisse PISA-Ermattung festzustellen. Öffentlichkeit,
Wissenschaft und Politik nehmen mit Erleichterung die Verbesserungen bei
den PISA 2012-Ergebnissen zur Kenntnis, obwohl viel dafür spricht, dass diese eher auf die günstigere Zusammensetzung der getesteten Schülerpopulati-
on zurückzuführen sind als auf die schulpolitischen Maßnahmen der KMK
(Ehmke, Klieme & Stanat, 2013; Demmer, 2014).

Neben den medialen Wiedergängern wie Rechtschreibung, Hausaufgaben
und Sitzenbleiben hat die konservative Presse in den letzten Jahren vor allem
zwei Themen in den Vordergrund geschrieben: ‚die' Reformpädagogik, die
als ideologisches Fundament der sexuellen Gewalt an Kindern in der Oden-
waldschule ausgemacht wurde sowie die Hattie-Studie, die dahingehend
(miss-) interpretiert wurde und wird, dass es nur auf den Lehrer und seinen
Unterricht ankomme, dass Finanzierung, Klassengrößen, Organisationsfor-
men und Strukturen mithin unwichtig und Frontalunterricht allen anderen
Unterrichts- und Lernformen überlegen seien (z. B. Kloepfer, 2012; siehe auch
Anmerkung 2). Beide Debatten, deren Notwendigkeit nicht bestritten werden
soll, wurden von konservativer Seite jedoch auch erkennbar mit dem Ziel
geführt, endlich die Überlegenheit traditioneller Pädagogik über alle Neuerungen zu belegen.

Die eigentliche bildungspolitische und pädagogische Herausforderung
unserer Zeit, die Frage nämlich, ob ein inklusives Schulsystem, zu dem sich
Deutschland mit Unterzeichnung der UN-Behindertenrechtskonvention verpflichtet hat, in einem selektiven Schulwesen überhaupt zu verwirklichen ist,
wird öffentlich nicht diskutiert. Allerdings werden die Bruchstellen zunehmend deutlicher, wenn sich zum Beispiel Gymnasien weigern, junge Menschen, die Träger des Down-Syndroms sind, aufzunehmen und Hauptschulen
ihre Überforderung beklagen, wenn sie allein es sind, die junge Menschen mit

Lernbeeinträchtigungen inkludieren sollen. Man muss deshalb kein Prophet sein um vorauszusehen, dass die nächste Debatte um eine grundsätzliche Schulreform, die auch die Strukturfrage einschließt, kommen wird, kommen muss. Es fragt sich nur – wann.

## Literatur und Quellen

Anhörung KMK (1997): Anhörung der Kultusministerkonferenz zur 3. Internationalen Mathematik- und Naturwissenschaftsstudie ( TIMSS ) und der OECD-Studie „Education at a Glance/Bildung auf einen Blick" am 26./27. Juni 1997, Bonn. http://www.kmk.org/no_cache/presse-und-aktuelles/pm1997/eine-kultur-der-anstrengung-entwickeln.html?sword_list%5B0%5D=timss [03.03.14].

Arbeitskreis Gesamtschule e.V. (o. J.): http://www.ak-gesamtschule.de/ [15.03.2014].

Blick durch die Presse (2006/2007): Eine nicht-repräsentative Auswahl von Schlagzeilen aus der deutschen Qualitätspresse anlässlich des Besuchs des UN-Sonderberichterstatters für das Recht auf Bildung, Vernor Muñoz, in Deutschland. Berlin: Universitätsbibliothek der Freien Universität. http://www.ub.fu-berlin.de/service_neu/ubpubl/mitarbeiter/dbe/UDHR60/schlagzeilen-auswahl.pdf [11.05.2014].

Bundesregierung (2005): Nationaler Aktionsplan für ein kindergerechtes Deutschland. 2005–2010. Berlin. http://www.kindergerechtes-deutschland.de/basisinformationen/ [11.05.2014].

Bund-Länder-Kommission für Bildungsplanung (1974): Bildungsgesamtplan. Stuttgart: Klett.

CDU-Grundsatzpapier Pressemitteilung (2010): Individuelle Förderung statt Einheitsschule. Pressemitteilung Nr. 230 vom 22. Oktober 2010 des Bayerischen Kultusministeriums. [Anmerkung: Die Erklärung fehlt auf dem Server des Ministeriums].

CDU-Beschluss (2011): Bildungsrepublik Deutschland. CDU-Parteitag. Leipzig 13.-15.11. http://www.cdu.de/sites/default/files/media/dokumente/111115-beschluss-bildungsrepublik-deutschland_0.pdf [17.03.2014].

Baumert, J., Köller, O. & Roeder, P. M. (2003): Don Quixote: eine etwas deutlichere Antwort auf offensichtlich unkorrigierbare Fehleinschätzungen. Zum Artikel Ulrich Sprengers ‚Das darf doch nicht wahr sein' in *Die Welt* vom 25.03.2003. (Die Erklärung wurde 2003 auf der Seite des Max-Planck-Instituts veröffentlicht. Text bei der Autorin).

Baumwert, J., Bos, W. & Watermann, R. (1998) (Hrsg.): TIMSS/III. Schülerleistungen in Mathematik und in den Naturwissenschaften am Ende der Sekundarstufe II im internationalen Vergleich. Zusammenfassung deskriptiver Ergebnisse. Berlin: Max-Planck-Institut für Bildungsforschung.

Baumert, J., Lehmann, R., Lehrke, M., Schmitz, B., Clausen, M., Hosenfeld, I. Köller, O. & Neubrand, J. (1997) (Hrsg.): TIMSS – Mathematisch-naturwissenschaftlicher Unterricht im internationalen Vergleich. Deskriptive Befunde. Opladen: Leske+Budrich.

Demmer, M. (Hrsg.) (1998): Bildungs- und Förderungswerk TIMSS und BIJU. „Als Munition im Schulkampf ungeeignet"; Texte zur Kritik eines Medienspektakels. Frankfurt, Main: Schriftenreihe des Bildungs- und Förderungswerks der Gewerkschaft Erziehung und Wissenschaft im DGB e.V. (vergriffen).

Demmer, M. (2006): Fünf Jahre nach dem PISA-Schock. Die „empirische Wende" ist ein etwas älterer Hut. Hessische Lehrerzeitung 59 (12), 7–8. http:// www.gew-hessen.de/index.php?id=296&tx_ttnews%5Bcat%5D=72&tx_ ttnews%5BpS%5D=1164927600&tx_ttnews%5BpL%5D=2678399&tx_ ttnews%5Barc%5D=1&tx_ttnews%5Btt_news%5D=3358&tx_ttnews%5Bb ackPid%5D=632&cHash=beb36d57eb94d986877c2d3e3646 f.7e1&type=98 [13.03.2014].

Demmer, M. (2007): Verwirklichung des Rechts auf Bildung in Deutschland: Die schwierige Rolle von Pädagoginnen und Pädagogen. In: Overwien, B. & Prengel, A. (Hrsg.): Recht auf Bildung. Zum Besuch des Sonderberichterstatters der Vereinten Nationen in Deutschland. Dokumente. Opladen & Farmington Hills: Barbara Budrich, 157–179.

Demmer, M. & von Saldern, M. (Hrsg.) (2010): „Helden des Alltags". Erste Ergebnisse der Schulleitungs- und Lehrkräftebefragung (TALIS) in Deutschland. Die Deutsche Schule 11. Beiheft. Münster / New York / München / Berlin.

Demmer, M. (2014): Die PISA-Illusion: Es geht bergauf – aber womit? Expertise für den Deutschen Gewerkschaftsbund (DGB). Unveröffentlicht.

dpa (2006): Niedersachsen lehnt Beteiligung an der OECD-Lehrerstudie ab. Deutsche Presseagentur Landesdienst Niedersachsen vom 06.10.2006. Hannover.

Deutscher Bildungsrat (1970): Strukturplan für das Bildungswesen. Empfehlungen der Bildungskommission. Stuttgart: Klett. CDU-Grundsatzpapier (2010): Individuelle Förderung statt Einheitsschule. 12 Thesen zum differenzierten Schulsystem. Verfasst von den Kultusministern der Länder Baden-Württemberg, Bayern und Sachsen. http://www.kultusportal-bw.de/site/ pbs-bw/get/documents/KULTUS.Dachmandant/KULTUS/kultusportal-bw/ pdf/230_12%20Thesen%20-%20Diff%20Bildungssystem.pdf [05.03.2014].

DIE WELT (1997–2014): Verschiedene im Internet recherchierbare Beiträge.

Ehmke, T., Klieme, E. & Stanat, P. (2013): Veränderungen der Lesekompetenz von PISA 2000 nach PISA 2009. Die Rolle von Unterschieden in den Bildungswegen und in der Zusammensetzung der Schülerschaft. In: Jude, N., Klieme, E. (Hrsg.): PISA 2009 – Impulse für die Schul- und Unterrichtsforschung. Zeitschrift für Pädagogik, Beiheft 59. Weinheim u. a. : Beltz, S. 132–150. http://

www.pedocs.de/volltexte/2013/7824/pdf/Ehmke_Klieme_Stanat_Veraende-rungen_der_Lesekompetenz.pdf [14.05.2014].

Etzold, S. (1995): Geheimbund gegen Gesamtschule. *DIE ZEIT, 7*. http://www.zeit.de/1995/07/Geheimbund_gegen_Gesamtschule/komplettansicht [14.03.2014].

GEW (2006/2007): Besuch des UN-Sonderberichterstatters. Ausführliche Dokumentation und Hinweise. Frankfurt: Gewerkschaft Erziehung und Wissenschaft. http://www.gew.de/Besuch_des_UN-Sonderberichterstatters_2.html [11.05.2014].

Halász, G., Santiago, P., Ekholm, M., Matthews, P. & McKenzie, P. (2004): Attracting, Developing and Retaining Effective Teachers. Country Note: Germany. Im Auftrag der OECD. Paris 2004.

Herzog, R. (1997): Rede von Bundespräsident Roman Herzog auf dem Berliner Bildungsforum im Schauspielhaus am Gendarmenmarkt. Berlin, 5. November 1997 http://www.bundespraesident.de/SharedDocs/Reden/DE/Roman-Herzog/Reden/1997/11/19971105_Rede.html [03.03.14].

Kerstan, Th. (2007): Es lebe die PISA-Hysterie! DIE ZEIT ONLINE 01.12.2007. http://www.zeit.de/online/2007/49/pisa-studie-kommentar [27.03.2014]. Das Datum wird irrtümlich mit 31.12.1899 angegeben.

Klemm, K. (1998): Als Munition im Schulstreit ungeeignet. TIMSS III. *Erziehung und Wissenschaft, 50*, 7–8, 14–17.

Kloepfer, I. (2012): Frontalunterricht macht klug. *Frankfurter Allgemeine Zeitung* 15.12.2012. http://www.faz.net/aktuell/wirtschaft/bildungswesen-frontalunter-richt-macht-klug-11994686.html [14.05.2014].

Kraus, J. (2007): Der UNO-Querulant aus Costa Rica. Kommentar zum Bericht des UNO-Beauftragten Vernor Muñoz. München: Deutscher Lehrerverband-aktuell 22.=3.2007 http://www.lehrerverband.de/querul.htm [11.05.2014].

Leffers, J. (2007): Streit um Schul-Vergleich: Kultusminister attackieren „Mr. Pisa". Spiegel online 29.11.2007. http://www.spiegel.de/unispiegel/studium/streit-um-schul-vergleich-kultusminister-attackieren-mr-pisa-a-520422.html [16.06.2014].

Lernen sichtbar machen (2014): Internetportal: ergänzt die gleichnamigen deutschsprachigen Ausgaben von John Hatties Büchern „Visible Learning" und „Visible Learning for Teachers". http://www.lernensichtbarmachen.net/index.html [14.05.2014].

Muñoz, M. (2007): Report of the Special Rapporteur on the right to education. Addendum. Mission to Germany. 13–21 February 2006. Genf: United Nations/General Assembly/ Human Rights Council 09.03.2007. http://daccess-dds-ny.un.org/doc/UNDOC/GEN/G07/117/59/PDF/G0711759.pdf?OpenElement [11.05.2017].

Oelkers, J. (2010): Kuschelpädagogik oder nicht? Vortrag anlässlich der Studieninformationstage der Universität Zürich am 8. September 2010. http://paed-services.uzh.ch/user_downloads/1832/Studientage2010.pdf [10.03.2010].

Peter, J. (2007a): Munoz fordert Ende des dreigliedrigen Schulsystems. DIE WELT. 21.03.2007. http://www.welt.de/politik/article771151/Munoz-fordert-Ende-des-dreigliedrigen-Schulsystems.html [11.05.2014].

Peter, J. (2007b): Deutschland hat den Pisa-Schock verdaut. DIE WELT. 29.11.2007. http://www.welt.de/politik/article1413992/Deutschland-hat-den-Pisa-Schock-verdaut.html [13.05.2014].

Rubner, J. (2004): Deutschlands Lehrer. Zu alt, zu unbeweglich, zu wenig originell. In: Süddeutsche Zeitung vom 16.07.2004.

Schavan, A. & Zöllner, J. (2007): Deutschlands Schülerinnen und Schüler haben sich bei PISA 2006 verbessert – positiver Trend setzt sich fort. Pressemitteilung von BMBF und KMK vom 04.12.2007. http://www.pressebox.de/pressemitteilung/bmbf-bundesministerium-fuer-bildung-und-forschung/PISA-2006-Positiver-Trend-setzt-sich-fort/boxid/140744 [16.06.2014].

Schick, M., Spaenle, L. & Wöller, R. (2010): Individuelle Förderung statt Einheitsschule. 12 Thesen zum differenzierten Schulsystem: anschlussfähig – individuell – zukunftsfähig. Stuttgart: Kultusministerium Baden-Württemberg http://www.kultusportal-bw.de/site/pbs-bw/get/documents/KULTUS.Dachmandant/KULTUS/kultusportal-bw/pdf/230_12%20Thesen%20-%20Diff%20 Bildungssystem.pdf [09.05.2014].

Schmoll, H. (1999): Schulpolitik am Pranger. Frankfurter Allgemeine Zeitung 205, 14. http://www.bildungsserver.de/zd/zeitdok.html?a=100359 [17.03.2014].

Schmoll, H. (2006): Anmaßend. Leitglosse. Frankfurter Allgemeine Zeitung. 22.06.2006. http://www.faz.net/aktuell/politik/leitglosse-anmassend-1301161. html [12.05.2014].

Schmoll, H. (2007a): Dreistes Urteil über das deutsche Schulsystem. Frankfurter Allgemeine Zeitung.21.03.2007. http://www.faz.net/aktuell/politik/inland/unsonderberichterstatter-mu-oz-dreistes-urteil-ueber-das-deutsche-schulsystem-1407329.html [11.05.2014].

Schmoll, H. (2007b): Empörung über OECD-Koordinator. Frankfurter Allgemeine Zeitung 29.11.2007. http://www.faz.net/aktuell/politik/pisa-studie-2006-empoerung-ueber-oecd-koordinator-1490315.html [13.05.2014].

Schmoll, H. (2010): Offensive für das differenzierte Schulsystem. Frankfurter Allgemeine Zeitung. 23.10.2010. http://www.faz.net/aktuell/politik/inland/bildungspolitik-offensive-fuer-das-differenzierte-schulsystem-1589844.html [09.05.2014].

Schümer, G. (2004): Zur doppelten Benachteiligung von Schülern. In: Schümer et al (Hrsg.): Die Institution Schule und die Lebenswelt der Schüler. Wiesbaden: VS-Verlag.

Schultz, T. (2007): Vernichtendes Zeugnis. Kommentar. München: Süddeutsche Zeitung vom 21. März 2007. http://www.sueddeutsche.de/politik/431/394220/ text/ [11.05.2014].

Schweitzer, J. (2004): Vierfach bestraft. DIE ZEIT. 14.10.2004. http://www.zeit. de/2004/43/C-Schulstreit/komplettansicht [14.05.2014].

Sennlaub, G. (2008): Das Geheimnis der Philonostra (Kuschelpädagogik). http:// www.gerhardsennlaub.de/kolumnen/22-das-geheimnis-der-philonostra-kuschelpaedagogik [12.05.2014].

Tausch, R. & Tausch, A. (1997): Erziehungspsychologie. Begegnung von Person zu Person. Göttingen, Toronto, Zürich: Hogrefe.

Visible Learning (o.J.): Internetportal zur HATTIE-STUDIE „Lernen sichtbar machen". http://visible-learning.org/de/ [14.05.2014].

Westdörp, U. (2006): Kultusminister kneifen nicht. In: *Neue Osnabrücker Zeitung*, Regionalteil Nordwest vom 06.10.2006. Osnabrück.

# Soziale Kohäsion – Europa erfahrbar machen

## Über Bildungsexpansion und Jugendarbeitslosigkeit

*Gerd Köhler*

„Eigentlich ist die Jugend das Alter der Pläne, Projekte und Fantasien. Aber für Millionen junger Europäer verliert die Zukunft gerade ihre Gestalt, wird etwas Graues, Hoffnungsloses." Mit diesen Worten hat Gero von Randow schon im Frühjahr 2003 in der *Zeit* eine Artikelserie über „Europas verlorene Generation" überschrieben. „Ein Acht–Millionen–Heer junger Bürger ohne Arbeit ist entstanden": Fast jeder vierte Franzose unter 25 ist arbeitslos. In Italien liegt die Arbeitslosenquote bei 35 Prozent. Zwanzig Prozent der italienischen Hochschulabsolventinnen und -absolventen sind ohne Job. Seit 2008 sind in Spanien 3,7 Millionen Arbeitsplätze verloren gegangen, in 75 Prozent der Fälle waren davon junge Menschen unter 30 betroffen. Die Liste lässt sich um viele mittel- und osteuropäische Staaten verlängern. Neueste Zahlen hat die Süddeutsche Zeitung am 24.Juni 2014 publiziert (Hampel in: *Süddeutsche Zeitung* 24. Juni 2014).

Neu ist das nicht, neu ist das Ausmaß der Jugendarbeitslosigkeit, besonders deutlich in den Ländern, die in Folge der Bankenkrise mit tiefen wirtschafts- und haushaltspolitischen Einschnitten fertig werden müssen. Hilflos bleiben viele Berichte in den Medien die das Elend nur beschreiben, nicht aber nach Möglichkeiten der Veränderung fragen. Unverantwortlich handeln diejenigen, die sich nicht mit den Ursachen und den vorhersehbaren Folgen der wachsenden Kluft zwischen Ausbildung und Beruf auseinandersetzen. Sie lassen die jungen Leute mit ihren enttäuschten Hoffnungen allein: Der Rechtsruck, den zahlreiche Länder bei den Europawahlen erleben mussten, lässt sich so erklären. Auch die gewaltsamen Demonstrationen in den Vororten der spanischen oder französischen Großstädte sind Ausdruck dieses Verlustes an Zukunft. Das offizielle Europa fängt erst langsam an, die soziale Sprengkraft dieser Fehlentwicklungen wahr zu nehmen: In ihrer Wut machen die Alleingelassenen den EURO oder die EU verantwortlich, Ressentiments gegen die vermeintlichen deutschen Verursacher ihrer Arbeits- und Perspektivlosigkeit werden geschürt. Daran kann niemandem gelegen sein, der für ein soziales Europa eintritt, erst recht nicht in Deutschland.

## Über die Wiedergewinnung von Initiative

Die Zahl der Journalistinnen und Journalisten, die nicht nur vordergründig und tagespolitisch orientiert über die Klagen von Arbeitgebern schreiben, die nicht die ‚richtigen' Auszubildenden finden, ist überschaubar. Warnungen von Kammern vor ‚Facharbeiterlücken', weil es zu viele Abiturientinnen und Abiturienten gebe oder enttäuschte Schilderungen von Jugendlichen, die über ihre gescheiterte Suche nach Ausbildungsplätzen berichten, kommen ‚besser rüber'. Meist sind es Berichte über das Auseinanderklaffen von Arbeitsplatzangebot und der Suche nach Ausbildungsplätzen, Berichte über einen nicht weiter in Frage gestellten Status quo auf dem Arbeitsmarkt. Seit dem Scheitern des Bildungsgesamtplans in den 70er Jahren des vergangenen Jahrhunderts gibt es nur wenige Auseinandersetzungen über das Potential von Veränderungsmöglichkeiten, die mit einer Bildungsexpansion verbunden sein können. Mit einer Ausnahme vielleicht: der OECD. Ihre an- und aufregenden, meist makroökonomischen Surveys erreichen allerdings nur selten die Aufmerksamkeit, die sie verdienen (OECD 2014). Wahrgenommen werden sie vorrangig als Ranking-Listen zur Beurteilung der Wettbewerbsfähigkeit, nicht aber als Anregung, die eigene Politik wirklich auf den Prüfstand zu stellen. Die gängigen Szenarien sind meist Warnungen abschreckender Natur. Häufig stecken dahinter ständische Interessen: Lange ist von den Ärztekammern vor ‚Ärzteschwemmen' gewarnt worden, heute müssen einzelne Bundesländern mit besonderen ‚Landärzte-Prämien' werben, um die Gesundheitsvorsorge in ihren Landkreisen zu gewährleisten. Fehlsteuerungen sind auch auf dem Teilarbeitsmarkt Schule fest zu stellen. Nach Jahren der Warnung vor unsicheren Berufsperspektiven für Lehrerinnen und Lehrer fehlen heute nicht nur Lehrkräfte in den MINT-Fächern. Zu lange ist auch vor der ‚Überakademisieruing' der Krankenhäuser gewarnt worden. Heute klagen alle über den durch die demografische Entwicklung verstärkten Mangel in den Gesundheitsfachberufen.

Die Folgenabschätzung müsste im Rahmen einer vorausschauenden Arbeitsmarktpolitik systematisch und nachhaltig betrieben werden. Wenn Gesellschaftspolitik mehr sein will und soll als die Reparatur vorhersehbarer und damit vermeidbarer Fehlentwicklungen, dann muss sie wieder anfangen, über Alternativen nachzudenken (Baethge, Husemann, Hartung & Teichler, 1986).

Was kann in Betrieben und Verwaltungen getan werden, damit junge Menschen das, was sie in Schulen, Betrieben und Hochschulen gelernt haben, konstruktiv umsetzen können? Ihr Interesse an der Arbeit und die damit verbundene Identifizierung sollte deren Qualität verbessern. So könnte die

Innovationskraft bei einer vorausschauenden Arbeitspolitik im Interesse aller Beteiligten gesteigert werden. Im ‚Trialog' zwischen Bildung, Betrieb/Verwaltung und Arbeitsmarktpolitik könnte ‚neuer Schwung durch soziale Perspektiven' erreicht werden – wenn man das will. (Kooperationsstelle Hochschule Gewerkschaften 2012)

Nicht nur in den ostdeutschen Bundesländern, sondern auch in den strukturschwachen Gebieten der westdeutschen Bundesländer könnten neue regional- und strukturpolitische Konzepte entwickelt und umgesetzt werden, um die vorrangige Hoffnung auf Marktkräfte zu korrigieren, die wegen ihres Wettbewerbscharakters wenig zur sozialen Kohäsion beigetragen haben. Die Forderung nach Differenzierung in allen Gesellschaftsbereichen, nach Begrenzung des Bund-Länder-Finanzausgleichs, die Verweigerung einer sozial gerechteren Steuerpolitik dienen doch jeweils nur den Interessen derjenigen, denen es besser als Anderen geht.

## Grenzüberschreitende Solidarität

Die Wiedergewinnung von Initiative setzt Aufmerksamkeit voraus und die ist ohne das Engagement von Journalistinnen und Journalisten nicht möglich, die Partei ergreifen, die die in der Erklärung von Lissabon geforderte ‚Soziale Kohäsion' in ihren Beiträgen einfordern. Die arbeitslosen Jugendlichen in Europa, das Thema Jugendarbeitslosigkeit in Europa haben mehr Aufmerksamkeit verdient. Europa bleibt für diejenigen blutleer, die bei ihrer Suche nach Bildung und Arbeit immer wieder feststellen, dass ihre Probleme nur nachrangig sind. Bankenkrise, Agrarsubventionen, Steuerflucht, Datenautobahnen, … selbst die Entwicklungen in der Ukraine sind ‚ferne Themen', wenn es um die Suche nach einem Ausbildungs- oder Arbeitsplatz geht.

Im Saarland hat sich ein breites Bündnis zusammen gefunden, um ein ‚Konzept zur Bekämpfung der Jugendarbeitslosigkeit in Europa' zu entwickeln und zu fördern (Hampel in: Süddeutsche Zeitung 24. Juni 2014). Es verlangt „transnationale Anstrengungen". Die Initiative trägt den Namen ‚Europatriates', er ist abgeleitet vom Begriff ‚expatriates'. So werden Beschäftigte genannt, die von ihren Unternehmen für begrenzte Zeit ins Ausland geschickt werden, um dort neue Erfahrungen zu machen, aber auch um in der Fremde ihre eigenen Fähigkeiten und Fertigkeiten einzubringen.

Der Anspruch ist groß: Wir holen die Arbeitslosigkeit aus den betroffenen Länder heraus und wandeln sie in Ausbildung und Beschäftigung. Zugleich unterstützen wir die Entwicklung einer Perspektive für spätere Erwerbstätigkeit im Herkunftsland. Mit Recht fragt die Initiative: Was kann eine bessere

Basis für eine neue Europa-Begeisterung der Jugend sein als die Erfahrung
grenzüberschreitender Solidarität?

## Möglichkeiten und Grenzen der Dualen Berufsausbildung

Der Blick über die europäischen Grenzen zeigt, dass es offensichtlich Alternativen gibt: In Österreich ist eine Art zweiter Ausbildungsmarkt geschaffen
worden, der aus öffentlich finanzierten Lehrbetrieben besteht. Jeder österreichische Jugendliche, der keinen Ausbildungsplatz findet oder arbeitslos wird,
erhält spätestens nach 3 Monaten ein Ausbildungsangebot. Auch Dank der
Ausbildungsplatzgarantie lag die österreichische Quote arbeitsloser Jugend-
licher Ende 2012 mit 8,5 Prozent weit unter dem EU Durchschnitt von 23,4
Prozent.

In Österreich gibt es – wie in Deutschland – eine duale Berufsausbildung,
die offensichtlich bessere Möglichkeiten der Abstimmung zwischen Ausbildung und Arbeitsmarkt bietet, wenn sie nicht – wie in den Jahren der großen
Jugendarbeitslosigkeit in Deutschland – an ihre Grenzen stößt. In den süd-
europäischen Ländern gibt es allerdings kein Duales System der Berufsausbildung, die Betriebe sind auf solche Aufgaben nicht vorbereitet. Wenn die
Europäische Union – die Kommissionen genauso wie das Parlament – eine
‚Jugendgarantie‘ einführen will, dann muss sie entsprechende wirtschaftspolitische Rahmenbedingungen schaffen, wenn dabei mehr als neues ‚Vertrös-
tungsprogramm‘ herauskommen soll. Dafür müssen entsprechende arbeitsmarktpolitische Instrumente und Kompetenzen entwickelt und durchgesetzt
werden (Bosch, 2014).

Darüber hinaus gilt es, den grenzüberschreitenden Austausch von Auszubildenden zwischen Ländern mit und ohne Dualer Berufsausbildung genau
so wie bei Hochschulabsolventinnen und -absolventen auszubauen. Der ‚gemeinsame europäische Arbeitsmarkt‘ ist ja nicht nur erfunden worden, damit
sich Arbeitgeber bei den Absolventinnen und Absolventen der Beruf- und
Hochschulausbildung der anderen Länder bedienen können. Die soziale
Kohäsion‘ – neben dem Wirtschaftswachstum das zweite Ziel der Lissabon-
Strategie – verlangt auch, dass sich die Absolventinnen und Absolventen des
einen Landes auf freie Arbeitsplätze anderer Länder bewerben können: Rechte auf Gegenseitigkeit machen ein soziales Europa aus.

Die Probleme der Jugendarbeitslosigkeit lassen sich nicht allein im nationalen Rahmen lösen: Es ist erforderlich, eine EU-weite, grenzüberschreitende
Arbeitsmarkt- und Bildungspolitik zu entwickeln.

## Das Verhältnis von Hochschule und Arbeitsmarkt – Interessen der Arbeitswelt

Auseinandersetzungen um den Bedarf an hochschulqualifizierten Arbeitskräften gibt es in Deutschland nicht erst seit der von Georg Picht ausgerufenen ‚Bildungskatastrophe' oder dem Sputnik-Schock. Schon im Kaiserreich und auch in der Weimarer Republik war umstritten, wie viele junge Menschen eines Jahrgangs weiterführende Bildungseinrichtungen besuchen sollten, ob die künftigen Ingenieure an Hochschulen ausgebildet oder Frauen der Zugang zu den Universitäten erlaubt werden sollte. Immer trafen und treffen unterschiedliche Interessen aufeinander: Es ging und geht um Emanzipation und den Abbau sozialer Benachteiligungen, um die Verteidigung von Bildungsprivilegien, um den Arbeitskräftebedarf von Wirtschaft und Verwaltung oder die zu geringen Haushaltsmittel, die für Bildung zur Verfügung stehen sollten.

Die Politik Willy Brandts „Mehr Demokratie zu wagen" war einer der Ausgangspunkte für die Expansion des Bildungs-, insbesondere des Hochschulwesens. Damals gab es rund 500.000 Studierende an den Hochschulen, genauso viele haben allein im vergangenen Jahr mit dem Studium begonnen. Insgesamt gibt es heute rund 2,5 Millionen Studierende. Das Angebot der Universitäten wurde durch neugegründete Fachhochschulen erweitert, um den Fachkräftebedarf der Zeit des Wirtschaftswunders in Deutschland zu befriedigen. Im Rahmen eines Bildungsgesamtplanes wurde der Versuch unternommen, zu einer Abstimmung zwischen der Nachfrage des Arbeitsmarktes und dem Angebot der Bildungsstätten zu kommen. Bund und Länder und die sie repräsentierenden politischen Parteien und Interessengruppen haben sich darauf nicht verständigen können. In dem Maße wie die Europäisierung und später die Globalisierung der Wirtschafts- und Finanzpolitik an Bedeutung gewannen, wurde im Bildungsbereich eine ‚neoliberale Dezentralisierungs- und Deregulierungspolitik' betrieben, mit der die gesamtstaatliche Verantwortung abgebaut wurde. Die Föderalismusreform hat die Möglichkeiten des Sozialstaates deutlich reduziert und damit die Möglichkeiten des Abbaus sozialer Ungleichheit eingeschränkt. Die aktuelle Lage zeigt, dass die Länder in ihrer heutigen Verfasstheit und mit ihren heutigen finanziellen Mitteln nicht in der Lage sind, ein leistungsfähiges, sozialgerechtes und demokratisches Bildungswesen anzubieten. Anlass genug, um über Alternativen nachzudenken. Hier könnten und sollten die Medien eine anstößige und zugleich fundierende Rolle übernehmen (vergleiche dazu den jahrelang anhaltenden Streit zwischen Bund und Ländern um das Kooperationsverbot in der Bildungspolitik).

## Studium und Beruf

1986 haben Martin Baethge, Rudolf Husemann, Dirk Hartung und Ulrich Teichler im Auftrag der GEW das Gutachten ‚Studium und Beruf‘ veröffentlich (Baethge et al., 1986. Sie haben darin untersucht, wie man für die in der Folge der Hochschulexpansion der 70er Jahre sprunghaft gestiegenen Zahlen der Hochschulabsolventinnen und -absolventen neue berufliche Perspektiven entwickeln könnte.

Damals war die Zeit für strukturelle Veränderungen des Arbeitsmarktes noch nicht reif. Es hat in der Folge viele ‚Lehrerschwemmen‘, ‚Ingenieurmangel‘ und ‚Facharbeiterlücken‘ gegeben – verbunden mit viel Enttäuschung bei denen, die keinen ausbildungsadäquaten Arbeitsplatz finden konnten. Die Gründe für dieses Scheitern einer Abstimmung zwischen Bildungs- und Beschäftigungssystem wurden ‚individualisiert‘: zu viele Absolventinnen und Absolventen seien nicht anpassungswillig genug gewesen. Man erklärte die Planungsansätze für gescheitert und empfahl – dem Zeitgeist folgend – den Markt. Mit einer sozialen und innovativen Arbeitsmarktpolitik hatte das nichts zu tun. Neoliberale Ellbogenpolitik war angesagt, eine neue Sozialstaatsdebatte wäre angebrachter.

Mit der Globalisierung der ökonomischen Entwicklungen und der Lissabon-Strategie ist die bessere Abstimmung zwischen Bildungs- und Beschäftigungssystem zu einem internationalen Problem geworden (Erichsen, Schäferbarthold, Staschen & Zöllner, 2013). Unter den Bedingungen weltweiter Konkurrenz versuchen die finanzstärkeren Ökonomien die Fehler der eigenen Bildungs- und Wissenschaftspolitik durch einen gezielten ‚Kampf um die Köpfe‘ zu kompensieren: Weil man – zum Beispiel – im eigenen Land jahrelang die Ingenieurausbildung vernachlässigt hat, glaubt man, durch ad hoc Maßnahmen wie die Einführung von green cards die Arbeitsmarktlücken durch Ingenieure aus Indien, Polen oder Rumänien schließen zu können. ‚Brain gain‘ nennt man diese Politik im Bildungsbereich, ‚caredrain‘ im Gesundheitssektor. Ihr ‚Erfolg‘ ist auch deswegen überschaubar, weil die Schwellenländer ihre hochschulqualifizierten Arbeitskräfte halten wollen und müssen, wenn sie im ‚globalen Wettbewerb‘ bestehen wollen.

Der Bologna Prozess greift dieses Thema auf, er fordert einen deutlichen Ausbau der weiterführenden Bildungseinrichtungen, um den Anforderungen der wirtschaftlichen und gesellschaftlichen Entwicklung gerecht werden zu können. Die Ambivalenz seiner strategischen Ziele – Wirtschaftswachstum und soziale Kohäsion – schlägt sich in seinen beschäftigungspolitischen Konsequenzen nieder: Er fordert Expansion und Durchlässigkeit, um einerseits den kurzfristigen Wellen der konjunkturellen Entwicklungen Rechnung zu tragen und anderseits neue Wege des Hochschulzugangs öffnen zu können, um Begabungs- oder Qualifikationsreserven wecken zu können. Die neoliberalen Meinungsführer propagieren diese Anpassung an den nicht weiter infrage gestellten Status quo des Arbeitsmarktes als ‚Employability‘.

## Wettbewerb jeder gegen jeden

Wer diese Anpassungspolitik nicht mittragen will, muss sich mit Alternativen auseinandersetzen. Die Fragen lauten: Was kann getan werden, damit sich für die durch die Expansion gestiegene Zahl von Hochschulabsolventinnen und -absolventen sinnvolle berufliche Perspektiven ergeben. Wie können sie das, was sie an den Hochschulen gelernt haben, im eigenen wie im gesellschaftlichen Interesse umsetzen und auch nutzen? Dafür sind makroökonomisch neue struktur- und regionalpolitische Konzepte zu entwickeln und mikroökonomisch – auf der Ebene der Betriebe – neue Modelle der Arbeitsteilung zu erproben.

Gegenüber den Verhältnissen in den 70er Jahren haben sich die heutigen Auseinandersetzungen deutlich verschärft: Damals gingen etwa 10 Prozent eines Altersjahrgangs in die Universitäten und Fachhochschulen. Ihnen standen etwa 15 Prozent Arbeitsplätze offen, für die eine Hochschulausbildung erwartet wurde. Man warb für ‚Aufstieg durch Bildung‘. Heute gehen mehr als 40 Prozent eines Altersjahrgangs in Einrichtungen des Tertiären Bereichs (OECD 2014), sie stehen in Konkurrenz um etwa 25 Prozent ausbildungsadäquate Arbeitsplätze. Eine große Zahl von Enttäuschten ist vorhersehbar, die auf diesem ‚Markt‘ die Verlierer sein werden. Das wird nicht ohne Folgen für eine Politik bleiben, die soziale Benachteiligungen beim Zugang zu den Hochschulen abbauen will. Junge Frauen, Studienbewerberinnen und -bewerber mit Migrationshintergrund oder Ältere, die keine Chancen für Weiterbildung erhalten, werden die Leidtragenden sein. Die große Zahl der in Spanien oder Chile demonstrierenden Hochschulabsolventinnen und -absolventen sollte uns zu denken geben.

Die Alternativen zu einer solchen ‚Politik des Wettbewerbs jeder gegen jeden‘ könnten in einer vorausschauenden Struktur-, Arbeitsmarkt- und Bildungspolitik liegen. Sie könnten dazu beitragen, durch Veränderungen bei der Gestaltung von Arbeitsrollen und -inhalten, bei der Einrichtung von neuen Arbeitsplatzstrukturen neue Arbeitsplätze durchzusetzen: Neugestaltung der Arbeit statt Anpassung an den Status quo, Innovationen statt Rückschritt – so heißen die Alternativen. Absolventenstudien, die im Dialog zwischen

Hochschule und Arbeitswelt eine solche Neuverteilung von Arbeit unterstützen, sollten ein Ziel sein, für das es sich zu engagieren lohnt.

## Studien über den Verbleib von Absolventinnen und Absolventen der Hochschulen

Bislang standen Fragen nach dem Zugang zu den Hochschulen ganz oben auf der gesellschaftspolitischen Agenda: Wie viele junge Menschen sollen ein Studium beginnen können? Wie viele können und wollen wir finanzieren? Verliert die Wirtschaft ihre Innovationskraft und damit ihre Wettbewerbsfähigkeit, wenn an deutschen Hochschulen deutlich weniger studieren als in vergleichbaren Industrieländern – die OECD weist in ihren jährlichen Berichten ‚Education at a Glance‘ (OECD 2014) immer wieder darauf hin, dass der ‚Wirtschaftsriese Deutschland‘ ein ‚Bildungszwerg‘ sei.

Heute gewinnen die wachsenden Probleme beim Übergang von den Hochschulen in den Arbeitsmarkt an bildungspolitischem Stellenwert (Schomburg 2012). Der Blick auf die Proteste der jungen Generation in Spanien, Frankreich oder Italien zeigt, wie junge Menschen reagieren, wenn sie sich um ihre Zukunft gebracht sehen. Sie haben sich das ‚Recht auf Bildung‘ erkämpft und viele Jahre gelernt, nun fordern sie das ‚Recht auf Arbeit‘, um ihr Leben selbst und mit gestalten zu können. Solche Unruhen werden vor Deutschland nicht halt machen, wenn nicht auch unseren Absolventinnen und Absolventen der Hochschulen mehr und ‚ausbildungsadäquate‘ Arbeitsplätze angeboten werden.

Auch diejenigen, die von solchen ‚Nützlichkeitsüberlegungen‘ nichts halten und den Bildungswert ihres Studiums betonen, werden sich mit der Frage auseinandersetzen müssen, was sie nach ihrem Hochschulabschluss mit dem anfangen können, was sie an den Hochschulen gelernt haben. Denn wenn der Hochschulabschluss keine sinnvollen beruflichen Perspektiven eröffnet, wird sich Enttäuschung breit machen. Wenn sich die Anstrengungen nicht ‚lohnen‘, werden die Motivation und der Wille zum Studium nachlassen. Vielleicht liegt darin auch eine Begründung dafür, dass die Zahl derjenigen, die über den ‚zweiten‘ oder ‚dritten‘ Bildungsweg in die Hochschule kommen wollen, so ‚überschaubar‘ ist. Die viel kritisierte soziale Selektivität des deutschen Bildungswesens wird dadurch erhöht. Vor allem junge Frauen mit Migrationshintergrund und Kinder aus einkommensschwächeren Arbeiterfamilien sind die vorhersehbaren Verlierer.

## Von der ‚Humanisierung der Arbeit' zur ‚guten Arbeit'

Es liegt im Interesse einer demokratischen und sozialen Gesellschaft, die junge Generation nicht mit diesen arbeitsmarktpolitischen Problemen allein zu lassen. Der viel zitierte Satz „Du hast keine Chance, also nutze sie" ist zynisch. Er schafft Frust und zerstört ‚soziale Kohäsion', den sozialen Zusammenhalt. Er dämpft den Schwung für jene Veränderungen, die die Zukunft gestalten sollen. Von ihnen wollen auch die Unternehmen profitieren. Die Politik der Anpassung an den Status quo auf dem Arbeitsmarkt bedeutet Stillstand. Gesucht werden muss nach einer Gesamtstrategie für den Bildungsbereich (Hans-Böckler-Stiftung 2012).

Es gilt genügend KITA-Plätze zur Verfügung zu stellen, damit auch junge Eltern Beruf und Familie miteinander verbinden können. Die Strukturen des Schulbereichs sind so weiter zu entwickeln, dass qualitativ anspruchsvolle Bildungsangebote für alle Schülerinnen und Schüler angeboten werden können und behinderte Kinder nicht in isolierte Einrichtungen abgeschoben werden. Niemand soll zurückgelassen werden – ein hoher Anspruch angesichts der großen Zahl von Jugendlichen ohne Bildungsabschluss. Es muss über ein ausgewogenes Verhältnis zwischen Berufsausbildung und Hochschule diskutiert werden, neue Formen der Durchlässigkeit hinter einem lebenslangen Weiterlernen müssen gesucht werden. Die dafür erforderliche Anstrengung wird nicht der ‚Markt' schaffen, er begünstigt – so das Ziel des neoliberalen Konzepts – die ‚Stärkeren'. Wer den Abbau sozialer Ungleichheit will, muss sich für neue Formen einer demokratisch mitbestimmenden Bildungsplanung einsetzen, die nicht an den Bundesländergrenzen haltmacht.

Bildungsnachfrage und Bildungsangebot müssen in einem demokratischen Willensbildungsprozess aufeinander abgestimmt werden. Es gilt einen neuen Bildungsgesamtplan zu entwickeln, der – wie vom Grundgesetz verlangt – in allen Teilen der Republik gleiche Arbeits- und Lebensbedingungen eröffnet. Wenn die Bildungsinteressen aller Bürgerinnen und Bürger verwirklicht werden sollen, müssen neue Formen der gesellschaftlichen Arbeitsteilung gedacht und umgesetzt werden. Die Teilhaberechte der Vielen zu verwirklichen, bedeutet Teilen: Es gilt bei den Veränderungen der Arbeitsplatzinhalte und -strukturen die alte gewerkschaftlichen Forderungen nach ‚Humanisierung der Arbeit' mit der heutigen Diskussion über ‚gute Arbeit' zu verbinden. Innovationen und soziale Veränderungen und nicht Anpassung sollten das Ziel sein (Hans-Böckler-Stiftung 2012).

Die Hochschulen müssen sich dieser Auseinandersetzung um das Verhältnis von Studium und Beruf stärker stellen als bisher – auch im eigenen Interesse (Köhler 2013). Wenn sie ihren Studierenden nicht anbieten, mit

ihnen über sinnvolle berufliche Perspektiven nachzudenken, dann werden
diese fern bleiben. Wenn sich die Hochschulen nicht mit den Veränderungsmöglichkeiten auf den Arbeitsmärkten befassen, werden die Finanzminister
– orientiert am Status quo – allein entscheiden, wie die Verteilung der Studierenden auf Universitäten und Fachhochschulen erfolgen soll. „Bedarf ist,
was wir bezahlen können" hieß es schon einmal. Wenn die Hochschulen in
den härter werdenden Verteilungskämpfen bestehen wollen, dann müssen sie
nicht nur für die Forschungsbereich, sondern auch für den Aufgabenbereich
‚Studium und Lehre' überzeugend belegen, wofür sie gut sind (Teichler 2008).

Im Rahmen der Akkreditierung ihrer Studiengänge sollen die Hochschulen Auskunft über die Beschäftigungsperspektiven ihrer Studierenden
geben. Während bei der Erst-Akkreditierung häufig nur der gute Wille be-
scheinigt wurde, sind die Hochschulen bei der 5 Jahre danach stattfindenden
Re-Akkreditierung aufgefordert, Fakten auf den Tisch zu legen. Dabei zeigt
sich, wie wenig die Hochschulen darauf vorbereitet sind. Hier setzen die
‚Absolventinnen-und Absolventenstudien' an. Die auf Initiative des Kasseler
Hochschulforschungsinstitutes ‚INCHER' erfolgte Gründung des Koopera-
tionsprojektes ‚KOAB' ist ein unterstützenswerter Ansatz, den Aufbau und
die Qualifizierung eines solchen Instrumentariums voran zu treiben und zu
koordinieren (Köhler 2013).

Ein Vorteil der ‚KOAB-Hochschulen' liegt darin, dass sie Vollerhebungen
durchführen und Auswertungen für einzelne Hochschulen und Fachbereiche
vornehmen können. Daraus lassen sich didaktische Konsequenzen für einzelne Studiengänge und Beratungsangebote für Studierende und Lehrende ableiten. Nationale Studien zum Verbleib der Absolventen und Absolventinnen
lassen dagegen nur allgemeine arbeitsmarktpolitische Trendaussagen zu. Eine
wichtige Aufgabe der ‚Absolventinnen- und Absolventinnenstudien' wird
auch darin bestehen, die in den vergangenen Jahren erfolgte explosionsartige
Vermehrung der Studiengänge zu überprüfen. Das gilt insbesondere für die
große Zahl von Master-Studiengängen. Die Gesamtzahl der Studiengänge
an deutschen Hochschulen ist in den vergangenen von 8.500 auf über 15.000
gestiegen. Viele der neuen ‚Nischen-Studiengänge' dienen vor allem dazu, die
Zahl der Studienplätze und Arbeitsplätze der an Hochschulen Beschäftigten
zu rechtfertigen; ob sie tatsächlich geeignet sind, nachhaltige Beschäftigungsmöglichkeiten zu eröffnen, muss erst noch bewiesen werden. Viele werden zu
speziell ausgerichtet und auch deswegen nicht nachhaltig genug sein.

## Studienreform als Aushandlungsprozess

Der Hochschulbezug der KOAB-Studien bietet neue Möglichkeiten, Lehrende und Studierende an der Vorbereitung, Durchführung und Auswertung der Studien zum Verbleib von Absolventinnen und Absolventen zu beteiligen. Die Probleme, die durch die wenig durchdachte Einführung des Bologna-Prozesses hervorgerufen wurden, zeigen, wie wichtig mit den Betroffenen vereinbarte Implementationsstrategien für das Gelingen von Reformen sind: Transparente Willensbildungsprozesse und faire Formen der Partizipation werden die Akzeptanz verbessern und dazu beitragen, dass die gewollten Reformen auch mitgetragen werden.

Die Hochschulen sollten – auch das ist eine Empfehlung des Bologna-Prozesses – Vertreterinnen und Vertreter der Arbeitswelt in diese Diskussionen mit einbeziehen. Ohne die praktischen Erfahrungen der ‚Stakeholder‘ – und das sind Arbeitgeber und Arbeitnehmer bzw. die sie vertretenden Verbände und Gewerkschaften – werden Vorschläge der Hochschulen zur Veränderung der Arbeitsplatzinhalte und -strukturen in den Verwaltungen und Betrieben auf wenig Resonanz stoßen. Gemeinsam in einem ‚Trialog‘ zwischen Hochschule, Staat und Arbeitswelt entwickelte Zukunftsentwürfe werden eher den ‚Reformverdruss‘ überwinden.

Voraussetzungen dafür sind offene Diskussionen über die Ziele, Methoden und Auswirkungen der Studien zum Verbleib von Absolventinnen und Absolventen. Neue Formen der Kommunikation und Partizipation müssen genau so zugesichert werden wie die erforderlichen personalen und finanziellen Mittel. Nur so wird man ‚unproduktives Aussitzen‘ wie auch ‚hinhaltenden Widerstand‘ überwinden. Studienreform kann nur als ein offen auszuhandelnder Prozess gelingen.

## Literatur

Baethge, M., Husemann, R., Hartung, D. & Teichler, U. (1986). Studium und Beruf. Freiburg: Dreisam Verlag.

Bosch, G. (2014). Facharbeit, Berufe und berufliche Arbeitsmärkte. Zukunft der Facharbeit. WSI Mitteilungen – Schwerpunktheft 4–13.

Hampel, L. (2014). Herr Hartz hat einen Plan, Ex-Kanzler-Berater und VW Manager stellt ein Konzept vor. Mit regionaler Beratung und neuem Finanzierungsmodell soll die EU Jugendarbeitslosigkeit sinken. In: *Süddeutsche Zeitung* 24. Juni 2014.

Erichsen, H.-U., Schäferbarthold, D., Staschen, H. & Zöllner, J. (Hrsg.) (2012). Lebensraum Hochschule – Grundfragen einer sozial definierten Bildungspolitik. Siegburg: Verlag W. Reckinger.

Hans-Böckler-Stiftung (Hrsg.). (2012). Expertisen für die Hochschule der Zukunft. Bad Heilbronn: Klinkhardt Verlag.

Köhler, G. (2013). Die soziale Dimension des Europäischen Hochschulraumes. In: Erichsen, H.-U., Schäferbarthold, D., Staschen,H. & Zöllner, E.J.: (Hrsg.). Lebensraum Hochschule – Grundlagen einer sozial definierten Bildungspolitik. Siegburg: Verlag Reckinger.

Kooperationsstelle Hochschule und Gewerkschaften Frankfurt-Rhein-Main (Hrsg.). (2011). Studium und Beruf – Interessen der Arbeitswelt. Werkstattgespräch, http://www.kooperationsstelle Frankfurt-rhein-main.de.

OECD (2014). Society at a Glance 2014. The Crisis and its Aftermath. Paris.

Schomburg, H. (2012). Absolventenstudien im Netzwerk. In: Kehm, B. (Hrsg.): Funktionswandel der Universitäten: Differenzierung, Internationalisierung, Relevanzsteigerung. Frankfurt/ New York: Campus Verlag.

Schomburg, H. & Teichler, U. (Hrsg) (2011). Employability and Mobility of Bachelor Graduates in Europe. Rotterdam, Boston, Taipeh: Sense Publishers.

Teichler, U. (2008). Der Jargon der Nützlichkeit. Zur Employabilty Diskussion im Bologna-Prozess. In: Hochschulwesen 2008/3, 68–79.

# Gewerkschaftliche Medienpolitik – Interessenvertretung für demokratische Medien

*Sabine Nehls*

„In Zeiten des Internets brauchen wir keinen Ansatz des öffentlich-rechtlichen Binnenpluralismus, um die öffentliche Meinungsbildung zu ermöglichen, das funktioniert längst anders", sagte die Kommunikationswissenschaftlerin Miriam Meckel in einem taz-Gespräch (Gernert, 2009). Dem steht eine Frage und eine Behauptung entgegen: Macht es die öffentliche Meinungsbildung substanziell besser, wenn sie ohne den viel gescholtenen Binnenpluralismus erfolgt? Wer die Themenkonjunkturen in den Medien eine Weile verfolgt, kann dem wohl nicht uneingeschränkt zustimmen. Gerade in Zeiten von Internet und Medienkonvergenz brauchen wir sowohl einen Binnenpluralismus als auch die verstärkte Partizipation der Zivilgesellschaft, um eine demokratische Öffentlichkeit zu gewährleisten. Und genau dafür bedarf es auch einer Medienpolitik, die nicht nur von parteipolitischen Interessen geleitet ist.

Wie die Veränderung der Medienlandschaft sich auf die Kommunikation politischer Inhalte auswirkt, das pfeifen inzwischen die Spatzen von jedem Gewerkschaftshaus. Ob als Gast in einer Polittalkshow, als Anbieter eines Internetchats oder als Teilnehmer in einer Call-In-Runde im Hörfunk – Arbeitnehmervertreter und -vertreterinnen werden mit neuen Sendeformaten konfrontiert und sind den Auswahlkriterien eines zunehmend an ökonomischen Interessen orientierten Medienmarktes unterworfen. Ebenfalls in diesen Bereich gehört die Entwicklung globaler Medienmärkte und das Verhältnis nationaler zu europaweiter Medienpolitik, denn medienpolitische Entscheidungsmacht wandert aus dem Nationalstaat in den größeren Raum, ohne dass die zur Kontrolle notwendige kritische Öffentlichkeit dem bisher nachgefolgt ist (vgl. Kleinsteuber, 2005).

Medienpolitik bestimmt mit über ein politisches Feld, das sowohl die Arbeitnehmer und Arbeitnehmerinnen als auch ihre Interessenvertretungen, die Gewerkschaften, in besonderer Weise betrifft: Als Akteure, als ‚Lieferanten' von Nachrichten, sind sie Teil des Mediensystems, als Rezipienten sind sie ‚Käufer' der Produktionen und als ‚Kontrolleure' gestalten sie die Bedingungen, unter denen dieser Austausch stattfindet, mit. Bei diesem Politikfeld geht es sowohl um nationale als auch um internationale Politik. Es geht darum, wie Medien in einer demokratischen Gesellschaft konstituiert sein müssen und funktionieren können, um ihrer Aufgabe als ‚vierte Gewalt' im Staat gerecht zu werden. Und es geht darum, welches Menschenbild über die Medien vermittelt wird.

Wie und mit welchen Mitteln agieren Gewerkschaften in der Medienpolitik, welche Möglichkeiten bietet ihnen die Beteiligung an den binnenpluralen Gremien des Rundfunks und wie nutzen sie diese? Dies sind einige Fragen, denen der folgende Beitrag nachgeht. Er stützt sich in weiten Teilen auf Ergebnisse des Forschungsprojekts ‚Mitbestimmte Medienpolitik – Zustand und Zukunft gewerkschaftlicher Medienpolitik' und betrachtet den Deutschen Gewerkschaftsbund (DGB) und die Vereinte Dienstleistungsgewerkschaft ver.di. Nur kursorisch eingegangen wird auf die betriebliche Ebene, das Wirken der Personal- und Betriebsräte und der vielen ehrenamtlichen Gewerkschaftsmitglieder, die sich dort für die Belange der in den Medien Tätigen einsetzen. Befunde dazu liegen nicht vor.

## Mitbestimmte Medienpolitik

‚Mitbestimmte Medienpolitik' basiert auf zwei Grundbegriffen: Medienpolitik bezeichnet hier politisch motiviertes und intendiertes Handeln, das sich auf die Organisation, die Funktionsweise, die Ausgestaltung und die materielle wie personelle Seite der Massenmedien bezieht. Zum anderen ist diese Definition mit dem Begriff der Mitbestimmung verbunden. Er bezeichnet auch den von den Gewerkschaften in der Medienpolitik erhobenen Anspruch, im Sinne gesamtgesellschaftlicher Verantwortung mitzubestimmen und mitzugestalten. Somit ist dieser Begriff auch tauglich, um medienpolitisches Handeln anderer zivilgesellschaftlicher Gruppen zu beschreiben. „Mitbestimmte Medienpolitik" ist also politisch motiviertes und intendiertes Handeln von Akteuren (Organisationen und Individuen), die nicht Akteure im Sinne von Parteipolitik oder Regierungshandeln sind. Es bezieht sich auf die Organisation, die Funktionsweise, die Ausgestaltung und die materielle wie personelle Seite der Massenmedien.

## Medienpolitik – ein stark reguliertes Politikfeld

Die gewerkschaftliche Medienpolitik spielt sich auf einem politischen Feld ab, das geprägt ist durch eine hohe staatliche Regulierungsdichte; insbesondere gilt dies für den Bereich der Rundfunkpolitik. Gleichzeitig finden sich unterschiedliche Typen von Selbstregulierung (vgl. Hoffmann-Riem, 2000), was auf die Sicherung der freien Kommunikation und das damit verbundene

Gebot der Staatsfreiheit zurückzuführen ist. Hoffmann-Riem spricht von einer „regulativen Umhegung" des Medienbereiches durch den Staat, der damit seinem Gewährleistungsauftrag nachkomme, wenn publizistische Gemeinwohlbelange nicht hinreichend berücksichtigt würden. Mit den pluralistisch zusammengesetzten Aufsichtsgremien sowohl im öffentlich-rechtlichen als auch im privatrechtlichen Rundfunk ist die Beteiligung nichtstaatlicher Akteure in gewissen Grenzen seit Beginn der Geschichte des deutschen Rundfunks nach dem Zweiten Weltkrieg festgeschrieben. Zudem muss festgestellt werden, dass Medienpolitik ein stark juridifiziertes Politikfeld ist (Kleinsteuber, 2007). Die Regulierung stößt in den vergangenen Jahren dabei immer wieder an ihre Grenzen, da die Entwicklung der elektronischen Medien, speziell des Internets, ständig Innovationen hervorbringt, die die medienpolitische Gesetzgebung vor große Herausforderungen stellen. Beispielhaft genannt seien hier die Auseinandersetzungen der Verleger mit Google und die Diskussionen um den Schutz des Urheberrechts in der digitalen Welt.

## Die organisatorische Ausgangslage

Gewerkschaftliche Medienpolitik ist organisatorisch auf unterschiedlichen Ebenen angesiedelt. Die globale und europäische Ebene wird dabei innerhalb des Deutschen Gewerkschaftsbundes (DGB) von der Vereinten Dienstleistungsgewerkschaft (ver.di) abgedeckt. Die nationale Ebene mit der Verantwortlichkeit beim Bundesvorstand ist auch beim Deutschen Gewerkschaftsbund vertreten, ebenso die regionale, also Landesebene. Auf der lokalen Ebene/in den Sendern ist nur ver.di tätig. Die Programmatik zum Feld Medienpolitik zeigt grundsätzliche Gemeinsamkeiten, ist aber bei ver.di stark auf die bei ihnen organisierten Journalistinnen und Journalisten sowie weitere Beschäftigte in den Medien und deren berufsspezifische Anliegen zugeschnitten. Die personelle und finanzielle Ausstattung der Gewerkschaften für Medienpolitik weist Defizite auf, die sichtbar werden, wenn es um medienpolitische Informationsangebote und auch die Vernetzung geht.

Betrachtet man die organisatorischen, programmatischen, personellen und finanziellen Voraussetzungen, so muss konstatiert werden, dass Medienpolitik generell im DGB kein Kernthema ist und in den vergangenen Jahrzehnten mit unterschiedlich starker organisatorischer Anbindung und personeller Ausstattung bearbeitet wurde. Bei ver.di sind medienpolitische Anliegen durch die mitgliederbezogene Interessenvertretung virulent. Dies verdeutlicht eine Analyse der Instrumente, Aktivitäten und Inhalte gewerkschaftlicher Medienpolitik (vgl. Nehls, 2009). Dabei wird Medienpolitik bei ver.di eher mit dem Blick auf die sehr unterschiedlichen Mitgliederinteressen vertreten und kommuniziert. Hierbei spielt auch die Tätigkeit von Personal- und Betriebsräten sowie das ehrenamtliche Engagement z. B. der Sender-verbände eine wichtige Rolle. Der DGB bedient mit seinen Informationen keine speziellen Berufsgruppen, sondern zielt eher auf allgemeine Aussagen zu medienpolitischen Themen und die Kontakte zu Gremienvertretungen, was seiner Rolle als Dachverband und politische Stimme der Gewerkschaften entspricht.

## Die medienpolitische Vernetzung

Die medienpolitische Vernetzung der Gewerkschaften ist unterschiedlich stark und durchaus ausbaufähig. Als strategisch angelegt kann diese am ehes-ten bei ver.di innerhalb der eigenen Organisationen gekennzeichnet werden, wo sie durch diverse Arbeitszusammenhänge auch institutionalisiert ist. So gibt es hier auch einen Arbeitskreis, der sich regelmäßig drei bis vier Mal im Jahr trifft. In ihm tauschen medienpolitisch besonders engagierte Kolleginnen und Kollegen ihre Erfahrungen aus, beraten Strategien und bereiten Veran-staltungen vor. Zudem gibt es eine Mailingliste, über die der stetige Austausch laufen kann. Beim DGB gab es bis vor vier Jahren ebenfalls einen Arbeits-kreis, in dem die für Medienpolitik zuständigen Sprecher und Sprecherinnen der Bezirke und der Gewerkschaften sich austauschen konnten. Dieser wurde nach dem vorletzten DGB-Kongress 2010 eingestellt. Die medienpolitische Zusammenarbeit zwischen ver.di und dem DGB ist stetig verbessert worden, das gilt insbesondere bei Stellungnahmen und Veranstaltungen, aber auch für den kontinuierlichen Austausch.

Die Vernetzung zu außerorganisatorischen medienpolitischen Akteuren könnte durchaus stetiger und strategischer angelegt werden, wenn entspre-chende, vor allem personelle, Kapazitäten vorhanden wären. Das personelle Dilemma ließe sich aber auch lindern, wenn die Gewerkschaften ihre Akti-vitäten stärker einem insgesamt zu wenig genutzten Knotenpunkt der Ver-netzung zuwenden würden: die Gremienmitglieder als mitbestimmungspo-litische Akteure, die mit ihren vielfältigen, zumindest optional vorhandenen Kontaktmöglichkeiten durchaus zur Optimierung der Vernetzung beitragen könnten. Die Bereitschaft der gewerkschaftlichen Gremienmitglieder hierzu ist hoch und ihre Einbindung auch in die formellen und informellen Netz-werke innerhalb der Gremien nicht gering. Eine Voraussetzung für eine verbesserte Nutzung dieser Möglichkeiten wären kontinuierliche Angebote für einen Informationsaustausch sowohl zwischen den Gremienmitgliedern

als auch mit den entsendenden Organisationen. Diese fanden lange Zeit aber
nur unregelmäßig statt. So organisierte der DGB einige Gremientreffen, auch
ver.di machte hier einige Angebote. Allerdings muss auch registriert werden,
dass diese Tagungen unterschiedlich stark von den Gremienmitgliedern
angenommen werden. Besser ist die Situation überall dort, wo Gremienmitglieder durch andere Tätigkeiten in innergewerkschaftliche Zusammenhänge
eingebunden sind, beispielsweise als Mitglieder in Fachgruppen oder Arbeits-
kreisen. Insgesamt aber könnten hier durchaus vorhandene Möglichkeiten
besser genutzt werden, gewerkschaftliche Positionen zu platzieren und mit einer stärkeren Vernetzung größere Durchsetzungskraft für eine Mitbestimmte
Medienpolitik zu schaffen, die zudem Akteure aus anderen gesellschaftlich-
relevanten Gruppen stärker einbeziehen müsste. Damit sind auch die wichtigsten potentiellen Bündnispartner sowohl auf Gremienebene als auch auf
regionaler und bundespolitischer Ebene benannt: Kirchen, Wohlfahrts- und
Verbraucherverbände sowie Kultureinrichtungen seien als Beispiele erwähnt.
Es gibt zwar Kontakte, diese sind meistens anlassbezogen, beispielsweise
wenn es um Stellungnahmen zu Gesetzesvorhaben oder Ähnliches geht.

## Information und Qualifizierung von Gremienmitgliedern

Themen, die im medienpolitischen Diskurs eine Rolle spielen, sind auch die
Themen, mit denen Gremienmitglieder sich in ihrer Arbeit konfrontiert se-
hen. Diese spiegeln sich zum Teil in den von Gewerkschaften angebotenen
Informationsmedien und Tagungen wider. Die vielfältigen medienpolitischen
Informationen aus den Gewerkschaften werden teilweise sehr gut von den ge-
werkschaftlichen Gremienmitgliedern genutzt. Allerdings beurteilen sie die
Qualität der Informationen sehr gespalten. Hier hat sich in den vergangenen
Jahren einiges sehr verbessert: So hat ver.di seine Informationen zu medienpolitischen Themen im Internet ausgebaut, z. B. mit den ‚Quartalsberichten
zur Medienwirtschaft‘ oder diversen Newslettern. Auch das Instrument der
Mailinglisten wurde ausgebaut. Der DGB hat seine Informationen ebenfalls
professionalisiert und erreicht damit zunehmend mehr Interessierte, z. B. mit
dem DGB-medien-newsletter, der inzwischen einen festen Platz im medienpolitischen Informationstableau auch nicht-gewerkschaftlicher Entschei-
derinnen und Entscheider einnimmt. Dabei ist die Behandlung des Themas
Medienpolitik in den jeweiligen Internetauftritten sicher noch zu optimieren.
Auch in der umgekehrten Richtung zeigt sich Verbesserungsbedarf bei der
Kommunikation und Information. Eine ‚Rückleitung‘ für Informationen
von den Gremienmitgliedern zu ihren entsendenden Organisationen sollte

als selbstverständlich angesehen und etabliert werden. Hierzu bedarf es aber geeigneter Mechanismen, die durch die Gewerkschaftsorganisationen angeboten werden müssten. Auch wäre es vorstellbar, auf den Gewerkschaftsseiten Foren anzubieten, in denen Gremienmitglieder aus ihrer Arbeit berichten und sich austauschen können. Allerdings sind solche Instrumente betreuungsintensiv und die geringen personellen Kapazitäten stehen dem im Weg.

Zudem könnten die Kompetenz und damit der Einfluss gewerkschaftlicher Gremienmitglieder durch mehr Weiterbildungsangebote gesteigert werden. Wie Fallstudien zu den Gremien gezeigt haben, wird in ihnen selbst keine kontinuierliche Qualifizierung und Weiterbildung angeboten. Die gewerkschaftlichen Gremienmitglieder jedenfalls wünschen sich durchaus mehr Schulungsangebote und sind auch bereit, hierfür Zeit zu investieren. Es gibt keine, auch nicht gewerkschaftliche, Bildungsangebote, die neue Gremienmitglieder auf ihre Aufgabe vorbereiten oder systematisch die Gremienmitglieder während ihrer Arbeit begleiten. Vorstellbar wäre beispielsweise die Entwicklung eines ‚Gremiengrundkurses‘ und thematisch gebündelter Lerneinheiten, die durchaus auch in gewerkschaftlichen Bildungseinrichtungen angeboten werden sollten. Die Gremienmitglieder als mitbestimmungspolitische Akteure werden in Bezug auf Weiterbildung und Qualifizierung bisher im Gegensatz zu Betriebs- und Aufsichtsräten von den entsendenden Organisationen weitgehend allein gelassen.

### Selbstverständnis und Themen gewerkschaftlicher Medienpolitik

„Immer neuere Technologien und Anwendungsgebiete, die Aufsplitterung in Spezialthemen, der immer schnellere Zugang zu immer mehr Informationen. Für uns Gewerkschaften stellt sich dabei auch die Frage: Wie verändern die technischen Entwicklungen die Arbeitsbedingungen in den und außerhalb der Medien?", schreibt der DGB-Vorsitzende Reiner Hoffmann (2014). Journalistische Qualitätsarbeit zu sichern sei dabei eine wichtige Herausforderung: Angesichts der trimedialen Ausrichtung von Redaktionen, der Streichung und Auslagerung von Arbeitsplätzen in nicht tarifgebundene Tochtergesellschaften oder Leiharbeitsfirmen, in Zeiten von Newsdesks, Redaktionspools und täglich neu entstehender Blogs im Internet.

Aber die Gewerkschaften gehe das Thema Medien auch aus gesellschaftspolitischer Sicht an: Nicht zuletzt die NSA-Affäre zeige, wie wichtig es ist, die Presse- und Medienfreiheit zu stärken, die Bürgerrechte zu wahren und die technischen Möglichkeiten mit einem angemessenen rechtlichen Rahmen auszustatten. „Wir brauchen als demokratische Gesellschaft vielfältige, publizistisch hochwertige Medien, weil sie ein Grundpfeiler unserer freien Grundordnung sind. Deshalb mischen wir uns in die vielen Debatten um die Gegenwart und Zukunft der Medien ein. Deshalb bleiben wir im Austausch mit anderen medienpolitischen Akteuren. Deshalb engagieren sich unsere Gremienmitglieder in den Rundfunkräten und den Landesmedienanstalten. Der Deutsche Gewerkschaftsbund versteht sich auch in diesem Sinne als Interessenvertretung." (Hoffmann, 2014) Dieses Selbstverständnis prägt die Medienpolitik des DGB.

Die Themen, mit denen sich gewerkschaftliche Medienpolitik auseinandersetzen muss, sind vielfältig. So umreißt der entsprechende Antrag zum 19. Ordentlichen Bundeskongress des DGB folgende Bereiche: Medienwandel, Meinungsvielfalt und Meinungsmacht, Zukunft des öffentlich-rechtlichen Rundfunks, Gremien, Förderung von Qualitätsjournalismus, Zugang aller zu unabhängigen Medien, Schutz von Urheberrechten, Europäische Medienpolitik, Rechte von Journalistinnen und Journalisten weltweit, Potenzial der Beschäftigten in den Medien. Die Stellungnahmen und Pressemeldungen der vergangenen Jahre spiegeln die Themenbreite ebenfalls wieder: Von der Auseinandersetzung um die Onlinepräsenz der öffentlich-rechtlichen Rundfunkanstalten bis zu Redaktionsdurchsuchungen, Tarifflucht in der Verlagsbranche und dem Kampf und den Mindestlohn auch für Zeitungszustellerinnen und Zeitungszusteller. Der DGB und ver.di sind hier im Zusammenspiel gefordert: Der eine äußert sich in der Hauptsache zu übergreifenden Themen, die andere insbesondere zu Anliegen, die die Beschäftigten bzw. die Arbeitsbedingungen in den Medien betreffen. Bei wichtigen gesetzlichen Vorhaben geben beide oft auch gemeinsame Stellungnahmen ab, z. B. bei den Rundfunkstaatsverträgen. Interessanterweise hat die Otto-Brenner-Stiftung der IG Metall in den vergangenen Jahren die Medien wissenschaftlich in den Blick genommen. So sind einige Studien zu den „Bild "-Medien entstanden, aber auch eine Veröffentlichung zu den Rundfunkgremien (Wolf, 2013).

## Fazit und Ausblick

Gewerkschaften verstehen sich zum einen als Vertretung der Mediennutzerinnen und -nutzer insgesamt, zum anderen als Interessenvertretung der in den Medien Beschäftigten. Gewerkschaftlicher Akteure sind vielfältig medienpolitisch aktiv: In den Unternehmen, in den Gremien, in politischen Veranstaltungen und Gesprächsrunden. Programmatische und organisatorische Voraussetzungen in den Gewerkschaften und die Handlungs- und Einflussmöglichkeiten der Mitbestimmungsakteure in den Rundfunkgremien hängen eng zusammen. Die gewerkschaftlichen Gremienmitglieder könnten als mit-bestimmungspolitische Akteure wichtige Vernetzungsknoten in der Medien-politik sein und von den Organisationen besser als solche genutzt werden. Ihre Information und Qualifikation durch die entsendenden Organisationen sollte verbessert werden. Für eine effektivere ‚Mitbestimmte Medienpolitik' müsste die Vernetzung mit anderen gesellschaftlich relevanten Gruppen in-tensiviert werden.

## Literatur

Gernert, J. (2009). Tausendsassa Miriam Meckel. Die glücklich Unerreichbare. In *taz* vom 12.6.2009 (http://www.taz.de/1/leben/medien/artikel/1/die-glueck-lich-unerreichbare/).

Hoffmann, R. (2014). Die Medienwelt gestalten – Gewerkschaften sind dabei. In Deutscher Gewerkschaftsbund (Hrsg.), DGB-medien-newsletter (Mai 2014). Berlin.

Hoffmann-Riem, W. (2000). Thesen zur Regulierung der dualen Rundfunkord-nung. Medien und Kommunikationswissenschaft, (Jg. 48, Heft 1), S. 7–22.

Kleinsteuber, H.J. (2005). Medienpolitik, In Hepp, A., Krotz, F., Winter, C. (Hrsg.). Globalisierung der Medienkommunikation. Eine Einführung im globalen Kontext (S. 93–116). Wiesbaden: VS Verlag für Sozialwissenschaften.

Kleinsteuber, H. J. (2007). Rundfunkaufsicht zwischen Regulierung und Gover-nance. Zur Rolle von Staat, Wirtschaft und Gesellschaft. In Donges, P. (Hrsg.). Von der Medienpolitik zur Media Governance? (S. 43–66). Köln: Halem.

Nehls, S. (2009). Mitbestimmte Medienpolitik. Gewerkschaften, Gremien und Governance in Hörfunk und Fernsehen. Wiesbaden: VS Verlag für Sozialwis-senschaften.

Wolf, F. (2013). Im öffentlichen Auftrag. Selbstverständnis der Rundfunkgremien, politische Praxis und Reformvorschläge. Eine Studie der Otto Brenner Stif-tung. OBS-Arbeitsheft 73. Frankfurt/M.

# Gewerkschaften und Bildungsjournalismus

*Dietmar Muscheid und Matthias Anbuhl*

Nach dem Aus von *Westfälischer Rundschau, Nürnberger Abendzeitung* und *Financial Times Deutschland,* der beantragten Insolvenz der *Münchener Abendzeitung* sowie den finanziellen Turbulenzen bei der *Frankfurter Rundschau* wurde zuletzt wieder verstärkt über den ‚Medienwandel' debattiert. Der Begriff ist nicht falsch, weil tatsächlich das Geschäftsmodell Print an mehreren Stellen an seine Grenzen gestoßen ist, sich Inhalte ins Netz verlagern und dort oft nicht mehr von denen bereitgestellt werden, die es früher taten: den Verlagen. Es hat sich also einiges gewandelt, was auch daran liegt, dass das klassische Geschäftsmodell aus Abo- und Werbeerlösen (noch) nicht vollständig auf das Netz übertragbar ist.

Auf der anderen Seite zeichnen sich Medien – wie die meisten anderen Branchen – aber dadurch aus, dass sie sich ständig wandeln, ihr Produkt verbessern und neue Entwicklungen adaptieren. Insofern ist das, was jetzt als Wandel beschrieben wird, vielleicht eher die Folge der Tatsache, dass ein Wandel an einigen Stellen viel zu wenig stattgefunden hat. Müssen wir deshalb eher von einem Umbruch oder gar dem Ende eines ganzen Wirtschaftszweiges, wie ihn die Gewerkschaften zum Beispiel beim Bergbau begleiten mussten, ausgehen? Vielleicht wäre auch das übertrieben. Eindeutig hingegen ist, dass wir in den Medien mit neuen Strukturen konfrontiert sind, die auch für die Gewerkschaften große Herausforderungen bedeuten.

## Die Aufgabe des Journalismus

Der DGB als gewerkschaftlicher Dachverband hat dabei neben der Situation der Mitarbeiterinnen und Mitarbeiter in den Medienhäusern stets auch die politische und gesellschaftliche Dimension der Medien im Blick zu behalten. Die Wirklichkeit der meisten Menschen ist stark bestimmt durch die veröffentliche Wirklichkeit – man kann auch von einem medialen Filter sprechen. Wenn der Journalismus stirbt oder zumindest kränkelt, dann hat dies auch direkte Auswirkungen auf die Wahrnehmung der Menschen von der Wirklichkeit.

Zugegeben ist Journalismus ein weiter Begriff und er ist durch neue Medien eventuell sogar noch weiter geworden. Die Gewerkschaften verstehen unter Journalismus vielleicht ein gewisses Ideal, das dem der zu Beginn des 20. Jahrhunderts in den USA als ‚Muckraker' bezeichneten Journalisten entspricht. Ein ‚Muckracker' recherchiert und deckt Skandale der Mächtigen in Wirtschaft und Politik auf, die ohne ihn nie ans Licht gekommen wären. Günter Wallraff ist ein deutsches Beispiele für diese Art der Berichterstattung.

Tatsächlich erfüllt Journalismus die Aufgabe, Mächtige zu kontrollieren, Missstände aufzudecken und gesellschaftliche (Fehl-)Entwicklungen aufzuzeigen und zu analysieren. Journalismus bedeutet Aufklärung; er schaut hinter die Fassaden, geht raus auf die Straße, dorthin, wo das wahre Leben ist. Er stellt die Wirklichkeit jenseits der durch Eliten vermittelten Wirklichkeit dar. Er hinterfragt die bestellten Wahrheiten der Propagandamaschinen. Journalismus zeichnet sich durch die Fähigkeit aus, sich zu empören und emphatisch zu sein. Mit Empörung ist dabei nicht das Reiten auf den in immer kürzeren Abständen auftretenden Erregungswellen gemeint, wie sie zuletzt unter anderem der Tübinger Medienwissenschaftler Bernhard Pörksen oder auch der ehemalige ZDF-Chefredakteur Nikolaus Brender (2012) aufgezeigt haben. Mit dieser Empörung ist auch nicht ein kurzatmiger Voyeurismus gemeint, wie es ihn zum Beispiel im Fall der Berliner Rütli-Schule gegeben hat. Die Lehrerinnen und Lehrer der Hauptschule hatten einen Hilferuf veröffentlicht, in dem sie die unhaltbaren Zustände an ihrer Schule beklagten. Was folgte war eine wochenlange Belagerung der Schulen durch Kamerateams und eine Berichterstattung, die vielfach sensationslüstern den überheblichen Blick des Bildungsbürgertums auf die vermeintliche Unterschicht zeigte.

Die Empörung, die wir meinen, ist die, die nicht aus einer Sehnsucht nach Auflage entspringt, sondern die sich aus einer inneren Haltung ergibt. Einer Haltung die – nur zum Beispiel – der Maxime folgt, dass Journalismus auch die Aufgabe hat, denen eine Stimme zu geben, die sonst nicht gehört werden. Eine Haltung, die sich immunisiert gegen Eitelkeit, kurzfristige Trends, einem Zeitgeist und den Einflüsterungen der sogenannten Opinion Leader in den Leitmedien. Empathiefähigkeit bedeutet, Ängste, Nöte und Lebenswirklichkeit einer Schicht nachempfinden zu können, der man selbst nicht angehört. Eine Haltung, die auch die Perspektive der Ausgegrenzten im Bildungswesen – sei es an Haupt- oder Förderschulen oder in den zahllosen Warteschleifen im Übergang von der Schule in die Ausbildung – einnimmt.

Dass Journalisten dies kaum noch können, haben Weischenberg, Malik & Scholl (2006) gezeigt. Laut ihrer Studie bewegen sich Journalisten in einem abgeschlossenen Milieu ‚unter sich' und können so kaum für ein vielfältiges Bild sorgen.

Die systematische Trennung der Lebenswelten, die durch die Auslese im gegliederten Bildungssystem angelegt ist, hat auch hier ihre Konsequenzen.

Es war die konservative Konrad-Adenauer-Stiftung, in deren Auftrag Merkle & Wippermann (2008) ihre Studie „Eltern unter Druck" erstellten. In dieser Studie heißt es, dass unsere Gesellschaft auf dem Weg in eine „neue Art von Klassengesellschaft" sei. Nicht mehr nur die höchsten Kreise, sondern bereits die breite Mittelschicht grenze sich massiv nach unten ab. Man könne fast schon von einer Kontaktsperre sprechen. Man ziehe in gute Viertel, schicke die Kinder auf Privatschulen und fördere das eigene Kind mit Sport- und Musikunterricht. Eine gesellschaftliche Entwicklung, die auch viele Journalistinnen und Journalisten, die in aller Regel dem akademischen Milieu entstammen, prägt. Die Lebenswirklichkeit von Förder- und Hauptschulen und das System der beruflichen Bildung bleiben vielen Redakteurinnen und Redakteuren fremd. So ist es wenig verwunderlich, dass eine der ersten bildungspolitischen Debatten nach dem PISA-Schock 2001 vor allem die Frage des Zentralabiturs in den Blick nahm und nicht die soziale Spaltung unseres Bildungssystems. Es ist auch kein Zufall, dass die Ausbeutung der Generation Praktikum – vornehmlicher junger Akademikerinnen und Akademiker – in den Medien zurecht eine große Rolle spielte, während mehr als eine Million junger Menschen ohne Berufsabschluss kaum beachtet werden.

In den 70er Jahren attestierte Elisabeth Noelle-Neumann (1980) Journalisten eine „Linkslastigkeit". Was das ‚Orakel vom Bodensee' feststellte, war aber ein Trugschluss. Journalistinnen und Journalisten sind damals wie heute nicht in Mehrheit ‚links' oder ‚linkslastig'. Nur die Parteinahme für Schwache, die letztlich zum Kern des Journalismus zählt, wird und wurde als ‚links' wahrgenommen. Heute hat man übrigens den Eindruck, viele Medienmacher orientierten sich eben nicht mehr an den Schwachen, sondern an den Eliten. Wo man sich früher abgrenzen wollte, will man heute dazu gehören.

Geht es um den Ausbildungsmarkt, wird meist die Perspektive des Unternehmers eingenommen. Klagen über die vermeintlich fehlende ‚Ausbildungsreife' der Jugendlichen werden vielfach unkritisch abgedruckt. Der Blick auf fehlende Ausbildungsplätze, die schlechten Chancen von Hauptschülerinnen und -schülern bei der Suche nach einem Ausbildungsplatz oder gar die mangelnde Qualität mancher Ausbildungsbetriebe werden nur selten thematisiert. Es wäre spannend zu erfahren, in welche Richtung sich diese ‚Schweigespirale' heute windet, sofern dieses Konstrukt überhaupt realistisch ist. Oder geht es einfach nur weiter nach oben zu den Eliten?

Mehr noch: Durch so genannte Medienpartnerschaften agieren mittlerweile renommierte Tageszeitungen selbst als Partner der Wirtschaft und mitunter als Lobbyist für Arbeitgeber-Verbände. „Mehr Wirtschaft in die Schule", lautet beispielsweise der Schlachtruf eines Netzwerks aus Arbeitgeber-Verbänden, der Initiative Neue Soziale Marktwirtschaft bis hin zu vielen

Konzernen. Mit der Forderung nach einem eigenständigen Schulfach Wirtschaft und in weiten Teilen nicht seriösen Unterrichtsmaterialien infiltriert die Arbeitgeber-Lobby unsere Schulen.

Ein wesentlicher Akteur ist die Initiative ‚Handelsblatt macht Schule', die seit mehr als zehn Jahren kostenlose Materialien zum Thema Wirtschaft für die Schulen produziert. In der Unterrichtseinheit ‚Unsere Wirtschaftsordnung' (Kaminski, Koch & Eggert, 2011) steht unverblümt, dass der deutsche Staatsapparat zu groß sei. Der neoliberale Ökonom Hans-Werner Sinn kann klagen, dass der deutsche Staat zu wenig spare (2011, S. 93 f.). Im Unterrichtsmaterial ‚Fachkräfte verzweifelt gesucht' wird erneut die mangelnde Ausbildungsreife der Jugendlichen beklagt. Hauptursache für die sinkende Zahl der Ausbildungsverträge sei „nicht die mangelnde Ausbildungsbereitschaft der Betriebe". Dass nach den Statistiken des Bundesinstituts für Berufsbildung nur noch gut jeder fünfte Betrieb ausbildet – der niedrigste Stand seit 1999 – wird glatt verschwiegen. In solchen Unterrichtsmaterialien wird unter dem Titel des seriösen Handelsblatts schlichtweg die Sicht der Arbeitgeber-Lobby an Lehrkräfte sowie Schülerinnen und Schüler durchgereicht.

Was Gewerkschaften brauchen und sich in weiten Teilen mit ihren Interessen deckt, ist ein ‚Haltungs-Journalismus, wie die Arbeit der ‚Muckraker'. Denn die Mächtigen, die es durch den Journalismus zu kontrollieren gilt, sind in unserer Gesellschaft immer auch auf Seiten der Wirtschaft und Politik zu finden. Zudem gehören die Arbeitnehmerinnen und Arbeitnehmer – die übrigens immer noch den Großteil der Medienrezipienten ausmachen und Hauptabnehmer journalistischer Produkte sind – zunehmend zu denen, an deren Lebenswelt in den Medien nicht mehr angeknüpft wird.

Trotz allem sehen wir, solange es kritischen und aufklärerischen Journalismus gibt, werden Gewerkschaften auch in den Medien Verbündete finden. Ein aktuelles Beispiel dafür ist die viel beachtete Dokumentation ‚Ausgeliefert! Leiharbeit bei Amazon'. Und weil das so ist, kann gewerkschaftliche Medienpolitik sich nicht nur auf Tarifpolitik in den Medienhäusern beschränken. Sie müssen einen Schritt weiter gehen. Es geht um journalistische ‚Arterhaltung'. Es geht um Schutzräume jenseits des Marktgeschehens. Hier hat der öffentlich-rechtliche Rundfunk eine maßgebliche Bedeutung.

Das langsame Zeitungssterben sowie die inzwischen weit fortgeschrittene Pressekonzentration (die fünf größten Verlage haben im Land einen Marktanteil von 44 Prozent) zeigen, dass es unterstützender Maßnahmen bedarf. Staatliche Eingriffe sind dabei gerade vor dem Hintergrund historischer Erfahrungen weitestgehend zu vermeiden, abgesehen von einer möglichen Stärkung der Selbstkontrolleinrichtungen wie dem Deutschen Presserat, der aktuell kaum Qualitätsdebatten anstößt und zudem in seinen Zuständigkeiten massiv eingeschränkt ist. Auch die in NRW verfolgten Pläne einer am Grimme-Institut angesiedelten Stiftung Medientest sind zumindest auf den ersten Blick vielversprechend.

## Gewerkschaftliche Medienpolitik

Aus Sicht der Gewerkschaften muss neben der täglichen Arbeit in den Verlagen und Rundfunkhäusern, wie sie insbesondere durch ver.di bzw. die DJU wahrgenommen wird, vor allem der Bereich in den Mittelpunkt gestellt werden, in dem es Möglichkeiten der ‚Einflussnahme' gibt, wobei ‚Einflussnahme' ausdrücklich als Stärkung von Qualität und Unabhängigkeit verstanden werden muss. Konkret betrifft dies die Gremien des öffentlich-rechtlichen Rundfunks und der Landesmedienanstalten. Dort kann es nicht nur Aufgabe sein, dafür zu sorgen, dass die eigenen Funktionäre regelmäßig im Programm auftauchen. Allein schon deshalb, weil der dadurch entstehende Fifty-Fifty-Journalismus, wie ihn zum Beispiel der nordrhein-westfälische Medienstaatssekretär Marc Jan Eumann genannt hat, überhaupt nichts mit Aufklärung durch Medien zu tun hat. Beispielhaft sind dafür diverse Nachrichtenformate, die sich darauf beschränken, Sachverhalte mit Rede und Widerrede darzustellen. Auf die dabei entstehenden Paarungen ist in der Regel Verlass – egal um welchen Inhalt es geht. Regierung vs. Opposition, Gewerkschaft vs. Arbeitgeberverband usw. ‚Glück' haben lediglich Wissenschaftler, die oftmals den Nimbus der unbestechlichen Objektivität haben und deren Aussagen daher allgemeine Gültigkeit, die keiner Widerrede bedarf, zugeschrieben wird. Was für die Wissenschaftler gilt, betrifft dabei auch verschiedene Organisationen, wie etwa die Verbraucherzentralen oder den vermeintlich neutralen FDP-nahen Bund der Steuerzahler, den einige offenbar nicht vom Bundesrechnungshof zu unterscheiden wissen.

All das wird als professioneller, objektiver Journalismus verkauft. Aber eine fehlende Haltung ist weder objektiv noch professionell. Journalismus darf sich nicht damit zufrieden geben, Meinungen abzufragen und gegenüber zu stellen. Journalismus prüft Argumente. Er fragt nicht nur nach sondern er hinterfragt Positionen und konfrontiert sie mit der Wirklichkeit. Ja, Journalismus macht Arbeit! Journalist ist nicht nur Beruf, sondern auch Berufung.

Zudem hat die zunehmende Verwahrlosung des Arbeitsmarktes für Journalistinnen und Journalisten konkrete Auswirkungen auf die Qualität der Berichterstattung. Personalabbau und Outsourcing dünnen die Redaktion aus. Fachlich versierte Redakteurinnen und Redakteure werden seltener oder sie haben wegen zunehmender Arbeitsverdichtung kaum die Möglichkeit, sich vertieft mit den Details der PISA-Studien, Ausbildungsstatistiken etc. auseinanderzusetzen. Vielfach bleibt ein ‚Pressekonferenz-Journalismus‘, der Statements und Pressemitteilung bestenfalls korrekt referiert, aber kaum hinterfragt.

Die Gewerkschaften erkennen die Bedeutung der Medienpolitik und es gibt mehr als nur erste Ansätze, die zeigen, dass die sich aus Mandaten ergebende gesellschaftliche Verantwortung nachdrücklich wahrgenommen wird. Nur einige Beispiele:

- Mit seinem Brief an NDR-Intendant Lutz Marmor hat der Vorsitzende des DGB Bezirks Nord, Uwe Polkaehn, die Debatte über die Börsenberichterstattung der ARD, die sich in Teilen am Rand der Schleichwerbung für Analysten und Spekulanten bewegt, wieder in Gang gebracht. In Blick genommen werden müssen dabei erneut auch die Nebentätigkeiten der in den öffentlich-rechtlichen Sendern tätigen Redakteure und Mitarbeiter der Wirtschaftsredaktionen. Im Zusammenhang mit den Vorträgen des ehemaligen SPD-Kanzlerkandidaten Peer Steinbrück wurde von und in den Medien auch die (berechtigte) Frage diskutiert, inwieweit eine mögliche Nähe zu Wirtschaftseliten Einfluss auf das Handeln der Person hat, weil sich daraus Abhängigkeiten ergeben. Eine Debatte, die – nur um ein Beispiel von sehr vielen zu nennen – auch über die ARD-Börsenberichterstatterin Anja Kohl geführt werden könnte, über die es auf der Homepage der Agentur ‚Econ Referenten‘ heißt: „Unternehmen und Verbände laden die ebenso charmante wie kompetente Rednerin gerne zu Vorträgen ein.“
- Der Fernsehsender Phoenix strahlt die im Wechsel u.a. von Marc Beise (*Süddeutsche Zeitung*) und Nina Ruge moderierte Sendung ‚Forum Manager‘ aus, bei der auch schon Ruges Ehemann, der Vorstandsvorsitzende der Linde AG, Wolfgang Reitzle, aufgetreten ist. Warum Phoenix einen eigenen – und man darf behaupten: weitgehend unkritischen – Manager-Talk braucht, gehört zu den zahlreichen Programmrätseln, die einem das Fernsehen auferlegt. Das Aufwerfen dieser Frage hat aber immerhin dazu geführt, dass auch der damalige IG Metall-Vorsitzende Berthold Huber als Gesprächspartner eingeladen wurde.
- Die Otto-Brenner-Stiftung beackert seit einiger Zeit das Feld der Medien und hat mit Studien etwa zur Berichterstattung der ‚Bild‘ oder über die fortschreitende Banalisierung des TV-Programms (‚hohle Idole‘) wichtige Debatten in Gang gebracht. Diese Debatten führen nicht dazu, dass überall 180-Grad-Wendungen hingelegt werden. Aber es ist eben auch nicht so, dass sie einfach nur verhallen. Es klingt etwas nach. Sie schärfen das

Bewusstsein und entfalten so eine – wenn auch nicht unbedingt messbare – Wirkung.

- Die Rundfunkräte und unter ihnen die Gewerkschaftsvertreter haben mit kritischen Nachfragen einen Prozess in Gang gebracht, an deren Ende eine Reform der ARD-Talkshowschiene stehen könnte. Das eröffnet dann hoffentlich neue Spielräume für politische Dokumentationen oder eine Rückkehr zu längeren Sendezeiten bei den politischen Magazinen. Dabei soll die Talkshow als Raum des politischen Diskurses durchaus ihren Platz haben. Aber eben auch genau dafür und nicht unbedingt fünf Mal in der Woche.

- In der ‚Initiative Schule – Arbeitswelt‘ der DGB-Gewerkschaften werden Medienpartnerschaften und Unterrichtsmaterialien auch der Initiative ‚Handelsblatt macht Schule‘ kritisch bewertet und von einem Netzwerk aus Wissenschaftlerinnen und Wissenschaftlern kritisch begutachtet.

## Der medienpolitische Auftrag

Die vorigen Beispiele zeigen, dass Gremienarbeit auch im Bereich der Medien zielführend ist. Für die Gewerkschaften ergibt sich daher folgender medienpolitischer Auftrag:

1. Wir müssen das Programm kennen, das wir zu beaufsichtigen haben. Dies ist die Voraussetzung dafür, Fehlentwicklungen klar benennen zu können.
2. Wir müssen uns noch stärker in Qualitätsdebatten einmischen. Dies gilt insbesondere für den Dachverband DGB als ‚politischer Stimme‘ der Arbeitnehmerinnen und Arbeitnehmer. Einmischung bedeutet dabei für mich das genaue Gegenteil von Verhinderung kritischer Berichterstattung, wie sie offenbar durch die CSU im ZDF versucht wurde. Uns muss es darum gehen, kritischen Journalismus zu unterstützen und diesen sogar einzufordern, um eine Programm-Verflachung zu verhindern.
3. Die Gewerkschaften müssen also als Anwalt für Journalismus eintreten und diesen von den Verantwortlichen vor allem in den öffentlich-rechtlichen Rundfunkanstalten einfordern. Dazu zählt auch, dass Journalisten Freiräume für Recherche haben müssen. Stellenpläne sind relevant! Wir müssen im Auge haben, wo gespart wird. Die Streichung von Korrespondentenstellen auch beim öffentlich-rechtlichen Rundfunk ist hoch bedenklich.

4. Die Gewerkschaften müssen dazu ihre Aktivitäten in den Gremien aus-
   bauen und wo nötig externen Sachverstand einholen. Dazu bedarf es entsprechender Regelungen in den Staatsverträgen.
5. Die Gewerkschaften müssen sich Verbündete suchen, z.B. die Kirchen.
   Der Politik muss die Bedeutung der Medienpolitik vor Augen geführt
   werden. Posten in Rundfunkräten dürfen nicht als ‚Versorgungsbonus‘
   missbraucht werden oder nur dem persönlichen Netzwerk politischer
   Karrieristen dienen.
6. Wir müssen uns weiter um die Arbeitsbedingungen im Journalismus
   kümmern und zwar in allen Mediengattungen inklusive Onlinejournalis-
   mus. Noch immer machen viele Verlage gute Renditen. Die – auch medial
   erzeugte – Untergangsstimmung darf davon nicht ablenken. Es ist ein
   schlechtes Zeichen, wenn der Medienwissenschaftler Horst Röper jungen
   Menschen davon abrät, den Beruf der Journalistin/des Journalisten zu
   ergreifen. Ein ‚brain drain‘ im Journalismus wird dazu führen, dass noch
   weniger ‚Haltungs-Journalismus‘ stattfindet. Wolf von Lojewski immerhin rief beim Mainzer Mediendisput, einer der wichtigen Veranstaltungen
   des politischen Diskurses über Medien, in seiner ebenfalls sehr lesenswer-
   ten Rede den ‚Jungen‘ zu, Journalist bzw. Journalistin sei immer noch der
   schönste aller Berufe. In diesem Zusammenhang könnte auch die Frage
   der Journalistenausbildung ein zunehmend wichtigerer Bereich werden.

Natürlich gibt es viele weitere Felder im Bereich der Medien, in denen wir
tätig sein müssen und tätig sind: etwa die Netzpolitik. Auch hier gilt es,
den Wandel zu gestalten. Die Frage, wie Journalismus in Zukunft finanziert
werden kann, müssen zunächst andere beantworten. Dass bei den aktuell de-
battierten Stiftungsmodellen auch gewerkschaftsnahe Stiftungen gefragt sein
könnten, sollte aber keinesfalls aus dem Blick verloren werden.
　　Wir müssen lernen: Die Medienpolitik ist für den DGB ein Arbeitsgebiet,
das ebenso wichtig wie andere Bereiche ist. Denn was nutzen die von uns
erarbeiteten Inhalte, was nutzen unsere Forderungen und Positionen, wenn
niemand diese mehr in die Öffentlichkeit trägt? Was nutzt es, auf Missstände hinzuweisen, wenn diese von der breiten Bevölkerung nicht als Teil ihrer
Wirklichkeit empfunden werden?
　　Gute Gremienarbeit muss das Ziel sein. Vor einiger Zeit erschien im Me-
dienfachdienst turi2 das Zitat, viele Rundfunkräte hätten von der Materie, die
sie zu beaufsichtigen hätten, keine oder nur rudimentäre Ahnung. „Genauso
gut könnte man den Vorsitzenden eines Taubenzuchtvereins zum Oberaufseher der Deutschen Flugsicherung ernennen“, hieß es. Man könnte heute iro-
nisch erwidern, dass man immerhin auch Klaus Wowereit zum Oberaufseher

des Flughafens Berlin gemacht hat. Aber im Ernst: Schlimmer als das Nicht-abheben einer Boeing 747 ist es, wenn Journalismus nicht mehr durchstarten kann. Gerade in den Medien brauchen wir immer wieder neue und möglichst viele Höhenflüge. Und die dürfen sogar ein wenig ‚Lärm' machen!

## Literatur

Brender, N. (2012). Zeit im Journalismus – ein notwendiger Luxus. Rede anläss-lich der Verleihung des Otto-Brenner-Preises. Frankfurt am Main.

Kaminski, H., Koch, M. & Eggert, K. (2011). Unterrichtseinheit „Unsere Wirt-schaftsordnung". (Handelsblatt macht Schule). Würzburg: Handelsblatt GmbH.

Merkle, T. & Wippermann, C. (2008). Eltern unter Druck: Selbstverständnisse, Befindlichkeiten und Bedürfnisse von Eltern in verschiedenen Lebenswelten. Eine Untersuchung von Sinus Sociovision im Auftrag der Konrad-Adenauer-Stiftung e.V. Stuttgart: Lucius & Lucius.

Noelle-Neumann, E. (1980). Die Schweigespirale. Öffentliche Meinung – unsere soziale Haut. München: Langen Müller.

Sinn, H.-W. (2011). Der deutsche Staat spart zu wenig. In: Kaminski, H., Koch, M. & Eggert, K. (2011). Unterrichtseinheit „Unsere Wirtschaftsordnung". (Han-delsblatt macht Schule). Würzburg: Handelsblatt GmbH.

Weischenberg, S., Malik, M. & Scholl, A. (2006). Die Souffleure der Medienge-sellschaft. Report über die Journalisten in Deutschland. Konstanz: UVK Ver-lagsgesellschaft.

# Die Pädagogische Hochschule Ruhr als Trainingsplatz für Partizipation und Bildungsjournalismus

*Dietmar Bergmann*

Wann Karl-Heinz Reith mir das erste Mal begegnete, weiß ich nicht mehr. Genau erinnere ich mich aber an die Zeit, in der dies passiert sein muss, den Herbst 1976. Im Mai hatte ich, gerade 18 geworden, Abitur gemacht. Vier Monate später nahm ich als einer von 50 Auserwählten das Studium am neu eingerichteten Modellstudiengang Journalistik an der Pädagogischen Hochschule Ruhr in Dortmund auf.

Irgendwann in dieser Zeit kreuzten sich unsere Wege. Obwohl uns knapp zehn Lebensjahre trennen, waren wir Kinder der gleichen Zeit. Einer Zeit, die sozialdemokratisch geprägt war. „Wir wollen mehr Demokratie wagen." So hatte Willy Brandt das „Sozialdemokratische Jahrzehnt" in seiner Regierungserklärung 1969 eingeläutet. Und wir wagten jetzt mehr Demokratie – vor allem an den Schulen und Hochschulen.

Karl-Heinz Reith stammt aus einfachen Verhältnissen. Der Vater hatte ein kleines Handelsunternehmen, die Mutter war Hausfrau. Nach dem Abitur volontierte er bei dem kleinen Vorort-Blatt *Dortmunder Nordwest-Zeitung*. Danach wechselte er in die Lokalredaktion der *Westfälischen Rundschau*. Parallel dazu nahm er ein Diplomstudium der Erziehungswissenschaften an der Pädagogischen Hochschule Ruhr auf. Ein Ausbildungsweg, der ihn schon früh in seine spätere Profession als Bildungsjournalist führte. Für mich als Beamtenkind war es nicht ganz so schwer, aber auch ich war der erste aus der Familie, der studieren konnte. Mein Vater hatte zwar als Sohn eines Bergmanns Anfang der 1930er Jahre Abitur gemacht, aber der Zweite Weltkrieg verhinderte eine angestrebte akademische Karriere. Wahrscheinlich war es dieser gemeinsame Stallgeruch, der uns einander von Anfang an sympathisch gemacht hat und eine lebenslange Freundschaft begründete, in der der Ältere, Karl-Heinz Reith, immer wohlwollender Mentor für den Jüngeren geblieben ist.

## Der Leitwolf

Das Journalistik-Studium an der PH war ein Sprung ins kalte Wasser. Schließlich war es etwas völlig Neues, was da in Dortmund angeboten wurde – quasi

ein Lehrstück sozialdemokratischer Bildungspolitik. Der Modellstudiengang
sollte – angesiedelt zwischen den altehrwürdigen wissenschaftlichen Publizis-
tik-Studiengängen und den reinen, in der Regel zweijährigen Redaktionsvo-
lontariaten – erstmals eine fundierte journalistische Ausbildung ermöglichen,
die Theorie und Praxis miteinander verband. Die Initiative dazu ging auf den
damaligen NRW-Wissenschaftsminister Johannes Rau und den Leiter des
Dortmunder Instituts für Zeitungsforschung Professor Kurt Koszyk, später
Gründungsprofessor des Studiengangs, zurück. Die Gründungsphase muss
durchaus turbulent verlaufen sein. Die Universität Dortmund, an der der Studiengang angesiedelt werden sollte, lehnte ab. In dieser Situation griff die PH
zu und übernahm den Studiengang.[1] In der 19-köpfigen Planungskommissi-
on, die den Studiengang vorbereitete, saß Karl-Heinz Reith als studentischer
Vertreter.

Als junger Student an der PH ging ich in die Juso-Hochschulgruppe. Vorher war ich schon ein paar Jahre in der Juso-Schülerarbeit aktiv und hatte gute
Kontakte zu den Jusos aus dem Ortsverein Westfalenhalle, von denen ich jetzt,
1976, einige an der Hochschule wieder traf. Zur Juso-Hochschulgruppe gehörte auch Karl-Heinz, der bereits Vorsitzender des Allgemeinen Studenten-
ausschusses (AStA) war. Er war der Leitwolf der Gruppe, der mit seinen Ideen
und seinen Initiativen die Richtung vorgab. Für mich führte der Weg von den
Jusos ebenfalls schnell in den AStA. Ich kandidierte fürs Studentenparlament
und war kurz darauf AStA-Mitglied – zuständig für die Öffentlichkeitsarbeit
und die *Neue Dortmunder Studentenzeitung* (Neue DOS). Karl-Heinz gab zu
diesem Semester bereits den AStA-Vorsitz auf, behielt aber als Finanzreferent
alle Fäden in der Hand.

1977 war für alle im AStA ein spannendes und außergewöhnliches Jahr. In
Nordrhein-Westfalen brach eine große Debatte über ein neues Landeshoch-
schulgesetz los. Am 7. April wurde in Karlsruhe der Generalbundesanwalt
Siegfried Buback von RAF-Terroristen ermordet – der Auftakt zum Deut-
schen Herbst. Der Radikalenerlass von 1972 und die damit verbundenen
Überprüfungen auf Verfassungstreue und die Eignung für den öffentlichen
Dienst lösten auf der Linken Ängste, Zorn und Proteste aus. Die SPD geriet
durch das Parteiordnungsverfahren gegen den damaligen Juso-Bundesvorsit-

---

1   Vgl. hierzu: Pätzold, U. (2010). Die Anfänge in Dortmund – eine Erfolgsgeschichte
    mit viel Glück. In Eberwein, T. & Müller, D. (Hrsg.). Journalismus und Öffentlich-
    keit: Eine Profession und Ihr Gesellschaftlicher Auftrag. Wiesbaden: VS Verlag für
    Sozialwissenschaften. S. 313 ff.

zenden Klaus-Uwe Benneter gewaltig in Unruhe.[2] Im AStA erlebten wir diese Ereignisse quasi wie in einem Mikrokosmos.

Im Nachhinein bin ich der Überzeugung, dass die Jahre an der PH Ruhr, verbunden mit der praktischen journalistischen Arbeit, unsere Lebenswege geprägt haben und auch das Rüstzeug für Karl-Heinz-Reiths spätere Karriere als Bildungsjournalist lieferten. Hier gewann er tiefe Einblicke in die Realität an deutschen Hochschulen, besonders in die Lehrerausbildung. Hier lernte er die Gremienarbeit kennen. Hier knüpfte er erste Kontakte, die sich noch Jahrzehnte später bewährten. Und hier formte und festigte sich sein Bild von den Aufgaben des Bildungswesens in einem demokratischen und sozialen Staat.

## Die kurze Blütezeit der Gesamthochschule

Für Sozialdemokraten stand und steht die Überwindung von Bildungshürden und die Chancengleichheit von Kindern aus einfachen Arbeiter- und Angestelltenmilieus mit an erster Stelle der politischen Agenda. Bis heute sind Studiengebühren für Karl-Heinz Reith deshalb tabu und sein pausenloses Wettern dagegen hat auch die politische Debatte und die letztendliche Abschaffung der Studiengebühren befördert.

Ab Ende der 1960er Jahre versuchte die SPD in NRW neben dem dreigliedrigen Schulsystem – bestehend aus Hauptschule, Realschule und Gymnasium – integrierte Gesamtschulen zu etablieren, in denen Kinder unterschiedlicher sozialer Herkunft möglicht lange gemeinsam lernen und besser individuell gefördert werden können. Anfang der 1970er Jahre griff diese Entwicklung auf die Hochschulen über. Mit dem Gesamthochschulentwicklungsgesetz der

---

2   Gegen den damaligen Juso-Bundevorsitzenden Klaus-Uwe Benneter leitete der SPD-Parteivorstand am 27. Juli 1977 ein Parteiordnungsverfahren mit dem Ziel des Parteiausschlusses ein. Einen Tag vorher gab Benneter in Dortmund eine Pressekonferenz, über die auch die *Neue Dortmunder Studentenzeitung* (Neue DOS) berichtete (Ausgabe April 1977 Nr. 2). Benneter wurde parteischädigendes Verhalten vorgeworfen, weil er in einem Interview mit der linken Monatszeitschrift „konkret" gesagt hatte, „daß wir die Zusammenarbeit in der Bundesrepublik mit Kommunisten zwar nicht suchen, daß wir sie aber auch nicht vermeiden wollen, wenn es uns politisch sinnvoll erscheint." Und weiter: „Für uns ist die Mitgliedschaft in der Partei kein Dogma, an dem wir nun in jedem Fall festhalten." Der Parteiausschluss wurde im Juni 1977 von der Schiedskommission des SPD-Landesverbands Berlin vollzogen. Der Parteiausschluss von Klaus Uwe-Benneter war Ursache für öffentliche Auseinandersetzungen in der SPD und löste weitere Parteiordnungsverfahren aus. Vgl. hierzu: Neue DOS, Ausgabe April 1977, Nr. 2, *Spiegel*, Nr. 32/1977, SPD: Mit Ausschluß oder Ämterentzug zur Parteiräson, konkret 5/1977: Benneter und die Folgen.

NRW-Landeregierung vom 30. Mai 1972 eröffnete sich auch für Dortmund
die Perspektive einer Integrierten Gesamthochschule, in der Universität, Pädagogische Hochschule und verschiedene Fachhochschulen zusammengefasst
werden sollten.

1977 war diese Entwicklung bereits überholt. So kommentierte die *Neue
DOS* im April: „Die Voraussetzungen für die Errichtung einer IGH [Integrier-
te Gesamthochschule, A.d.V.] in Dortmund (wo zum ersten Mal eine Universität mit integriert werden sollte) wurden jedoch im Laufe der Jahre immer
schlechter. Hochschullehrer der Universität (Senat /Rektorat) befürchteten,
dass ihnen Image und Privilegien als Universitätsprofessoren gegenüber
Fachhochschullehrern und PH-Professoren verloren gehen könnten. Die Lei-
tung der Uni sprach sich wiederholt aufs Schärfste (aber Unwissenschaftlichs-
te) gegen die IGH aus. Es gelang ihr leider, auch einige Uni-Kommilitonen
durch falsche Informationen vor ihren standespolitischen Karren zu spannen.
Auch die Fachhochschulen, die anfangs die IGH stark befürworteten, mach-
ten schließlich einen Rückzieher, weil sie befürchteten, in der IGH von Seiten
der Uni untergebuttert zu werden. Allein die PH stand und steht hinter einem
Konzept der IGH Dortmund."[3]

Diese Analyse hielt den AStA nicht davon ab, weiter für die Gesamthochschule Dortmund zu kämpfen. Zum Beispiel mit einem Aufkleber, der dann
auf etlichen Autohecks auf den PH-Parkplätzen zu sehen war.

Dieser Aufkleber wurde auch auf Sweatshirts gedruckt. Der *US-Verkauf
Petermann*, damals wichtigster Einzelhändler in Dortmund für angesagte
Jugendmode wie Jeans und Parka, produzierte und vertrieb sie. Karl-Heinz
Reith war es dank seiner ausgezeichneten Verbindungen gelungen, den *US-
Verkauf* zu dieser Investition zu überreden – auch mit dem Argument, dass
ein Shirt mit diesem Aufdruck besonders gut verkäuflich sei, weil es ja alle
Studenten von der Uni bis zur PH anspreche. Doch das Sweatshirt wurde zum
Ladenhüter.

Im Endeffekt war der Einsatz des AStA für die Gesamthochschule nichts
weiter als ein Rückzugsgefecht. Denn schon längst bereitete die Landesregierung die Schließung der PH als eigenständiger Hochschule und ihre Ein-
gliederung in die Universität vor, was dann auch am 1. April 1980 vollzogen
wurde.

---

3   *Neue Dortmunder Studentenzeitung*, April 1977.

## Der Göttinger Mescalero und explodierende Würstchendosen

Am 25. April 1977 veröffentlichte die AStA-Zeitung der Universität Göttingen den Text „Buback – ein Nachruf" über den von RAF-Terroristen ermordeten Generalbundesanwalt Siegfried Buback. In dem unter dem Pseudonym Göttinger Mescalero verfassten Pamphlet heißt es unter anderem: „Meine unmittelbare Reaktion, meine ‚Betroffenheit' nach dem Abschuß von Buback ist schnell geschildert: Ich konnte und wollte (und will) eine klammheimliche Freude nicht verhehlen. Ich habe diesen Typ oft hetzen hören. Ich weiß, daß er bei der Verfolgung, Kriminalisierung, Folterung von Linken eine herausragende Rolle spielte."[4] Dieser Text löste in der Öffentlichkeit, besonders unter der Studentenschaft, eine heftige Debatte über so genannte Sympathisanten aus und zog zahlreiche Ermittlungs- und Strafverfahren in der Hochschulszene nach sich. Die Haltung des PH-AStA zu dem „Nachruf" war eindeutig. Die Stichworte im Protokoll der AStA-Sitzung vom 6. Juni 1977 lassen keine Zweifel aufkommen: „Ablenkung von wichtigen aktuellen Problemen der Studenten – negative Bedeutung des Buback-Mordes für die bundesdeutsche Linke – keine politische Tat, sondern Mord".

Die Auseinandersetzung um den Mescalero-Aufruf erreichte dennoch auf kuriose Weise auch unseren AStA. Am 27. und 28. Mai 1977 richteten wir im PH-Gebäude eine länger geplante Mitglieder-Vollversammlung der Vereinten Deutschen Studentenschaften, dem Zusammenschluss der westdeutschen ASten, aus. Alles wurde organisiert, große Lebensmittelvorräte wurden – unter der fachkundigen Oberaufsicht des Hobbykochs Karl-Heinz Reith – eingekauft: Dosenwürstchen, Brot, ganze Käseleiber, jede Menge Getränke. Es galt schließlich, mehrere Hundert aus ganz Deutschland angereiste Delegierte das Wochenende über zu verköstigen. Dann nahm die Versammlung im großen Hörsaal der PH ab Freitagabend ihren Verlauf. Doch statt über die Lage an den Hochschulen, das in Vorbreitung befindliche Hochschulrahmengesetz und zunehmenden Leistungsdruck auf die Studenten zu diskutieren, beherrschten allein der „Buback-Nachruf" und der Göttinger Mescalero die Redenschlachten im Saal. Ich erinnere mich noch genau, wie ich nachts mit einer Flasche Bier hinter der großen Glasscheibe des Regieraums saß und mit wachsendem Erstaunen das Treiben im Saal verfolgte – irgendwie irreal. Spätnachts habe ich die PH dann verlassen. Als ich am nächsten Mittag zurückkehrte, lag eine gespenstische Ruhe über dem ganzen Gebäudekomplex. Einzig auf der Wiese vor der PH spielten ein paar Leute Fußball. In den frühen Morgenstunden hatte die Versammlung beschlossen, sich aus Solidarität" mit dem Göttinger

---

4   Zit. nach: http://netzwerk-regenbogen.de/mescalero_doku.htm [22.02.2014].

AStA, der wenige Tage vorher von der Polizei durchsucht worden war, nach Göttingen zu vertagen. Auf der Stelle rollte ein Konvoi von Käfern, Enten und R4s im Morgengrauen von Dortmund nach Göttingen. Der Dortmunder AStA blieb auf dem größten Teil der eingekauften Lebensmittel sitzen. Einen kleinen Teil verspeisten wir im Schrebergarten einer Kommilitonin. Der Rest, vor allem die riesigen Würstchendosen, vergaßen wir in einem Lagerraum der PH-Cafeteria – bis sich Wochen später die Hausmeister über aufgeblähte Dosen beschwerten, von denen die ersten bereits explodiert waren.

## Der Rau-Brief und die Folgen

An der PH bewegte sich die AStA-Arbeit immer zwischen der Hochschulpolitik und allgemeiner politischer Arbeit. Auch für uns Jungsozialisten war das allgemeine politische Mandat des AStA selbstverständlich. Und so beschäftigten wir uns mit der Situation in Chile ebenso wie mit der atomaren Aufrüstung, Hausbesetzungen oder diversen polizeilichen Durchsuchungen von linken Projekten in Dortmund. Ganz besonders im Fokus stand die Auseinandersetzung mit dem so genannten Radikalenerlass, der von den Bundesländern und der Regierung Brandt (!) Anfang 1972 beschlossen worden war. Der Erlass zielte darauf ab, Mitglieder von verfassungsfeindlichen Organisationen nicht in den öffentlichen Dienst zu übernehmen. Damit waren von dem Erlass vor allem Mitglieder der DDR-hörigen DKP und diverser anderer kommunistischer Splittergruppen betroffen. Natürlich argumentierten auch wir Jusos entschieden gegen die undemokratischen Berufsverbote – zumal dieses Thema an der PH von besonderer Bedeutung war, da hier praktisch nur Anwärter für den öffentlichen Dienst, und somit potenzielle Betroffene des Radikalenerlasses, ausgebildet wurden.

Trotzdem war uns auch dieses Thema nicht für Spaß-Guerilla-Aktionen zu schade – zum Beispiel um mit seiner Hilfe die Wahlbeteiligung zum Studentenparlament hoch zu treiben. Denn eins war klar: Trotz aller Politisierung in diesen Jahren, trotz der vielen Demos, Streiks und Aktionen, bewegte sich die Zahl der politisch aktiven Studenten – vom damals kaum vorhandenen Ring Christlich-Demokratischer Studenten bis zum MSB Spartakus – irgendwo zwischen fünf und zehn Prozent. Der Rest war mehr oder weniger unpolitisch und eher an guten Feten interessiert oder daran, das Studium schnell zu beenden.

Als im Dezember 1977 ein bundesweiter Streik gegen das geplante Hochschulrahmengesetz ausgerufen werden sollte, beteiligten sich an der Urabstimmung in der PH immerhin 35,8 Prozent der Studenten – ein Rekordwert. Dabei wurde die notwendige Zwei-Drittel-Mehrheit für einen Streik mit

54 Prozent Ja-Stimmen aber weit verfehlt. Noch miserabler fiel die Wahlbeteiligung bei den Studentenparlamentswahlen aus. Das musste doch zu ändern sein. Und so tauchte in der Neuen DOS vom Januar 1978 folgender (fingierter) Brief des damaligen NRW-Wissenschaftsministers Johannes Rau an den Kanzler der PH Dr. Bernhard Wiebel auf:

Sehr geehrter Herr Dr. Wiebel,

durch die geringe Wahlbeteiligung bei Studentenparlamentswahlen, insbesondere an den Pädagogischen Hochschulen des Landes NRW, gelingt es häufig extremistischen Gruppen mit zahlenmäßig geringer, dafür aber straff organisierter Anhängerschaft, mehr Sitze in Studentenparlamenten zu erringen als ihnen in Relation zur sogenannten „schweigenden Mehrheit" zustehen.

Wahlen gehören aber zu den Grundprinzipien unseres Rechtsstaates. Gerade von angehenden Pädagogen wird erwartet, dass sie nicht nur auf dem Boden der Freiheitlich Demokratischen Grundordnung stehen, sondern auch jederzeit bereit sind, dafür einzutreten, d. h. entsprechend auch zu wählen.

Eine Nichtbeteiligung an einer Wahl zeugt demnach von einem fehlenden Interesse an den Grundprinzipien unseres Rechtsstaates. Wer nicht wählt, handelt im Grunde genommen „anarchistisch" und macht sich verdächtig, dem sogenannten „Dunstkreis" des Terrorismus an den Hochschulen Vorschub zu leisten.

Ich habe deshalb Anordnung gegeben, einen Runderlass vorzubereiten, der die Prüfungsämter auffordert, die Wählerverzeichnisse nach den Wahlen sicherzustellen, um Nichtwähler namhaft zu machen. Wer zweimal während seines Studiums einer Wahl zum Studentenparlament fernbleibt, ist entsprechend den Prinzipien des Ministerpräsidentenerlasses vom 11. 2. 1972 auf seine Eignung für eine Übernahme in den öffentlichen Dienst kritisch zu prüfen. Generelle Nichtbeteiligung an Wahlen während des gesamten Studiums sollte entsprechend zur Nichtübernahme führen.

Mit freundlichen Grüßen[5]

Der Brief aus der journalistisch versierten Feder von Karl-Heinz Reith schlug ein wie eine Bombe. Vor den AStA-Räumen standen tagelang verstörte oder verzweifelte Studenten, denen aufgefallen war, dass sie bislang noch an keiner Wahl teilgenommen hatten. Und die politische Konkurrenz schäumte. So verteilte der Kommunistische Studentenverband rasch ein Flugblatt, in dem es hieß: „In dreckiger Art und Weise spielt der AStA hier das Spiel der Reaktion, um auf solche Art und Weise die Studenten zur Stimmabgabe für ihre Liste

---

5   *Neue Dortmunder Studentenzeitung*, Januar 1978.

zu treiben (anders können sie wohl keine Stimmen mehr bekommen). Eine totale Bankrotterklärung."[6]

Mit dieser Aktion endete die gemeinsame Zeit der Juso-Hochschulgruppe im AStA der PH-Ruhr. Zwar traten einige von uns noch einmal zu den Studentenparlamentwahlen im Sommersemester 1978 an, aber die viele Zeit für die AStA-Arbeit konnte oder wollte niemand mehr aufbringen.

## Wahlkampfzeitung aus der Remise

Die Arbeit im AStA blieb nicht das einzige gemeinsame Projekt von Karl-Heinz Reith und mir. Weitere folgten. Karl-Heinz Reith hatte im Bundestagswahlkampf 1976 für die SPD die Dortmunder Ausgabe der *Zeitung am Sonntag* (ZaS) redigiert. Die ZaS war damals ein innovatives Wahlkampfprojekt, in das die Partei viel Energien und viel Geld investierte. Die Zeitung wurde an den vier Sonntagen vor der Wahl ehrenamtlich von SPD-Mitgliedern haushaltsdeckend verteilt. Sie war aktuell produziert und enthielt neben politischer Berichterstattung auch die Fußballberichte vom Samstag und aktuelle *bunte* Nachrichten. So versuchte die SPD (erfolgreich!) das Meinungsmonopol von Springers *Bild am Sonntag* wenigstens in den letzten Wochen vor der Wahl zu brechen. In Dortmund, der Herzkammer der SPD (Herbert Wehner), erhielten alle rund 270.000 Haushalte die ZaS.[7]

Im Sommer 1978 sprach mich Karl-Heinz auf einer Feier an, ob ich nicht sein Nachfolger werden und die ZaS zu den Kommunalwahlen 1979 machen wolle. Zu dieser Zeit war er schon von der *Westfälischen Rundschau* zur *Deutschen Presseagentur* gewechselt – zuerst als freier Mitarbeiter, dann als Landeskorrespondent in Düsseldorf. Ich hatte inzwischen mein Vordiplom und stand vor einem 11-monatigen Volontärpraktikum bei den schwarzen *Ruhr Nachrichten*. Das war vielleicht auch ein Grund dafür, warum ich begeistert zusagte.

Gut ein Jahr später habe ich dann mit Rückendeckung und Unterstützung von Karl-Heinz Reith meine erste eigene Zeitung gemacht – noch im Bleisatz in der alten Druckerei der *Westfälischen Rundschau* in der Dortmunder Innenstadt. In vier Wochen produzierten wir rund 60 Zeitungsseiten, einschließlich Sonderseiten für alle zwölf Dortmunder Stadtbezirke.

---

6   Zit. nach: *Neue Dortmunder Studentenzeitung extra*, Februar 1978.
7   Vgl. hierzu: Bergmann, D. (1981). Parteipresse und Medienpolitik der SPD am Beispiel der „Zeitung am Sonntag". Diplomarbeit am Studiengang Journalistik, Dortmund.

Die Redaktion, zu der auch Ulli Martin gehörte, der später viele Jahre für den *Focus* arbeitete, bezog eine Remise im Garten von Karl-Heinz Reiths Eltern im Dortmunder Saarlandstraßenviertel. Über acht Wochen marschierten Dortmunder Genossen, vom Ratsvertreter bis zum Unterbezirksgeschäftsführer, durch das elterliche Wohnzimmer, um mit der Redaktion Besprechungen abzuhalten. Mutter und Vater Reith einschließlich Dackel Otto ertrugen das mit großer Gelassenheit und Freundlichkeit. Als das Projekt kurz vorm Scheitern stand, weil die Textbeiträge aus den Stadtbezirken viel zu spät und unvollständig in der Redaktion eingetrudelt waren, trommelte ich rund 15 Kommilitonen aus meinem Studiengang und freie Mitarbeiter aus den Lokalredaktionen für ein Wochenende im SPD-Unterbezirksbüro zusammen, um die Seiten dicht zu machen. Ich behielt die Nerven, auch weil ich wusste: Hinter mir steht Karl-Heinz Reith, auf den ich mich 100-prozentig verlassen kann und der immer eine Lösung findet.

Das ist auch der Kern, der Karl-Heinz als Journalisten, als Mensch und als Freund auszeichnet. Er arbeitet in seinem Beruf absolut professionell, ist glänzend vernetzt und lässt auch andere an seinem Wissen und Erfolg teilhaben. Unsere beruflichen Wege haben sich dann getrennt, aber ich habe ihn immer wieder in einem Kreis junger Leute erlebt, die er nach bestem Wissen und Möglichkeiten gefördert hat.

## Charly's Kneipenreport

Um mein Bild von Karl-Heinz Reith zu vervollständigen, muss auch seine gesellige Seite erwähnt werden. Er ist ebenso Genießer wie unterhaltsamer Gesprächspartner in Kneipen, Restaurants oder seiner liebevoll eingerichteten Wohnküche in Berlin-Mitte. Schon zur AStA-Zeit war es kein Zufall, dass er in der *Neuen DOS* die Kolumne ‚Charly's Kneipenreport' für die Erstsemester schrieb. Durch Karl-Heinz-habe ich viele Dortmunder Szenetreffs erst kennengelernt: den ‚Bunker', eine Studentenkneipe in einem alten Hochbunker an der Hohen Straße, das ‚Treppchen' in Hörde, das mit ambitionierter französischer Küche die Dortmunder Journalistenszene lockte, das winzige ‚Stiftsstübchen' in Hombruch, in dem der vollbärtige und stets grantelnde Wirt Otto Knüpp regelmäßig Jazz-Konzerte mit internationalen Größen wie Chris Barber veranstaltete, den Jazzclub DOMICIL in der Nordstadt, dessen Programm vom AStA-Drucker Werner Wicke gemanaged wurde, ‚El Greco', den ersten Dortmunder Griechen ein paar Straßen weiter oder das legendäre ‚Haus Wolf' in Uni-Nähe, wo wir unsere AStA-Sitzungen abhielten und kräftig bei den hausgemachten Mettbrötchen des Wirts Walter Beckemeier zulangten, bis dieser sein Hinterzimmer für eine Dortmunder Burschenschaft öffnete. Von da an war die Kneipe für uns tabu.

Zu den Highlights unseres Studiums gehören auch die unvergesslichen AStA-Feten, die wir gemeinsam organisierten. Zum Beispiel das Neue-DOS-Pressefest auf dem PH-Gelände im Sommer 1977 mit mehreren Tausend Besuchern, auf dem alle bekannten Dortmunder Bands auftraten. Oder der ‚Acker-Jazz' am 2. Februar 1978, zu dem DOMICIL-Programmchef Werner Wicke viele nationale und internationale Größen des Modern-Jazz in die PH holte und Jazzfans aus nah und fern anzog, sogar den damals bundesweit bekannten WDR-Discjockey Mal Sondock.

## Bulli-Wein aus der Toscana

Und dann verbindet uns noch eine gemeinsame – ebenfalls zeittypische – Bulli-Geschichte. Denn der (gebrauchte) VW-Bus war damals das Fahrzeug, mit dem die westdeutsche Jugend die Welt entdeckte. So hatte ich 1983 von den Dortmunder Falken günstig einen alten Transport-Bulli gekauft und mit Freunden zu einem Campingbus umgebaut – für eine vierwöchige Sahara-Tour. Danach wollte ich den Bulli wieder verkaufen, was sich aber zum Saisonende im Herbst als schwierig erwies. Just zu dieser Zeit musste Karl-Heinz Reith seinen Umzug von Dortmund und Düsseldorf nach Bonn organisieren, weil er eine Stelle als bildungspolitischer Korrespondent bei der *dpa* angetreten hatte. Spontan schlug er mir vor, den Bulli zu behalten und künftig gemeinsam zu nutzen. Ich stimmte zu, weil mir der Bulli inzwischen ans Herz gewachsen war.

Aber es kam wie es kommen musste. Karl-Heinz Reith holte den Bus bei mir in Dortmund ab und machte sich auf den Weg nach Bonn. Und nachdem der Bulli tausende Kilometer in Afrika und Europa durchgehalten hatte, streikte er auf der Tour nach Bonn und blieb spätabends auf der A1 mit einem Kupplungsschaden liegen. Doch mit neuer Kupplung leistete er viele gute Dienste bei unzähligen Materialtransporten und Urlaubsfahrten. Legendär waren die regelmäßigen Weintransporte aus der Toskana. Hunderte Liter Rosso di Montalcino aus den Fässern von Karl-Heinz Reiths Lieblingsweingut Capanna im Herzen des Brunello-Gebietes wurden per Bulli zu unseren Dortmunder und Bonner Festen angeliefert.[8]

---

8   Vgl. hierzu: *Westfälische Rundschau*, 10.11.2007, S. DO08: Ein alter Zeitungs-Bulli in Afrika auf „Abwegen".

Ein paar Flaschen dieses Bulli-Weins werden wohl noch in Karl-Heinz Reiths weitläufigen Kellern im Berliner Altbau lagern. Ich hoffe, dass wir noch häufig Gelegenheit haben, sie gemeinsam zu leeren.

## Literatur

Bergmann, Dietmar (1981): Parteipresse und Medienpolitik der SPD am Beispiel der „Zeitung am Sonntag", Diplomarbeit am Studiengang Journalistik, Dortmund.

konkret 5/1977: Benneter und die Folgen.

Neue Dortmunder Studentenzeitung DOS, Ausgaben April 1977, April 1977, Nr. 2, Januar 1978, Februar 1978.

Pätzold, Ulrich (2010): Die Anfänge in Dortmund – eine Erfolgsgeschichte mit viel Glück. In: Eberwein, T. & Müller, D. (Hrsg.): Journalismus und Öffentlichkeit: Eine Profession und ihr gesellschaftlicher Auftrag. Wiesbaden: VS Verlag für Sozialwissenschaften.

Spiegel, Nr. 32/1977, SPD: Mit Ausschluß oder Ämterentzug zur Parteiräson.

Westfälische Rundschau, 10.11.2007, S. DO08: Ein alter Zeitungs-Bulli in Afrika auf „Abwegen".

http://netzwerk-regenbogen.de/mescalero_doku.htm [22.02.2014].

# Bergauf im Flachland:
# Bildungspolitik mit und ohne Kooperationsverbot

*Ulla Burchardt*

Es war einer dieser überfallartigen Frühlingstage in Berlin, wie Reith sie liebt. Die ganze Stadt war auf den Beinen und saß auf den Bürgersteigen, an deren Ecken noch immer Berge voller Streusand an den langen Winter erinnerten. Hier und da lag noch letzter, dreckiger Schnee. Doch die Sonne war da, und sie war gleißend. Reith ging heute zu Fuß vom Koppenplatz, passierte die Linienstraße, die Friedrichstraße und die Reinhardtstraße, überquerte die Spree und blickte noch einmal auf die Einladung: Schloss Bellevue. 11 Uhr. Verleihung des Großkreuzes des Verdienstordens der Bundesrepublik Deutschland. An den Journalisten und Publizisten Karl-Heinz Reith, überreicht durch die Bundespräsidentin Ursula von der Leyen. Berlin, 26. März 2025.

Reith hatte noch etwas Zeit. Er ging am Paul-Löbe-Haus vorbei Richtung Kanzleramt. Eine Wagenkolonne bahnte sich den Weg durch das Regierungsviertel. Schlaff hingen Fähnchen mit einem blauen Kreuz auf weißen Grund von den Standarten der Limousinen. Finnland also. Reith lächelte.

Wieder einmal wollte ein Staatchef vom Bundeskanzler wissen, wie Deutschland es geschafft hatte mit der großen Bildungswende. Und warum die Bundesrepublik ein Jahr zuvor, 2024, von der Unesco als das dynamischste Bildungsland weltweit bezeichnet worden war. Und nun hatte die Bundesrepublik auch noch Finnland überholt – das einst so gelobte Land, das noch vor 25 Jahren Deutschland bei der PISA-Studie deklassiert und das größte Land Europas in eine tiefe Sinn- und Bildungskrise gestürzt hatte.

Reith dachte zurück an die Zeit um die Jahrtausendwende, an all die Schlachten um die Bildung. Was war das für eine Kleingeisterei, was für ein Kampf um Deutungshoheiten, wo der Befund doch eigentlich immer klar war: dass es nämlich so wie in den neunziger Jahren des letzten und den ersten zehn dieses Jahrhunderts einfach nicht weitergehen konnte mit der Bildungspolitik.

Bereits Anfang der 2000er Jahre hatte die IGLU-Grundschulstudie ebenso wie die erste PISA-Studie belegt, dass der Zusammenhang zwischen sozialer Herkunft und Bildungserfolgen in Deutschlands Schulen besonders stark ausgeprägt ist. Der Dortmunder Bildungsforscher Wilfried Bos nannte 2010 die starke soziale Auslese, die beim Übergang aus der Grundschule in die weiterführenden Schulen stattfinde, „skandalös"[1].

Schon seit den 70er Jahren des vergangenen Jahrhunderts lagen der deutschen Schulforschung ja konkrete Daten über die hohe Abhängigkeit von Bildungserfolg und sozialem Status des Elternhauses vor. Reith hatte es oft genug beschrieben: Soziologen sprachen von einem „Matthäus-Effekt" in der deutschen Bildung: „Denn wer da hat, dem wird gegeben, dass er die Fülle habe; wer aber nicht hat, dem wird auch das genommen, was er hat", heißt es im Matthäus-Evangelium.

Von Wirtschaft und Politik wurde all das jahrzehntelang weitgehend ignoriert. Bis eben Deutschland mit dem ersten PISA-Test im Jahr 2000 in Sachen soziale Förderung und Selektion auch international die rote Laterne angehängt bekam.

Reith bog rechts ein in die John-Forster-Dulles-Allee, vorbei an der Schwangeren Auster. Konstruktive Mängel bei der Planung und bei der Bauausführung hatten 1980 dazu geführt, dass das Kongresszentrum eingestürzt war. Erst nach einer aufwändigen Sanierung konnte das Haus wieder eröffnet werden. Jetzt war es ein gefragter Konferenz- und Begegnungsort.

Ein wenig war das auch bei der Bildung so – nur, dass zwischen dem Einsturz und dem Wiederaufbau deutlich mehr Zeit vergangen war. Zwar hatte Anfang des Jahrhunderts der PISA-Schock die Kultusminister für kurze Zeit zusammengeschweißt. Getrieben von der Öffentlichkeit und dem Bund verständigten sie sich auf Lernziele in den Kernfächern, sogenannte Bildungsstandards.

Das Problem war nur, dass die Länder auf ihrer Alleinzuständigkeit für Bildung bestanden – erst recht, nachdem Edelgard Bulmahn, Bildungsministerin der ersten rot-grünen Bundesregierung, um die Jahrtausendwende mit dem Hochschulrahmengesetz zur Abschaffung von Studiengebühren und der Auflage des Ganztagsschulprogramms neue Impulse für mehr Chancengleichheit und bessere Bildung gegeben hatte.

Die Retourkutsche auf diese Bundesinitiative ließ nicht lange auf sich warten. Und sie war unheilvoll. Mit der verunglückten Föderalismusreform II war das so genannte Kooperationsverbot geboren – und damit auf lange Zeit ausgeschlossen, die überfälligen Bildungsreformen strategisch gemeinsam von Bund und Ländern anzugehen.

---

1 SPIEGEL ONLINE (2010). Deutsche PISA-Experten: Die Schülerlotsen – 5.Teil: Wilfried Bos, streitbarer Grundschulexperte. www.spiegel.de/schulspiegel/wissen/deutsche -pisa-experten-die-schülerlotsen-a-732821.html (Abruf vom 14.6.2014).

Je nach politischer Couleur setzte der eine Teil der Länder bei der Schulpolitik fast ausschließlich auf Leistung und harte Auslese, der andere Teil
stellte dagegen Forderungen nach Chancengleichheit und mehr höheren
Bildungsabschlüssen obenan. Durchgängig erfolgreich war kein Bundesland.
Wie auch, endete das Denken eines Kultusministers doch fast zwangsläufig
an der Landesgrenze.

Der deutsche Bildungsföderalismus konnte so an seiner zerklüfteten
Schullandschaft festhalten, die weltweit ihresgleichen sucht: mit 16 verschiedenen Schulsystemen, Lehrplänen, Versetzungsordnungen und mehr als
100 unterschiedlichen Schulformen. Es gab 29 Landesminister und mehrere
Minister auf Bundesebene, neben Bildung auch für Familie, Wirtschaft und
Arbeit, die alle und jeder für sich bei Bildung mitmischten. Hinzu kamen die
Sozialpartner, die Bundesagentur für Arbeit, wissenschaftliche Berater in unterschiedlicher Formation und andere Mitwirkende. Es gab viele Verantwort-
liche und Experten, aber keine Gesamtverantwortung und keine Strategie.

Da wunderten die Befunde des Bildungsberichts im Jahr 2014 nicht: Immer noch, monierten die Autoren, hing der Bildungserfolg stark von der sozialen Herkunft ab. Mit 18 Prozent verblieb nahezu ein Fünftel aller Fünfzehnjährigen in Mathematik auf dem Grundschulniveau; 5,9 Prozent verfehlten
den Hauptschulabschluss; 22 Prozent der Auszubildenden brachen ihre Ausbildung ab, 28 Prozent der Bachelor-Studierenden ihr Studium; in der Gruppe
der 30- bis unter 35-jährigen hatten 17 Prozent keinen Berufsabschluss.[2]

Damals, 2014, schien nur noch eine Frage der Zeit, bis Deutschland in eine
bedrohliche Falle laufen würde: Fachkräftemangel bei den Hochqualifizierten
und auf der mittleren Qualifikationsebene. Gleichzeitig verfestigte sich der
Sockel der Langzeitarbeitslosen – das war nicht nur ein Wachstumshemmnis,
sondern großer sozialer Sprengstoff.

Reith bog links in den Spreeweg ein und schaute auf Schloss Bellevue. Auch
die heutige Hausherrin hatte eine Rolle im Pokerspiel um die Bildung gespielt.
2016 verfasste sie einen Brandbrief an alle CDU-Landesvorsitzenden, der die
Debatte innerhalb der CDU um die Föderalismusreform wieder befeuern half
– und Kanzlerin Merkel daran erinnerte, dass sie ja schon im Wahlkampf 2013
eine Abkehr vom Kooperationsverbot ins Spiel gebracht hatte.

„Die Wirtschaft sorgt sich vor dem Hintergrund der demografischen
Entwicklung um den Fachkräftenachwuchs von morgen. Wir brauchen die
Bildungspotenziale aus allen Schichten, ganz unabhängig von ihrer Her-

---

2    Autorengruppe Bildungsberichterstattung (2014). Bildung in Deutschland 2014.
     Ein indikatorengestützter Bericht mit einer Analyse zur Bildung von Menschen
     mit Behinderungen. Bielefeld: W. Bertelsmann Verlag.

kunft – und aus allen Teilen der Bundesrepublik. Die Schuldenbremse und
die chronische Uneinigkeit der Länder, eine produktive Lösung in der Frage
der Altschulden zu finden, schaffen aber mehr und mehr eine Zwei-Klassen-
Gesellschaft in der Bildung. Es wird höchste Zeit, dass sich der Bund dem
entgegenstellt. Deshalb muss das Kooperationsverbot fallen" – das schrieb
die Verteidigungsministerin komplett abseits ihrer Zuständigkeiten im April
2016 in einem Gastbeitrag in der *FAZ*.

Auch innerhalb der SPD hatte es bekanntlich mal kontroverse Debatten
zwischen den Ländern und den Bundesbildungspolitikern gegeben. Aber immerhin: Im ‚Regierungsprogramm 2013–2017' fand sich unter Bezugnahme
auf den ‚Bürgerkonvent' vom 2. März 2013: „Mit dem Kooperationsverbot
in der Bildung ist die Politik einen Irrweg gegangen. Wir wollen es durch
einen kooperativen Bildungsföderalismus ersetzen, indem wir das Kooperationsverbot bei der Bildung im Grundgesetz aufheben, und sprechen uns für
einen neuen Grundgesetzartikel 104c aus, in dem dauerhafte Finanzhilfen des
Bundes für Bildung und Wissenschaft ermöglicht werden."[3]

Reith erinnerte sich daran, was ihm vor Jahren einmal die Bildungspoli-
tikerin Ulla Burchardt berichtet hatte: „Es war ein langes, mühseliges Unterfangen, die Abschaffung des Kooperationsverbotes im Parteivorstand auf die
Tagesordnung zu bringen und dann zur Beschlusslage der Partei zu machen",
sagte sie ein Jahr vor der Bundestagswahl 2013.

Und eine Zeitlang sah es so aus, als könne sich tatsächlich etwas bewegen,
auch die SPD-Ministerpräsidenten und -präsidentinnen stimmten schließlich zu, allerdings mit Einschränkungen, die von Reith immer wieder massiv
kritisiert wurden. Der innerparteiliche Kompromissvorschlag der Ministerpräsidenten war ein neuer Grundgesetzartikel 104 c, der die Grundlage von
Vereinbarungen zwischen Bund und Ländern für unbefristete Finanzhilfen
des Bundes in der Bildung ermöglichen sollte – „ohne die Bildungshoheit der
Länder einzuschränken", wie es in dem Antrag hieß.

„Das Ideal der Ländervorstellungen bedeutet im Grunde genommen, der
Bund schüttet sein Füllhorn aus, und die Länder machen mit dem Geld, was
sie wollen" empörte sich der engagierte Bildungsjournalist. Aber immerhin
schien mit dieser Wende in der SPD eine potenzielle politische Mehrheit zur
Abschaffung des Kooperationsverbotes in greifbare Nähe gerückt – zumal
im Wahljahr 2013 dann sogar die damalige Kanzlerin Merkel das Thema für
überlegenswert hielt– wenn auch erst „nach den Bundestagswahlen".

---

3   SPD-Parteivorstand (Hrsg.) (2013). Das wir entscheidet. Das Regierungspro-
    gramm 2013–2017. Berlin.

Doch bei der Aushandlung des Koalitionsvertrages Ende 2013 zwischen Union und SPD war davon auf einmal praktisch nichts mehr zu hören. Das Thema Bildung spielte ohnehin kaum keine Rolle. Wichtiger schien es den Koalitionären, Frieden an der Rentenfront zu bekommen – Beschlüsse, die Milliarden kosteten und anders als Mittel für die Bildung keine Investitionen in die Zukunft der jungen Generation waren. Nicht nur wurden im Bildungsbericht keine Ziele vereinbart. Die Gespräche über die Verwendung der verabredeten neun Milliarden Euro, die im Koalitionsvertrag für Bildung, Wissenschaft und Forschung verabredet waren, wurden überdies zwischen dem Bundesfinanzminister und dem Hamburger Regierenden Bürgermeister Olaf Scholz geführt, ohne Beteiligung nur eines Bildungspolitikers aus Bund oder Ländern.

Kein Wunder, dass es weitere dreieinhalb Jahre dauerte, bis die „GroKo" auf Druck der Öffentlichkeit, der Wissenschaft und insbesondere der Wirtschaft einen neuen, zaghaften Versuch machte, das Kooperationsverbot zu überwinden. Nach langen Sondierungen in Folge der heftigen medialen Debatte um den „Leyen-Brief" einigten sich Bund und Länder auf einen Kompromiss, der den ohnehin schon nicht sonderlich ambitionierten SPD-Vorschlag vom Frühjahr 2013 weiter verwässerte. Zwar kam es zu einer Änderung des Artikel 104. Doch statt „unbefristet" sollten nun Bundesmittel nur „befristet" erlaubt sein.

Dachte Reith daran zurück, war er noch immer fassungslos über diesen „eklatanten Mangel an Gestaltungswillen", wie er es selbst in einem Gastkommentar für die „Frankfurter Rundschau" geschrieben hatte. Seinen Vorwurf, die großen Parteien betrieben bewusst oder unbewusst eine „Verelendungsstrategie" zuungunsten der armen Länder, hatten drei Ministerpräsidenten aus dem Süden anschließend in einem gemeinsamen Brief empört zurückgewiesen. Doch war es nicht offenkundig, dass Wille und Kraft für echte Bildungsreformen fehlten? Und war die Schwäche der Länder, Zukunftsherausforderungen auch wirklich als solche anzunehmen, nicht nur wegen der Schuldenbremse, sichtbar?

Reith erinnerte sich an den SPD-Bundesbildungsminister Björn Engholm, der schon 1982 über 100 Modellprojekte zum Thema Inklusion gestartet hatte, mit beeindruckenden Ergebnissen. Davon hatte sich der Journalist bei seinen damaligen Recherchen in beteiligten Schulen überzeugen lassen und dachte mit einer Mischung aus Faszination und Zorn daran zurück.

„Die Länder hatten überhaupt kein Interesse daran, und so dachten 30 Jahre später alle, der gemeinsame Unterricht von behinderten und nichtbehinderten Kindern sei eine neue Erfindung! Wieviel verschwendete Zeit durch Kurzsichtigkeit!" dachte Reith. Oder Engholms Nachfolger im Amt des Bundesbildungsministers Jürgen Möllemann. Seine mutigen Hochschulsonderprogramme waren notwendig geworden, um dem Desinteresse der Länder an der Einrichtung von Informatiklehrstühlen wie der Förderung von Nachwuchswissenschaftlern zu begegnen.

Um dafür auch öffentliche Rückendeckung zu bekommen, hatte Möllemann Reiths Rat gesucht. Beim Bier im Keller des Bonner Journalistenclubs entstand der Plan, 10.000 Stellen für junge Wissenschaftler einzurichten, für die es keine Stellen gab und die sonst ausgewandert wären. „8.000 sind es dann schließlich geworden", erinnerte sich Reith und war noch immer fassungslos darüber, dass die Länder dieses Zukunftspotenzial hätten brach liegen lassen. Ein paar Jahre später folgte das gleiche Spiel, diesmal unter Edelgard Bulmahn

Noch weit vor den aufrüttelnden Ergebnissen von PISA hatte sie als Bundesbildungsministerin nach Veröffentlichung der TIMMS-Studie Modellversuche zur Verbesserung des Mathematikunterrichts auf den Weg gebracht, mit großem Erfolg.

Und als Konsequenz nach dem PISA-Schock den Ländern die Finanzierung von Sprachförderung angeboten. „Mit der Föderalismusreform ist alles kaputt gemacht worden, weil sich der damalige hessische Ministerpräsident Koch ,nicht am goldenen Zügel des Bundes durch die Manege führen lassen wollte'", dachte Reith. Sollte sich diesmal, 2016, daran etwas ändern? Lange sah es so aus, als sollten sich Agonie und Lethargie wiederholen – bis ein neuer Spieler das Feld betrat. Wieder einmal war es das Bundesverfassungsgericht gewesen, das jetzt mehr Verantwortung des Bundes in der Bildung forderte – wie damals, bei dem Urteil zum Mindestbedarf an Bildung für Hartz IV-Kinder. Und dieses Mal eher durch Zufall.

Denn eigentlich wollten die Kläger – ein konservativer Lehrerverband mit Unterstützung der „Alternative für Deutschland" – den neuen Artikel 104 c ganz zu Fall bringen und das Kooperationsverbot wieder einführen. Ihr Argument: Bildungspolitik ist das ureigene Handlungsfeld der Länder.

Doch die Karlsruher Richter wollten hier nicht mitspielen. Stattdessen ging ihnen die Änderung nicht weit genug. Sie attestierten der Reform in den Worten der Gerichtspräsidentin Susanne Baer eine „politische und gestalterische Unwucht, die das Gleichheitsprinzip des Grundgesetzes auszuhöhlen droht". Karlsruhe verlangte eine Gesamtneuregelung der Artikel 91 und 104 – hin zu einer „Lastenergänzung statt Lastenaufteilung für die Bildung" und mahnte eine gesamtstaatliche Verantwortung bei der Gestaltung und Finanzierung von Bildung und Wissenschaft an.

Damit war 2018 der Weg frei für die „Revolution bei der Bildung", wie die *Süddeutsche Zeitung* das Karlsruher Urteil am folgenden Tag betitelte. Die

Klagen der AfD-Front über einen „neuen Sozialismus in Schulen und Hoch-schulen" klangen da nur noch wie Rückzugsgefechte.

Die neue Regierung unter Bundeskanzler Sigmar Gabriel war damit zu einer großen Revision bei der Bildung gezwungen. Und handelte erstaunlich schnell. Schon unmittelbar nach der Wahl hatte Gabriel ein Wahlversprechen eingelöst und den Nationalen Bildungsrat gegründet – ein Gremium, in dem Politiker und Experten aus den verschiedenen Bereichen des Bildungswesens zusammenarbeiten und auf der Basis wissenschaftlicher Expertise Empfeh-lungen und Umsetzungsvorschläge entwickeln.

Der Nationale Bildungsrat sollte Bildung systemisch betrachten von der frühen Kindheit bis zum Lebenslangen Lernen, die Schnittstellen zu Arbeits-markt-, Sozial-, Wirtschafts- und Familienpolitik als Managementaufgabe erfassen. Durch präzise Ziele – was wird wer bis wann wie besser machen – sollte er der Bildungspolitik neue Legitimation verleihen.

Gabriels Credo von der Lernfähigkeit, die gute Politik auszeichnet, fand auch hier Anwendung:[4] Konnte sich die SPD hier auf Ideen und Konzepte verlassen, die schon Anfang der 60er Jahre diskutiert worden waren. Damals hatte die SPD erstmals die „Einberufung eines Rates der Weisen für Kultur und Bildungspolitik" eingefordert (und damit auch erstmalig den Begriff ‚Bildungspolitik' genutzt!). An die Stelle der bis dahin üblichen sektoralen Betrachtungsweise schien es schon vor mehr als 50 Jahren gesellschaftspoli-tisch notwendig, alle Bildungseinrichtungen als systemisches und vernetztes Ganzes in den Blick zu nehmen. Damit war die SPD, wie ihr legendärer wie weiser Vorsitzender Willy Brandt gemahnt hatte, „auf der Höhe der Zeit".

Mitte der 60er Jahre war dann die Bildungsfrage zur Schicksalsfrage der Nation geworden. Spätestens nach den aufrütteln Weckrufen von Georg Picht, der 1964 den ‚Bildungsnotstand' in Schulen und Hochschulen' beklagt und vor einer ‚Bildungskatastrophe' gewarnt hatte: „Eines der tragenden Fundamente jedes modernen Staates ist sein Bildungswesen … Der bisheri-ge wirtschaftliche Aufschwung wird ein rasches Ende nehmen, wenn uns die qualifizierten Nachwuchskräfte fehlen, ohne die im technischen Zeitalter kein Produktionssystem etwas leisten kann"[5] – so hatte Bildungsvisionär Ge-org Picht es schon 1964 formuliert.

Seine Texte, zunächst als Artikelserie in einer Wochenzeitung veröffent-licht, erscheinen dann wegen des großen Echos als Buch, erweitert um Do-

---

4   Hepp, G. F. (2011). Bildungspolitik in Deutschland. Eine Einführung. Wiesbaden: VS Verlag für Sozialwissenschaften.

5   Picht, G. (1964). Die deutsche Bildungskatastrophe. Olten und Freiburg: Walter Verlag. S. 15 f.

kumente wie die ‚Große Anfrage der SPD zur Bildungspolitik vom 14. Januar 1964'. Ein Jahr später wird durch ein Abkommen zwischen Bund und Ländern (analog zum 1957 gegründeten Wissenschaftsrat) der Deutsche Bildungsrat gegründet. Er sollte Pläne zur Reform des Bildungswesens erarbeiten.

Die Warnungen der Wissenschaft vor drohendem Fachkräftemangel und Wachstumsschwäche wegen der mangelnden Leistungsfähigkeit des deutschen Bildungssystems schwollen um die Jahrtausendwende erneut an. Und endlich wurden nun die Lehren aus der Geschichte gezogen.

Und so diente auch für den neuen Nationalen Bildungsrat der seit Jahrzehnten erfolgreich wirkende Wissenschaftsrat als Organisationsmodell. Auch der Bildungsrat bekam zwei Kammern: eine Verwaltungskommission mit Vertretern von Bund und Ländern und eine Expertenkommission. Hier wurden Wissenschaftler einbezogen und Persönlichkeiten, die im Bildungsleben stehen wie z. B. Elternvertreter, Schulleiter, Gewerkschafter und Arbeitgeber, aber auch Migranten und Bildungsexperten aus Kommunen. Berufen wurden sie auf Vorschlag von Bund und Ländern.

Nach dem Karlsruher Urteil beauftragte Kanzler Gabriel den Bildungsrat mit einer Neuformulierung der Grundgesetzartikel und mit einem „Gesamtkonzept für eine Bildungswende in Deutschland." Außerdem machte er den Bildungsrat für eine jährlich zu evaluierende nationale Bildungsstrategie zuständig.

Das ließ sich das neue Gremium nicht zweimal sagen. Bereits Ende 2018 legte die Vorsitzende des Nationalen Bildungsrates Jutta Allmendinger die Bildungsstrategie „Bildungswende 2020" vor. Reith kannte den Plan in- und auswendig. Nicht, weil er als Journalist darüber berichtet und den Plan wie früher im Entwurfsstadium durchgestochen bekommen hatte. Sondern weil er als stellvertretender Vorsitzender des Bildungsrates maßgeblich an der Formulierung der Strategie beteiligt war.

Reith dachte an die Kernelemente der „Bildungswende 2020" zurück: An den konkreten Plan, innerhalb von fünf Jahren die Zahl funktionaler Analphabeten von 7,5 Millionen zu halbieren, an die grundlegende Reform der Berufsorientierung, die dem Dschungel an Warteschleifen, euphemistisch als „Übergangssystem" bezeichnet, den Kampf ansagte. Und nicht zuletzt an den „Hochschulaufbau Ost", um der drohenden wissenschaftlichen Entvölkerung auf dem Gebiet der ehemaligen DDR entgegenzuwirken.

Außerdem hatten Allmendinger, Reith und Co. für eine Reform der Erzieherausbildung in Deutschland plädiert, um Qualitätsverbesserungen in Kitas und Krippen zu erreichen, und ein umfassendes Ganztagsschulprogramm sowie flächendeckende Schulsozialarbeit angemahnt.

Um diese teilweise durchaus kostspieligen Pläne rechtlich überhaupt zu ermöglichen, schlug der Bildungsrat einen neuen Artikel 104 b vor. Dies war schon im Karlsruher Urteil als Möglichkeit angeklungen. Der alte Passus regelte Finanzhilfen des Bundes an die Länder zum Ausgleich unterschiedlicher Wirtschaftskraft im Bundesgebiet oder zur Förderung des wirtschaftlichen Wachstums. Nun sollten auch Finanzhilfen zur Förderung von Bildung und Wissenschaft dazukommen. Außerdem wurde Artikel 91 b so reformiert, dass Bildung und Wissenschaft in der gemeinsamen Gestaltungsverantwortung von Bund und Ländern eine Phase langen Aufschwungs erfahren sollten und damit zum starken Motor für nachhaltiges Wachstum und Innovationen werden konnten.

Bundeskanzler Gabriel und sein Kabinett versprachen eine Umsetzung „1 zu 1", und auch der Bundesrat stimmte im April 2019 trotz erbitterten Widerstands aus Bayern für „Allmen1" und „Allmen2", wie das Reformwerk von der Presse genannt wurde.

Reith betrat das Schloss Bellevue und richtete seine Krawatte. Nur ungern hatte er sich in Schale geworfen, aber an diesem Ort musste das wohl so sein. Er ging die große Freitreppe rechts hoch, die in die feierlichen Repräsentationsräume des Schlosses führte.

Die Bundespräsidentin hatte etwa 150 Menschen in den Großen Saal des Schlosses zu einer „außergewöhnlichen Ordensverleihung", wie sie es selber vor einigen Tagen in einem Radiointerview formuliert hatte, eingeladen. Menschen aus Politik, Wissenschaft, aber auch aus den Medien sollten für ihr großes Engagement für die Bildungswende geehrt werden.

Reith schaute sich um. Viele alte und ein paar neuere Bekannte saßen auf den reservierten Plätzen in den ersten drei Reihen. Nordrhein-Westfalens Kultusminister Kai Gering war anwesend. Er freute sich über Bildungsministerin Franziska Giffey, der innerhalb kürzester Zeit der Aufstieg von der Neuköllner Bezirkspolitik in die Bundesliga gelungen war. Und natürlich fehlte auch nicht Ulla Burchardt, mit der Reith nicht nur die Heimat in Dortmund verbindet, sondern auch viele spannende Hintergrundgespräche.

„Wir sind heute hier zusammengekommen, um einen Erfolg zu feiern, der vor wenigen Jahren undenkbar gewesen ist", sagte die Bundespräsidentin. „Der Nationale Bildungsrat hat kurz nach seiner Gründung angekündigt, die Quote der Hochschulabsolventen deutlich zu erhöhen und gleichzeitig die Zahl der Analphabeten bis zum Jahr 2029 zu halbieren. Beide Ziele sind schon jetzt erreicht – und PISA-Sieger 2024 ist Deutschland auch. Dazu möchte ich Ihnen allen sehr gratulieren. Ich gestehe Ihnen offen: Es gab Zeiten, da hätte ich die Bildungswende nicht mehr für möglich gehalten."

Reith lächelte. Heute Abend würde er für seine Freunde einen Rosso di Montalcino öffnen. Ein paar Flaschen 2010er des Weinguts Capanna hatte er noch. Die Antipasti hatte er schon vorbereitet. Jetzt musste er nur noch bei „Mitte Meer" auf dem Weg etwas Wolfsbarsch besorgen. Reith schaute auf die Wiese vor dem Schloss Bellevue. Der letzte Schnee war soeben geschmolzen.

## Literatur

Autorengruppe Bildungsberichterstattung (2014). Bildung in Deutschland 2014. Ein indikatorengestützter Bericht mit einer Analyse zur Bildung von Menschen mit Behinderungen. Bielefeld: W. Bertelsmann Verlag.

Hepp, G. F. (2011). Bildungspolitik in Deutschland. Eine Einführung. Wiesbaden: VS Verlag für Sozialwissenschaften.

Picht, G. (1964). Die deutsche Bildungskatastrophe. Olten und Freiburg: Walter Verlag.

SPIEGEL ONLINE (2010). Deutsche PISA-Experten: Die Schülerlotsen, 5.Teil: Wilfried Bos, streitbarer Grundschulexperte. www.spiegel.de/schulspiegel/wissen/deutsche-pisa-experten-die-schülerlotsen-a-732821.html (Abruf vom 14.6.2014).

SPD-Parteivorstand (Hrsg.) (2013). Das wir entscheidet. Das Regierungsprogramm 2013–2017. Berlin.

# Autorinnen und Autoren

**Doris Ahnen**, Ministerin für Bildung, Wissenschaft, Weiterbildung und Kultur in Rheinland-Pfalz, Mitglied des rheinland-pfälzischen Landtags, Stellvertretende Vorsitzende der Gemeinsamen Wissenschaftskonferenz (GWK), Mitglied des KMK-Präsidiums.

**Matthias Anbuhl**, seit dem 1. Januar 2009 Leiter der Abteilung Bildungspolitik und Bildungsarbeit beim Bundesvorstand des Deutschen Gewerkschaftsbundes (DGB), vom 1. Dezember 2003 bis zum 31. Dezember 2008 Leiter des Parlamentarischen Verbindungsbüros beim Hauptvorstand der Gewerkschaft Erziehung und Wissenschaft (GEW).

**Martin Baethge**, bis 2004 Professor für Soziologie mit den Schwerpunkten Industrie-, Bildungs- und Jugendsoziologie an der Universität Göttingen, seit 2006 Präsident des Soziologischen Forschungsinstituts Göttingen (SOFI), Mitglied der „Autorengruppe Bildungsberichterstattung".

**Dietmar Bergmann**, Diplom-Journalist, 1985–89 Redakteur beim WDR-Kabelfunk Dortmund, 1990–94 Referent im Rundfunkbildungszentrum Dortmund, 1994–97 beim SPD-Bezirk Westliches Westfalen, 1997–98 SPD Wahlkampfzentrale KAMPA Bonn, 1999–2000 Landesverband NRW, ab 2000 Referent für Öffentlichkeitsarbeit beim SPD-Parteivorstand Berlin.

**Ulla Burchardt**, Diplom-Pädagogin, Mitglied des Deutschen Bundestages (1990–2013), Vorsitzende des Ausschusses für Bildung, Forschung und Technikfolgenabschätzung (2005–2013), Lehrbeauftragte und Consultant für Wissenstransfer und Strategieberatung.

**Marianne Demmer**, Lehrerin i.R., Mitglied des Geschäftsführenden Vorstands der Gewerkschaft Erziehung und Wissenschaft (1997 bis 2013), Stellvertretende Vorsitzende der GEW seit 2005. Zuständigkeitsbereiche: Schul- und Lehrerpolitik. Mitglied des Hochschulrats der Universität Siegen seit 2013.

**Kai Gehring** MdB, Diplom-Sozialwissenschaftler, seit 2005 Mitglied des Deutschen Bundestages und Mitglied im Ausschuss für Bildung, Forschung und Technikfolgenabschätzung. Seit 2013 Obmann und Sprecher für Hochschule, Wissenschaft und Forschung der Fraktion Bündnis 90/Die Grünen.

**Klaus Klemm**, von 1977 bis 2007 an der Universität Duisburg-Essen Professor für empirische Bildungsforschung und Bildungsplanung, von 1998 bis 2006 Mitglied im wissenschaftlichen Beirat der PISA-Studien sowie im Beirat für die deutsche Bildungsberichterstattung.

**Gerd Köhler**, Studium der Geschichte, Politikwissenschaft und Pädagogik an der Universität Göttingen; Mitarbeiter des Deutschen Bildungsrates (1971–72); Mitglied des Bundesvorstandes der Gewerkschaft Erziehung und Wissenschaft (GEW, 1980–2006); Mitglied des Deutschen Akkreditierungsrates (1999–2007); Mitglied des Hochschulrates der Goethe-Universität Frankfurt/Main (seit 2008).

**Richard Meng**, Sozialwissenschaftler und Journalist, seit Dezember 2007 Staatssekretär und Sprecher des Berliner Senats, davor seit 1985 Redakteur der Frankfurter Rundschau (u. a. Landeskorrespondent Hessen, Büroleiter Bonn und Berlin, stellvertretender Chefredakteur).

**Dietmar Muscheid**, seit 2001 Landesvorsitzender des DGB Rheinland-Pfalz und seit 2002 zudem Vorsitzender des DGB-Bezirks Rheinland-Pfalz/Saarland.

**Sabine Nehls**, Kommunikationswissenschaftlerin, Beraterin für Medienpolitik, Journalistin und Lektorin.

**Vera Reiß**, von 1990–1994 Leiterin des Frauenbüros der Johannes Gutenberg-Universität Mainz, anschließend verschiedene Funktionen im Leitungsbereich des rheinland-pfälzischen Kultusministeriums, seit 2007 Staatssekretärin im Ministerium für Bildung, Wissenschaft, Weiterbildung und Kultur.

**Jutta Roitsch**, Diplom-Politologin, Redakteurin der Frankfurter Rundschau von 1968 bis 2002, Ressortleitung ,Dokumentation und Bildungspolitik'.

**Hans-Günter Rolff** ist emeritierter Professor für Bildungsforschung am „Institut für Schulentwicklungsforschung" der Technischen Universität Dortmund und Vorsitzender des Akademierats der „Deutschen Akademie für Pädagogische Führungskräfte" sowie wissenschaftlicher Leiter des Fernstudienganges „Schulmanagement" der TU-Kaiserslautern.

**Klaus-Jürgen Tillmann**, von 1979 bis 1991 Professor für Schulpädagogik an der Universität Hamburg, von 1992 bis 2008 Professor für Schulpädagogik und Wissenschaftlicher Leiter der Laborschule an der Universität Bielefeld. Von 2008 bis 2010 stellv. Vorsitzender der Deutschen Gesellschaft für Erziehungswissenschaft.

**Udo van Lengen**, seit 2008 Referent von Kai Gehring für Wissenschaft und Hochschule.